El efecto ~~~~ en el matrimonio

Entiende y reconstruye tu relación en seis pasos

MELISSA ORLOV

Traducción: Anaisabel Valarino
Erika Hermtz (Hernández).

Specialty Press, Inc.
3150 Willow Lane
Weston, Florida 33331
www.addwarehouse.com

Diseño del libro y maquetación: Babs Kall, Kall Graphics.
Actualización a la versión 2020: Holly Carroll.
Traducción: Anaisabel Valarino
Erika Hermtz (Hernández).

Specialty Press, Inc.
3150 Willow Lane
Weston, Florida 33331
954-412-1332
www.addwarehouse.com

El efecto TDAH es un libro excepcional que aborda la complejidad de la relación entre parejas cuyas vidas han sido afectadas por el TDAH, mientras que presenta un sistema de buenos principios familiares, de una manera accesible y fácil de entender. A través de casos de la vida real, en palabras de los adultos cuyos matrimonios así han sido afectados y ella misma revelando su propio recorrido, la señora Orlov ofrece al lector maneras específicas para que apliquen estos conceptos con sus propias parejas. Yo altamente les recomendaría este libro a mis clientes, a sus parejas y a un par de terapistas que quieran aprender a guiar efectivamente a las parejas en matrimonios desafiados por El efecto del TDAH.

El libro de la señora Orlov provee lo que muchos dejan afuera: —la empatía por los dos cónyuges—. Ella ofrece un relato de las diferencias y las luchas de cada cónyuge, sin culpabilidad y sin prejuicios, con la misma cantidad de respeto, entendimiento y empatía por la experiencia de los dos. Esta es una clave del éxito para todas las parejas.

El efecto del TDAH consigue ser positivo y realista al mismo tiempo. La señora Orlov no subestima los retos, pero tampoco patologiza o ignora los talentos y las contribuciones que cada uno puede hacer cuando el TDAH es reconocido, tratado, entendido y aceptado. El libro balancea casos de la vida real que no pasan por alto, o que no minimizan a la dificultad de la lucha, con una visión positiva y esperanzadora que, mediante su entendimiento, las parejas pueden alcanzar una aún más cercana conexión. La clave básica del libro está en la idea de que cuando los individuos en un matrimonio dejan de desear que sus cónyuges cambien, en una manera que no es posible debido a su biología básica, y, que, en lugar de eso, se enfoquen en la aceptación, en las estrategias adecuadas y en la comunicación, sus matrimonios pueden ser fortalecidos y sus diferencias pueden avivar a su relación en lugar de amenazarla.

Sari Solden, Maestría en Ciencias, Terapista Matrimonial
y Familiar con Licencia.
Autora de *Journeys Through ADDulthood*
(www.ADDjourneys.com)

"Si estás en un matrimonio afectado por el TDAH, este libro es uno que se debe leer por los dos cónyuges. Ahórrense años de dolor y desarrollen el matrimonio amoroso que se merecen leyendo este libro y aplicando la información que Orlov comparte desde su corazón".
Jonathan Scott Halverstadt, Terapista Matrimonial y Familiar con Licencia.
Autor de *ADD & Romance*

"¡Nosotras adoramos este libro! Es una guía comprensible para lidiar con el impacto del TDAH en tu matrimonio, sin hacer a ningún cónyuge culpable. Los lectores encontrarán abundante información y también ayuda como los consejos prácticos, ejercicios e historias. Nos quitamos el sombrero ante Melissa por este libro tan necesario".
Kate Kelly y Peggy Ramundo
Coautoras de *You Mean I'm Not Lazy, Stupid or Crazy?!*
(www.adhdcoaching.com)

"El trabajo de Orlov es un faro de luz y esperanza; ofreciendo estrategias que ayudan a las parejas a sentirse más felices y más satisfechas".
Ari Tuckman, Doctorado en Psicología, Maestría en Administración de Empresas.
Autor de *More Attention, Less Deficit*

Dedicatoria

A George, por supuesto…
y a Kat y a Alex.
¡Son los mejores!

Contenido

Prólogo por el Dr. Edward M. Hallowell, MD iii

Reconocimientos vii

Algunas notas sobre este libro viii

Entendiendo al TDAH en tu matrimonio 1

El efecto TDAH 3

El TDAH y su diagnóstico 9
Qué hay detrás de sus diferencias

Las sorprendentes maneras en que los síntomas del TDAH
afectan tu matrimonio 34
12 patrones que debes conocer

Reconstruye tu relación en seis pasos 83

Seis pasos para una mejor relación 84

Paso 1: Cultivar la empatía hacia tu cónyuge 86
Historias de la vida real y lo que ellas significan para ti

Paso 2: Abordar las emociones obstaculizadoras 122
La ira, el miedo, la negación y la desesperanza

Paso 3: Conseguir tratamiento para ambos 149
En qué consiste un tratamiento eficaz en una relación

Paso 4: Mejorar la comunicación 169
*Técnicas de comunicación que funcionan cuando
hay TDAH*

Paso 5: Establecer límites y encontrar sus propias voces 193
Cómo utilizar tu "mejor yo" para revitalizar tu vida

Paso 6: Reavivar el romance y divertirse un poco 205
La ciencia y la diversión

Epílogo: No te esfuerces más, inténtalo de forma diferente . . . 221

Hojas de trabajo y herramientas 225

Recursos 234

Prólogo

Nunca olvidaré cuando conocí a Melissa Orlov por primera vez. Ella era una fideicomisaria de la Phillips Exeter Academy, una escuela preparatoria en New Hampshire, a la cual los dos habíamos asistido. Ella estaba haciendo una de investigación en la escuela y pensó que yo podría serle útil. Puesto que uno de los verdaderos amores en mi vida es esa escuela; yo acepté con mucho gusto. Nos reunimos en el restaurante de mariscos en Cambridge llamado Summer Shack (La cabaña de verano). Melissa llegó primero. Cuando yo llegué y escaneé el lugar, a la única persona que vi era alguien a quien yo tomé por un hombre, porque su cabello era muy corto. Resultó ser Melissa. ¡Su cabello ahora es más, mucho más largo!

Ella ha cambiado en muchas más maneras, así como ha cambiado su esposo George. Cuando lo conocí, él era un hombre bajo de estatura, delgado y de voluntad fuerte; que mantenía la típica posición masculina de que él tenía bastante bien resueltas las cosas. Por el otro lado, él era lo suficientemente curioso como para aprender cosas nuevas. Por ejemplo: él estaba dispuesto a aprender sobre su propio TDAH. Él aún es un hombre bajo de estatura, delgado y de voluntad fuerte. Pero ha aprendido mucho.

Melissa y George se han convertido, —al menos a mis ojos—, en héroes. Ellos son héroes porque enfrentaron dragones, dragones lanzallamas, tan peligrosos como cualquier que Sir Gawain jamás enfrentara y ellos lo hicieron con valentía, gracia y honestidad. Ellos arrancaron su matrimonio de las garras de la derrota y lo han colocado en un lugar seguro y alegre.

Habiendo sido un psiquiatra por más de tres décadas, yo he aprendido lo que usualmente pasa cuando los matrimonios van tan mal como iba el de Melissa y George. Habitualmente, a las palabras duras le siguen actos duros, surgen traiciones, se abren viejas heridas, el ataque suplanta al entendimiento, los amigos toman partido, los miembros de la pareja justifican afanosamente sus respectivas posiciones, la culpa se asigna y casi se lleva ante un notario, los sentimientos se amargan, los gratos recuerdos se borran, los niños sufren, los familiares se preocupan, las vidas de muchos se deforman y lo que un día fue amor se vuelve una mezcla rancia.

Pero Melissa y George dijeron no a esta manera habitual de afrontar la situación. Crearon una manera diferente para sí mismos y su matrimonio. Se miraron el uno al otro y se preguntaron: "¿Por qué no escoger al amor?" y después se dedicaron a la meticulosa y ardua tarea de la reconstrucción de una relación que muchos habrían dado como causa perdida.

Pieza por pieza, a puerta cerrada, ellos volvieron a reconstruir un edificio que se había desmoronado. Pieza por pieza, ellos volvieron a unir corazones que cada uno había roto. Pieza por pieza, ellos volvieron a reensamblar lo que cada uno había hecho añicos. Día tras día, semana tras semana y mes tras mes, ellos hicieron lo que parecía el trabajo imposible de perdonarse, entenderse conectarse y revivir el amor honesto y verdadero.

Una razón por la que ellos son héroes en mi libro es porque ellos desafiaron totalmente los pronósticos y me dieron un precedente que yo puedo citar cuando los cínicos me digan que no se puede hacer. Mucha gente en el campo de la salud mental se vuelve bastante cínica al llegar a mi edad (sesenta) y pronuncian precavidas y cansadas advertencias en contra de levantarle las esperanzas a alguien.

Pero Melissa y George demostraron que el amor perdido puede volverse un amor aún mejor que el amor que se perdió. Este es un logro heroico, digno de celebrar, ¿no están de acuerdo?

Para mí, este libro es esa celebración. Y, fieles a su estilo, ellos convirtieron su celebración en un regalo para otros.

En los últimos cinco años Melissa ha sido una ferviente estudiante de cómo el TDAH influencia las relaciones. Ella ha estudiado y estudiado, escuchado y escuchado y aprendido y aprendido. Yo me atrevería a decir que ella es una de las autoridades principales en el campo del TDAH y relaciones en el mundo de hoy. Cada día, desde el blog o hablando con la gente por teléfono, ella ofrece consejo basado no solamente en su experiencia de primera mano, sino también por el inmenso conocimiento que ha ganado a través del estudio.

Ella y George han tenido la valentía de decirle al mundo lo que no les funcionó. Sin embargo, este libro es más que una confesión. Es un resumen astuto e inteligente de estrategias, trucos, maniobras y tácticas. Es una recopilación brillante de lo que puedes hacer en un matrimonio en donde uno o los dos tiene TDAH. Es un libro salvavidas. Es el mejor en su tipo: un libro que puede mejorar vidas y hacerlo radicalmente.

Por cuanto ella no tiene un título en medicina o en salud mental, Melissa a veces se preguntaba si ella estaba cualificada para escribir este libro. De su humildad surgió su tenaz dedicación la tarea de aprender todo lo que estuviese a su alcance que pudiera ayudar a otros. Como ya he dicho, ella ahora es mucho más experta que muchos expertos.

Mas ella también tiene lo que pocos expertos tienen. Ella tiene el beneficio de su propio sufrimiento. Ella tiene el beneficio de haber resistido el peor tipo de tormentas. Ella tiene el beneficio de haber vivido lo que ella está hablando. Y ella tiene el beneficio de haber prevalecido.

Pueden confiar en esta mujer, en esta pareja y en este libro. Pueden aprender de lo que hay aquí, pueden crecer usando lo que hay aquí y, como hicieron Melissa y George, ustedes pueden recrear el amor.

Edward M. Hallowell, Doctor en medicina (Psiquiatría).

Reconocimientos

Cada libro tiene una historia detrás de él. Éste fue concebido en las cenizas de mi "viejo matrimonio" con mi maravilloso esposo George, que en un tiempo no era tan maravilloso. Él sería el primero en admitir eso, pero luego nos reiríamos y te diríamos que yo no era tan maravillosa tampoco. Nuestro matrimonio se había roto bajo la tensión del TDAH no diagnosticado y cambiar nuestras vidas para mejor se sentía como rodar una piedra hacia una montaña. Así como luchábamos por encontrar maneras para enfrentar los problemas involucrados, con lo que yo ahora llamo *el efecto TDAH*, nos dimos cuenta de que simplemente no había mucho escrito sobre cómo el TDAH afecta al matrimonio. Entonces, decidimos ayudar a otros a hacer el viaje más rápido y, esperamos, menos dolorosamente que nosotros.

George es, por supuesto, la primera persona a la cual yo debo agradecer aquí. Él no sólo tuvo el valor de darle una segunda oportunidad a nuestro matrimonio, sino que amorosamente también ha apoyado mi sueño de ayudar a otros a mejorar sus vidas. Él ha demostrado la profundidad de su apoyo, permitiéndome amablemente contar aún las partes más vergonzosas de nuestra historia y gestionando diariamente mi sitio de internet de matrimonios. Él también ha tomado firmemente el control de su TDAH;—ninguno de los dos realmente piensa mucho en eso ya—. "Gracias" es inadecuado, pero apropiado. Te amo.

El Dr. Hallowell también se merece las gracias. Él ha sido un extraordinario mentor, amigo y maestro. Ha sido un placer y un honor trabajar con él. Gracias también al Dr. John Ratey, que me introdujo al fascinante y sorprendente mundo del cerebro.

A Andrea Grenadier, Julie Heflin, Cynthia Lavenson y a Babs Kall, que han sido instrumentales en hacer este libro "bien". Editores talentosos. Los primeros tres revisaron mi manuscrito y proveyeron excelentes comentarios. Babs pasó muchas horas ocupándose hasta de los más mínimos detalles del diseño. Julie recibe gracias especiales por sujetar mi mano el día que se vino abajo mi matrimonio.

Y, por último, deseo agradecerles a los miles de contribuidores de mi blog y foro de matrimonio. Son sus historias las que me han inspirado en este último par de años y han traído mi libro a la vida. Por compartir sus vidas, sus sentimientos y sus perspectivas, gracias a todos.

Algunas notas sobre este libro

El "TDA", técnicamente, ya no existe. TDAH es actualmente el nombre médico oficial para el trastorno de déficit de atención con subtipos, básicamente: uno con hiperactividad, uno con distracción, como característica predominante, y uno con los dos.* Aunque en este libro me centraré en patrones comunes, el TDAH se presenta de manera diferente en cada persona. Por lo tanto, una afirmación hecha sobre "personas con TDAH" o "cónyuges sin TDAH" es una generalización, y debe recordarse que cualquier individuo puede o no exhibir esa característica específica. Además, algunas parejas presentan los mismos problemas, pero en el cónyuge opuesto. Si éste es tu caso, te insto a que utilices la información que te proporciono e ignores la etiqueta TDAH o no TDAH.

Verás que, aunque intento mezclar los géneros de los cónyuges con TDAH a lo largo del libro -después de todo, tanto los hombres como las mujeres lo padecen-, muchos ejemplos utilizan el masculino para las parejas con TDAH. Esto no refleja un sesgo de mi parte. Más bien parece que son más las mujeres que los hombres quienes buscan información en internet sobre relaciones y aterrizan en mi blog y en mi foro; de los cuales se originan la mayoría de los ejemplos en este libro.

La información en este libro aplica no solamente a parejas en las cuales un cónyuge tiene TDAH, sino también a parejas en las que ambos cónyuges lo tienen. En los hogares con doble TDAH, a menudo se da el caso en que un cónyuge es mejor controlando los síntomas del TDAH. A veces, ese cónyuge resiente al menos organizado pensando: "Si yo puedo hacer el esfuerzo de controlar al TDAH, ¿por qué mi pareja no puede? y así se desarrollan algunos de los patrones descritos en este libro. Pero las parejas en las que los dos cónyuges tienen TDAH también pueden descubrir que su conocimiento personal del TDAH los ayuda a apreciarse más, inclusive cuando las cosas se puedan volver caóticas.

---

*El manual de diagnóstico psiquiátrico está siendo actualizado actualmente. Parte de la conversación para la siguiente versión incluye: si regresar a reconocer un "TDA" con hiperactividad y a un "TDA" sin ella. Además, hay una discusión sobre separar el TDAH de adulto del TDAH de la niñez. Ya sea que un cónyuge sea hiperactivo o no, eso no es de importancia para los fines de este libro.

Entendiendo al TDAH en tu matrimonio

El efecto TDAH

Era el mejor de los tiempos, era el peor de los tiempos,
era la edad de la sabiduría, era la edad de la estupidez, era
la época de la creencia, era la época de la incredulidad...

Charles Dickens, Historia de dos ciudades

Los matrimonios afectados por el TDAH, como todos los matrimonios, van de altamente exitosos a completamente desastrosos. Aunque, se puede decir, que aquellos *distorsionados* por los síntomas del TDAH, están posicionados en "el peor de los tiempos". Abunda el dolor y el enojo. Apenas pueden hablarse durante el peor de los tiempos. Cuando lo hacen, raramente están de acuerdo o raramente ven las cosas de la misma manera. Están frustrados de haber llegado hasta este punto y les cuesta creer que no hayan podido mejorar las cosas. Ya ambos han empezado a sospechar que su cónyuge en realidad no quiere mejorar las cosas. Si él o ella lo hiciera, ¿No hubieran mejorado ya?

Si estás casada con una persona que tiene (o que pudiera tener) TDAH: tú podrías sentirte ignorada y sola en la relación. Tu esposo parece que nunca da seguimiento a lo que está de acuerdo en hacer —tanto que puede que sientas como si tú en realidad tuvieras a un niño en la casa en lugar de a un adulto—. Sientes que eres forzada a recordarle todo el tiempo que haga las cosas. Das lata y ha comenzado a no agradarte la persona en la que te has convertido. O pelean todo el tiempo o prácticamente no tienen nada que decirse que los dos encuentren significativo. Estás frustrada de que tu esposo parece poder concentrarse intencionalmente en cosas que le interesan, pero nunca en ti. Lo peor de todo, quizás, sientes intenso estrés por no saber si puedes contar con él y por sentirte cargada con casi todas las responsabilidades de la casa, mientras que tu esposo es "quien se divierte".

Si tienes TDAH (o crees que lo tienes): puede que sientas como si la persona con la que te casaste estuviera enterrada dentro de un monstruo acuciante que vive en tu casa. La persona a la que has querido ha sido transformada en una fanática del control tratando de dirigir cada detalle su vida juntos. No importa cuánto lo intentes, tú nunca puedes hacerlo lo suficientemente bien para tu cónyuge; aun si tienes éxito en otras áreas, como tu trabajo. La manera fácil de lidiar con ella es simplemente dejarla en paz. Tú estás dispuesto a admitir que a veces cometes errores, pero ella también —y, ciertamente, nadie es perfecto—. Desearías que ella tan sólo se relajara de vez en cuando y viviera como una persona feliz en vez de vivir como una arpía.

Si alguna de estas descripciones te suena familiar, tú estás sufriendo lo que yo llamo: el *efecto TDAH*. Su cortejo fue feliz y excitante (y, a menudo, rápido), pero su matrimonio ha sido completamente diferente. Puede que te sientas sola y desesperadamente infeliz y tu pareja ni siquiera se da cuenta de ello —inclusive si tú has tratado de hablar acerca de eso—. Luchas y das lata mucho más de lo que tú esperabas y la vida con frecuencia parece ir deprimentemente de arriba hacia abajo y fuera de control. La razón base podría ser que los síntomas del TDAH, —y las respuestas que ustedes dos tienen a esos síntomas—, han estado destruyendo su vida en conjunto.

La buena noticia es que, entender el rol que juega el TDAH, puede cambiar su matrimonio. En *El efecto TDAH en el matrimonio* aprenderán a cómo identificar al TDAH y los problemas que causa en los matrimonios, así como también los pasos específicos que pueden tomar para comenzar a reconstruir sus vidas.

Quedarás sorprendido por la consistencia y predictibilidad de los patrones en los matrimonios afectados por el TDAH. Estos patrones empiezan con un síntoma del TDAH, que desata una serie de respuestas predecibles en los dos cónyuges; creando un espiral descendente en tu matrimonio. En este caso, conocimiento es poder. Los dos contribuyen a estos patrones. Si sabes cuáles son, también puedes cambiarlos o evitarlos por completo.

Este libro es la guía que mi esposo y yo deseamos haber tenido desde el principio. Te llevará a través de los pasos necesarios para que recuperes el equilibrio en tu relación, reparar el daño emocional y crear un camino hacia un futuro más brillante y más satisfactorio. Encontrarás que tus problemas no son por defectos de carácter o fallas, sino que son el resultado del *efecto TDAH* —y que ustedes dos pueden vencerlos—. Aprenderás a poner al TDAH de vuelta a donde pertenece, justamente como uno de los muchos aspectos de sus vidas y no como el determinante abrumador de sus días.

Los riesgos son grandes: la investigación sobre el divorcio y el TDAH

Hay mucho en juego. La investigación sobre cómo el TDAH afecta al matrimonio sugiere que muchos de estos matrimonios se fueron a pique bajo los malentendidos y los problemas que los síntomas del TDAH agregan a la relación. Es muy probable que ahorita estés considerando el divorcio o que ya lo hayas hecho en algún momento de tu matrimonio. Si es así; tú no estarías sola.

De acuerdo a un estudio: una persona que tiene TDAH tiene el doble de probabilidad de divorciarse que una persona que no lo tiene. Un estudio diferente sugiere que el 58 por ciento de las relaciones con al menos una persona con TDAH son clínicamente disfuncionales— El doble que la población sin TDAH—.[1] Estas estadísticas alarmantes refuerzan lo difícil que se vuelven muchas de estas relaciones. Sin embargo, estas estadísticas no significan que la gente con TDAH no puedan ser buenos esposos. En estos matrimonios los dos cónyuges son víctimas de una combinación de los síntomas del TDAH y de sus respuestas mutuas (o la falta de ellas) a estos síntomas.

Yo veo evidencia de esto a diario. Miles de parejas han compartido sus historias maritales con TDAH en www.adhdmarriage.com, el blog y foro que he manejado con el Dr. Hallowell desde el 2007. Los retos que enfrentan

---

1. El primer estudio notable sobre las tasas de divorcio y separación para adultos con TDAH fue hecho por Biederman y otros en 1993 y fue replicado por Murphy y Barkley en 1996. Estos dos estudios usaron más participantes de edad avanzada que los estudios posteriores hechos por Barkley y otros, los cuales mostraron índices menos elevados de divorcio, pero muy altos índices de disfunción (58% de los matrimonios). Dado que la insatisfacción se crea a través del tiempo con la repetitiva introducción de los síntomas del TDAH en la relación, encuentro que estos estudios son consistentes con lo que yo observo: las cosas pueden ir mal inmediatamente, con la creación de patrones disfuncionales entre los cónyuges que eventualmente llevan al divorcio si no se abordan a tiempo. Para mayores detalles sobre todos estos estudios, véase: ADHD in Adults: What the Science Says por Russell A. Barkley, Kevin R. Murphy y Mariellen Fischer, The Guilford Press, 2008, página 308-384.

estas parejas son significativos, así como con mucha frecuencia sorprendentemente familiares. Ellas comparten sus más profundos sentimientos, experiencias y sueños.

El TDAH sin tratar o tratado de forma inadecuada puede ser algo *realmente* difícil de convivir para los dos cónyuges. Los síntomas crean verdadera dificultad física, financiera y mental. Pero, también hay algo más que está pasando. Lo que yo he observado en el blog, en mi seminario y en mi consultoría con parejas, es que muchísimo daño es causado por la falta de conocimiento y la interpretación errónea de los síntomas del TDAH. Las parejas que aprenden acerca de los patrones específicos que surgen en estas relaciones, pueden aprender cómo evitarlos. Es por eso que este libro aborda todo lo siguiente:

- Identificar e interpretar a los síntomas del TDAH en adultos,
- El por qué es importante tratar al TDAH efectivamente y cómo es que se ve el "tratamiento efectivo" dentro de una relación,
- Encontrar formas de interactuar que sean positivas para ambos, teniendo en cuenta la presencia del TDAH.

Las recompensas de reconstruir tu matrimonio afectado por TDAH

Un pequeño panorama de mi propia historia demostrará que aun los matrimonios más disfuncionales pueden mejorar y prosperar con el correcto conocimiento, entendimiento, compasión, fuerza emocional y la determinación de dejar atrás a la historia matrimonial.

Como muchas parejas, mi esposo y yo no teníamos idea de que uno de nosotros dos tenía TDAH. Yo me había enamorado de la brillantez de mi esposo, su aguda inteligencia y su afición por la aventura. Él es un amante de la música, la comida y el vino y brindó emoción inesperada a mi vida con amor, atención, regalos y viajes sorpresa. Él se enfocó en mí con una ferocidad que me sorprendió y me halagó. Él era muy cumplido y profesionalmente exitoso, pero cálido. Cuando en nuestra primera cita yo me enfermé, me conmovió que él me colocó dentro de una cobija en el sofá y me hizo té caliente.

Sin embargo, en sus años iniciales, nuestro matrimonio empezó a desintegrarse, a pesar del hecho de que nos amábamos. Yo no podía entender cómo alguien que había comenzado tan atento pudiera ahora ignorarme a mí y a mis necesidades tan completamente o ser tan "consistentemente inconsistente" a la hora de realizar su parte del trabajo en la casa y con los niños. A veces ayudaba, pero normalmente no lo hacía y con frecuencia parecía que no estaba consciente de mi existencia. No obstante, él estaba igualmente confundido y molesto. ¿Cómo podría la mujer con la que se había casado, la que parecía tan cálida y optimista, convertirse en un fastidio exhausto que no le daba un descanso ni lo dejaba en paz?

Para nuestro aniversario número diez, ya éramos completamente disfuncionales como pareja y estábamos contemplando el divorcio. Seguíamos juntos sólo por nuestro deseo de criar a nuestros hijos bien y sintiendo muy dentro que debíamos de poder hacerlo mejor. Estábamos enojados, frustrados, completamente desconectados y éramos profundamente infelices. Yo estaba clínicamente deprimida. Alrededor de ese tiempo, mi hija, de nueve años de edad, fue diagnosticada con incapacidad para aprender matemáticas y con TDAH.

Nosotros no sabíamos que el TDAH es extremadamente hereditario, —comparable a la heredabilidad de la altura—.[2] Si tienes un hijo con TDAH hay muy buenas probabilidades de que uno de los padres biológicos tenga TDAH. En fin, aprendimos de esta conexión y confirmamos mediante una evaluación completa que mi esposo tiene TDAH. Esto comenzó una batalla sobre si él debería tratarlo y cómo él —y yo —deberíamos responder. Este tipo de batalla es típica. Para alguna gente el diagnóstico es un alivio y un nuevo comienzo, para otros, como mi esposo, esto parece una amenaza a su estatus, al autoconocimiento y a su propia imagen. ¿Cuánto uno debería cambiar? ¿Para quién está uno cambiando? Al pasar del tiempo, y con los tipos de ayuda, adecuados, la mayoría de personas con TDAH pueden aceptar a las implicaciones de sus diagnósticos y hacer sus vidas, y las vidas de sus parejas, mejores.

2. Alrededor de la mitad de los niños, cuyos padres tienen TDAH, también tienen TDAH. La investigación hecha por Biederman y otros en1995, puso a las probabilidades de un adulto con TDAH diagnosticado de tener un hijo con TDAH al 57 por ciento mientras que en el 2003 Mindey y otros lo colocó a un porcentaje menor: al 43 por ciento. Para más detalles sobre estos estudios y la heredabilidad del TDAH, así como la heredabilidad de condiciones coexistentes, véase: ADHD in Adults: What the Science Says de Russell A. Barkley, Kevin R. Murphy y Mariellen Fischer, The Guilford Press, 2008, página 384-393.

Descubrir que uno o los dos de ustedes tiene TDAH es sólo el comienzo. El medicamento es la manera más eficaz de empezar el tratamiento, pero no es suficiente para tratar eficazmente al TDAH en los matrimonios sin la adición de cambios de comportamiento. *Estos cambios deben ser voluntarios.* No importa cuánto puede que lo quiera la pareja sin TDAH; ella no puede "hacer" que su esposo haga ciertas cosas como ser más organizado o más atento. Además, *estos cambios deben venir de ambos.* Los cambios nada más en el esposo con TDAH no resuelven los problemas del matrimonio. Nosotros aprendimos esto de la manera difícil, mayormente a expensas de mi esposo, ya que yo me mantenía tratando de forzarlo a hacer las cosas diferentes. Entre más fuerte yo empujaba, más él se resistía y nuestra relación empeoraba. ¿Te suena familiar?

Estoy pidiéndote que vengas a un viaje de cambio, no te estoy ofreciendo una rápida solución. (Si yo ofreciera eso, ¿creerías que yo puedo brindarla?). Las recompensas del viaje valen la pena. Mi esposo y yo hemos cambiado de completamente disfuncionales a casi ridículamente felices. Estamos prosperando como individuos y sentimos que nuestra relación es más fuerte ahora de que lo que jamás ha sido. "Enamorados" nuevamente, nos sentimos más seguros y más optimistas que en el día en que nos casamos. Los síntomas del TDAH de mi esposo están bajo control y yo tengo un mejor entendimiento y apreciación del esfuerzo que eso requiere. Al contrario de nuestros tiempos difíciles, nosotros sabemos y aceptamos los errores del otro y nos regocijamos en nuestras fortalezas. Nuestro orgullo en la habilidad de apartarnos del borde del abismo nos ayuda a celebrar nuestros sentimientos en maneras que son amorosas y de apoyo. Aunque puede que nuestro matrimonio tenga tropiezos, ahora somos resilientes y tenemos las herramientas para recuperarnos rápidamente. Nunca regresaremos a nuestro difícil pasado y hemos creado una nueva relación y un brillante futuro.

Tú también puedes hacer esto. Puedes dejar atrás a tu infelicidad actual y crear algo mejor que jamás podrías haber soñado posible.

El TDAH y su diagnóstico

*"He visto a demasiada gente con TDA prevalecer sobre sus problemas
por nunca creer que es imposible. Todos los que tienen TDA pueden esculpir
una vida satisfactoria y alegre de cualquier cosa con lo que ellos hayan
nacido... Hacer eso empieza en tu cabeza y en tu corazón; tú necesitas
conocimiento y tú necesitas esperanza".*

Dr. Edward Hallowell

El TDAH se encuentra en los extremos de la opinión: o es un terrible
"trastorno" que puede arruinar tu vida o es una "manera de ser en el
mundo" que es malentendida por muchos y puede ser considerada un
"don" cuando es tratada apropiadamente. Las dos opiniones están
apoyadas por la misma investigación, simplemente representan
diferentes criterios de pensamiento sobre el TDAH y de sobre cómo
tratarlo.

El bando del de la "maldición" apunta hacia las estadísticas, —
históricamente: a la gente con TDAH le va peor que a aquellos sin TDAH
en muchas funciones esenciales de la vida (mantener los trabajos,
permanecer felizmente casados, mantenerse fuera de la cárcel)—. Esto es
"prueba" de que el TDAH es un problema que necesita ser tratado como
una disfunción o enfermedad, muy parecido a lo que uno trataría una
dolencia física o a una enfermedad.

El bando del "don" cree que la gente con TDAH tiene muchos
atributos maravillosos que pueden ser opacados por sus síntomas. Este
grupo cree en el poder de la inspiración humana y en el de la fuerza de
voluntad para cambiar las circunstancias de cada persona. Ellos saben
que toma mucho trabajo duro para cambiar los hábitos desarrollados en

respuesta a los síntomas del TDAH y así entonces se pueda prosperar en el mundo. El cambio, dicen, es mejor si viene de la esperanza y la inspiración.

Después de años de lidiar con el TDAH de niños y adultos en mi propia familia, así como también aconsejando a parejas batallando con el TDAH, yo tomo un abordaje positivo modificado. Es crucial ser realista acerca del gran estrés que el TDAH puede poner sobre los dos cónyuges para poder lidiar con el TDAH en su relación. No obstante, el optimismo también es muy importante. Yo personalmente he visto los beneficios que se obtienen al ser positivo. Mi hija, una mujer inteligente, creativa, encantadora, de diecinueve años de edad en el tiempo cuando este libro fue escrito por primera vez, ha tenido lo suyo por los desafíos causados por los síntomas de su TDAH. No obstante, la escuché decirle a una amiga: "No quisiera estar sin el TDAH. Es la razón por la que yo soy quien soy: creativa, puedo pensar diferente, puedo ver el mundo de nuevas maneras". Ella reconoce que cada individuo es único y ella atribuye mucha de su peculiaridad, para mejor o peor, a su "manera de ser" TDAH. Ahora ella tiene 28 años y una maestría en UX Research (UX Researcher (Investigador en Experiencia de Usuarios)) con la cual ella puede utilizar el poder de su interminable curiosidad, inspirada por su TDAH.

Cuando los aspectos más difíciles de los síntomas del TDAH se aceptan como la otra cara de los aspectos muy positivos del TDAH, puede lograrse un balance que es similar al balance que la gente sin TDAH crea para sí. Yo, por ejemplo, no tengo TDAH, pero tengo debilidades específicas que reconozco y controlo en mi vida diaria. Generalmente, no he necesitado medicamento para ayudarme a lograr ese balance, aunque descubrí que la experiencia de tratar a la depresión con medicamento por muchos años (y la gran mejora de mi perspectiva que me proporcionó este medicamento), me ayudó a adquirir un gran respeto por los beneficios y las limitaciones de los medicamentos psicotrópicos. Mi hija, con la ayuda de medicamentos para el TDAH en pequeñas dosis, ha encontrado su punto de equilibrio. Como yo, ella tiene fortalezas que persigue con pasión y debilidades que debe acomodar. Pero estoy segura de que si su padre y yo la hubiéramos tratado como si ella tuviera un terrible trastorno, ella hubiera madurado con una opinión completamente diferente de ella misma y posiblemente sus esfuerzos habrían arrojado resultados diferentes.

¿Qué es el TDAH?

Técnicamente: el TDAH es una serie de síntomas que pueden ser identificados por un profesional médico, con capacitación en la evaluación del TDAH: mediante pruebas específicas y junto con la recopilación de un historial médico. La heredabilidad de la condición junto con los estudios de investigaciones recientes de las MRI (Imágenes de Resonancia Magnética, por sus siglas en inglés), sugieren que el TDAH tiene una base biológica en el cerebro. El Dr. John Ratey, experto en cómo funciona el cerebro, sugiere que el TDAH es el resultado de la desregulación en el sistema de recompensas (principalmente dopamina) en el cerebro. En resumen, el cerebro de una persona con TDAH no mueve la dopamina y otros químicos en las áreas de atención del cerebro de la misma manera como lo hace el cerebro de alguien sin TDAH. Esta diferencia química resulta en los síntomas asociados con el TDAH. Las presiones sociales en la casa, el trabajo y la escuela, a menudo agravan la respuesta de una persona al TDAH y pueden crear condiciones adicionales como ansiedad o depresión.

Los criterios de diagnóstico para el TDAH incluyen comparar un paciente a una serie de afirmaciones, hacer un historial detallado del paciente, y, en raras ocasiones administrar pruebas de ondas cerebrales (qEEG) o los escaneos SPECT (Pruebas de Ondas Cerebrales de Electroencefalografía Cuantitativa (qEEG) y Tomografía Computarizada por Emisión de Fotón Simple (SPECT scans), por sus siglas en inglés). Estos últimos dos no son necesarios (o ni siquiera recomendados) para el diagnóstico, pero pueden ser de ayuda en circunstancias muy limitadas. El historial del paciente siempre es necesario para el diagnóstico, por cuanto éste es importante para diferenciar al TDAH de otros síndromes que comparten algunos de sus síntomas. Sólo un profesional capacitado puede decir la diferencia entre el trastorno bipolar y el trastorno TDAH, por ejemplo, o puede discernir si se tiene condiciones coexistentes como discapacidades de aprendizaje, ansiedad, depresión o el trastorno de oposición desafiante (TOD).

Los doctores Russell Barkley, Kevin Murphy y Mariellen Fischer, han estudiado cómo traducir adecuadamente el criterio actual centrado en niños para diagnosticar el TDAH en adultos.[3] Ellos han concluido que

3. *ADHD in Adults: What the Science Says* por Russell A. Barkley, Kevin R. Murphy y Mariellen Fischer, The Guilford Press, 2008, página 113-116.

cuatro criterios pueden diagnosticar el lado *inatento* del TDAH de adulto con un 95 por ciento o más de exactitud. Estos criterios son los siguientes:

- Fracasa en prestar atención a los detalles,
- Tiene dificultad al organizar labores,
- Pierde las cosas necesarias para las labores,
- Se distrae con facilidad.

De estos síntomas, la distracción crónica es es la más importante para un diagnóstico del TDAH.

Por el lado de la *hiperactividad* del TDAH, ellos sugieren que los pacientes adultos pueden ser diagnosticados acertadamente alrededor del 90 por ciento del tiempo con estos criterios:

- Se siente inquieto,
- Tiene dificultad participando en actividades de ocio tranquilas,
- Habla excesivamente,
- Tiene dificultad esperando su turno.

El Dr. Hallowell amplía los datos del panel de investigación usado por Barkley y otros y el manual del diagnóstico para pintar un panorama más amplio de los síntomas con base en su trabajo clínico. Él observa lo siguiente:

- Un sentido de bajo rendimiento e inseguridad (independientemente de cuánto se ha logrado en realidad),
- Dificultad para organizarse,
- Dilación crónica o problemas para comenzar,
- Muchos proyectos en marcha simultáneamente, problemas de seguimiento,
- Se distrae fácilmente, tendencia a quedarse dormido,
- Intolerancia al aburrimiento,
- Impaciencia, baja tolerancia a la frustración,
- Impulsividad, verbal o en acción; a menudo referente al dinero,
- Cambios de humor,
- Inquietud física o cognitiva.

• Tendencia hacia comportamiento adictivo,

• Búsqueda frecuente de estimulación alta, tendencia a ser un aventurero,

• Auto-observación incorrecta.[4]

Si tú estás teniendo problemas en tu matrimonio, muchos de ellos posiblemente estén relacionados directamente con los problemas vinculados a estos síntomas del TDAH. Sin embargo, por el lado positivo, la gente con TDAH también puede pensar de manera creativa y original, perdonan rápidamente y son despreocupados. Es probable de que algunas de estas características de los síntomas positivos del TDAH ¡son la razón por la que te enamoraste de tu pareja con TDAH en primer lugar!

El TDAH como un síndrome de deficiencia de recompensas

El Dr. John Ratey, un gran experto en el TDAH y también en el cerebro, sugiere que el TDAH puede considerarse como un *síndrome de deficiencia de recompensas*, generado por una carencia de neurotransmisores específicos de placer (principalmente dopamina, pero también serotonina y endorfinas) que son usados para manifestar recompensa en los centros de atención del cerebro. Él señala que, sin estos indicadores químicos de recompensa, la gente con TDAH tiene problemas completando tareas que reciben recompensas sólo después de largo tiempo; tales como ir bien en la universidad para obtener un mejor trabajo. La falta de dopamina podría explicar la adicción a las drogas y el comportamiento de búsqueda de emoción de algunas personas con TDAH. Estas actividades estimulan la producción de dopamina. En cualquier caso, sin los niveles suficientes de estos neurotransmisores la atención de un esposo con TDAH es inconsistente y se vuelve desregulada.

Estas percepciones explican el por qué los medicamentos dopaminérgicos como Ritalin, Dexedrine (Dextroanfetamina) y Cylert (Pemolina), son usados para tratar el TDAH. Ellos funcionan estimulando los receptores presinápticos de dopamina e inhibiendo

---

4. Un resumen útil del TDAH y su diagnóstico puede ser encontrado en el sitio del Dr. Hallowell, bajo ADD/ADHD overview, enwww.drhallowell.com. Esto incluye el manual de información de diagnóstico, así como una amplia lista de las declaraciones de Hallowell que pueden ayudarte a determinar si debes buscar una evaluación.

las moléculas que eliminan la dopamina de la sinapsis. El antidepresivo Wellbutrin (Bupropión), usado para tratar el TDAH, también incrementa los niveles de dopamina en el cerebro.[5]

Ese cerebro centrado la recompensa o que la busca activamente, puede dedicarse con mucha facilidad a un deporte favorito, amigos interesantes, sumergirse en redes sociales y cualquier cosa que lo estimule. Tristemente, ese mismo cerebro tiene verdadera dificultad para mantenerse firme con quehaceres repetitivos de la casa, con el planear para el futuro, hacer los impuestos y con todo lo demás que sea aburrido, repetitivo o abrumador. Esto es cierto, incluso si hay una "recompensa" en el futuro como ahorra ahora (¡aburrido!) para poder tener dinero para la jubilación (eso está en el "no ahora").

¿Qué significa esto para ti y para tu esposo? Quiere decir que el TDAH es real. Los síntomas que experiencias son el resultado de cómo el cerebro con TDAH produce y después regula químicos específicos en tu cerebro. Piensa en el grado en el cual químicos más conocidos, el estrógeno y la progesterona, pueden afectar al cuerpo, la actitud y el espíritu de una mujer y puede que estés de acuerdo en que los químicos pueden hacer una gran diferencia, al igual que su regulación.

A menudo me preguntan que si el hecho de que el TDAH involucra un desequilibrio químico significa que un adulto con TDAH debe tomar medicamentos. Tomar medicamentos o no es una decisión personal y hay otras maneras de tratar al TDAH, aunque con frecuencia requieren el tipo de actitud "mantente en ello, aunque sea difícil", la cual es difícil de gestionar para personas que no están tratando su TDAH. Además, la investigación sugiere que los medicamentos constituyen uno de los tratamientos más efectivos para el TDAH. Un buen enfoque es probar la medicación para el TDAH como parte de un plan de tratamiento. Muchos de estos medicamentos han estado disponibles por muy largo tiempo y sus efectos secundarios son bien conocidos. Además, aquellos en la categoría de estimulantes tienen efectos de corta duración. Así que si pruebas uno y lo detestas, su efecto durará sólo unas horas antes de que lo expulses de tu sistema (con la excepción de que haya una reacción alérgica o un problema de corazón, pero tales casos son muy raros). Con ensayos para obtener la dosis correcta, más del 70% de los pacientes en la práctica

5. Ratey, John J., *A User's Guide to the Brain: Perception, Attention, and the Four Theaters of the Brain*, Vintage Books, 2002, página 127-128.

del Dr. Hallowell reportan que los medicamentos los han ayudado sin efectos secundarios negativos. El Dr. Hallowell también señala que hay efectos secundarios específicos por *no* tratar al TDAH como baja auto estima, problemas crónicos en el trabajo, y en muchos casos, los problemas matrimoniales.

Todos los medicamentos, por supuesto, deberían ser tratados bajo la dirección y observación de tu doctor, al que debes de familiarizar con tu historial médico. Asegúrate de discutir cómo pudieran interactuar los medicamentos del TDAH con otros medicamentos que pudieras estar tomando o si pudieras tener problemas en el corazón.

Condiciones coexistentes en el cónyuge con TDAH

El Dr. Russell Barkley y sus colegas sostienen que más del 80 por ciento de los adultos con TDAH tiene al menos alguna otra condición, más del 50 por ciento tiene dos o más y más de un tercio tiene tres o más condiciones adicionales[6] (nota que estos números no son para niños diagnosticados puesto que algunos de estos trastornos se desarrollan con la edad. También nota que los números vienen de muchos estudios de investigaciones diferentes por lo cual son presentados como rangos). Estos incluyen lo siguiente:

• Depresión actual: 16 a 31 por ciento,

• Depresión en algún momento de su vida: 53 por ciento,

• Ansiedad: 23 a 24 por ciento, dependiendo de una variedad de factores,

• Trastorno oposicional desafiante: 24 a 35 por ciento,

• Trastorno de conducta: 17 a 25 por ciento (las tasas pueden ser más altas si fue diagnosticado como hiperactivo de niño),

• Dependencia al alcohol o al abuso en algún momento de su vida: 21 a 53 por ciento.

Estas estadísticas no son para asustarte. En lugar de eso, ellas sugieren que el TDAH no es benigno, que necesita atención inmediata y que requiere algunos enfoques muy específicos.

6. Para un resumen detallado de problemas coexistentes psiquiátricos incluyendo: TDO, TC, depresión y ansiedad, vea *ADHD in Adults: What the Science Says* por Russell A. Barkley, Kevin R. Murphy y Mariellen Fischer, The Guilford Press, 2008, página 205-244. Los números específicos citados en mi texto vienen de las páginas 205-206, 223, 241.

TIPS
Obtener un buen diagnóstico

- **Un buen diagnóstico de *todos* los trastornos potenciales es mejor.** Tómate el tiempo para obtener una evaluación completa; no sólo una superficial de: "Suena como si tuvieras TDAH, ¿por qué no pruebas tomar medicamentos?".

- **Tú no estás calificada para "diagnosticar" a tu esposo con exactitud,** incluso si piensas que ves síntomas del TDAH. Cosas que "se ven como TDAH" a un ojo inexperto pudiera ser algo más o el TDAH pudiera estar presente junto con otros problemas que también necesitan ser abordados. Recuerda que el 80 por ciento de los adultos con TDAH tienen un problema de salud mental adicional en un momento u otro.

- **Asegúrate de tratar a *todos* los trastornos presentes.** Esto puede requerir tomar varios medicamentos, así como terapia para la ansiedad o la depresión. Tratar sólo al TDAH o sólo a otro trastorno cuando el TDAH está presente, puede ser menos eficaz que tratar el espectro completo. Como un ejemplo: el TDAH es con frecuencia un factor en la depresión y la ansiedad de un adulto. Tratar la depresión sin tratar el TDAH significa que no estás tratando el trastorno subyacente. Por otro lado, la depresión puede interponerse en el camino de tratar TDAH. Si no puedes salir de la cama en la mañana, es posible que no puedas hacer los cambios de comportamiento necesarios para abordar el TDAH.

- **Debido a la naturaleza del TDAH, tratarlo es cuestión de experimentación supervisada por el médico.** No te rindas si un medicamento o una dosis no funciona. Trata otro tipo de medicamentos y otras dosis hasta que se logre un equilibrio que provea alivio óptimo de los síntomas y sin efectos secundarios significativos. Otra opción es hacerse pruebas genéticas para ayudar a reducir las opciones sobre las medicinas que pudieran funcionar para ti.

- **Trata de tener una visión global de los problemas que enfrentan como pareja.** Aprender acerca del TDAH puede ayudarte a identificar comportamientos específicos del TDAH, pero aprender sobre la depresión, si es que es diagnosticada, también ayudará.

Si ahora tienes TDAH, tú lo tenías de niño; aun si no estaba diagnosticado. Los indicadores típicos de que el TDAH pudiera haber estado presente en la niñez incluyen: reportes del maestro que mencionan "desaprovechamiento de su potencial" y comportamiento olvidadizo o nervioso, luchas académicas y sociales, particularmente en la preparatoria y en la universidad, y ser etiquetado por sus amigos como que "siempre está en la luna". Reconoce, sin embargo, que algunas personas con TDAH lo compensaron en la infancia, pero se derrumban cuando tienen demasiadas cosas que hacer en la edad adulta. Esto pasa, típicamente con la llegada de los hijos a sus vidas. Criar niños toma una excesiva cantidad de habilidad organizacional, la cual no es un punto fuerte del TDAH.

Los síntomas en el cónyuge sin TDAH

Los cónyuges con TDAH no son los únicos que pueden tener síntomas que necesitan tratamiento. Vivir con un cónyuge con TDAH puede ser tremendamente estresante para un cónyuge sin TDAH, si es que una pareja no tiene buenas estrategias de afrontamiento. La decepción y el miedo pueden llevar a la depresión y a la ansiedad y las respuestas al estrés pueden llevar a muchos síntomas físicos. Los síntomas del cónyuge sin TDAH deberían ser tratados por un doctor y abordados con un mejor manejo del estrés como: el ejercicio regular, dormir bien, la buena alimentación, meditación y otros métodos. Los cónyuges sin TDAH necesitan enfocarse en su salud con al menos tanta intensidad como con la que se enfocan en la condición de su pareja para mantenerse saludables.

Las maneras de ser o el ¡tú no eres como yo!

Es importante darse cuenta de que el TDAH no siempre es un "trastorno" a pesar de su nombre. Se puede pensar en él como una colección de características y tendencias que definen a una forma de ser en el mundo. Es sólo cuando las características negativas asociadas con el TDAH se vuelven incapacitantes que se requiere tratamiento. Por el lado contrario, cuando es tratado adecuadamente, una persona incapacitada anteriormente por los síntomas del TDAH a menudo puede controlar su TDAH y así simplemente se vuelve una manera de ser en el mundo otra vez.

El cómo ustedes dos piensen acerca del TDAH es en realidad muy importante. Tener un "trastorno" puede sugerir tener una enfermedad que es percibida como "mala" y permanente. El pensar en el TDAH como una serie de características que pueden ser positivas y negativas y que puede ser controlado con las estrategias correctas es mucho más probable que aliente optimismo, esfuerzo y paciencia.

Es la trampa para el cónyuge sin TDAH el sentirse que él o ella es "normal" y que el cónyuge con TDAH "no es normal". Este sentimiento tácito de superioridad o suposición de que la manera de hacer las cosas del cónyuge sin TDAH, es más "razonable" que el abordamiento del cónyuge con TDAH, condena a muchas relaciones. Considera las palabras de esta prometida:

> Recientemente el que va a ser mi esposo ha [comenzado a hablar] sobre su TDAH. Acepté sus sentimientos cuando se dio cuenta de que tenía un problema, ahondé en ello y hablé con él sobre el tema por días, con la esperanza de que buscar ayuda profesional podría ayudarnos. Estos últimos meses han sido difíciles, especialmente, ¡antes del matrimonio!
>
> No quiero que mi esposo se sienta como que yo sé que él está roto, quiero que él se sienta entero; aunque los dos sabemos que está roto. Probablemente sería mejor si él siente que yo sigo pensando en él como un ser completo y que lo apoyaré, aunque él ya va a terapia para su TDAH.

El punto de vista de esta mujer es verdaderamente una receta para el desastre, pero es angustiosamente común. Imagina estar casado con alguien que piensa que tú estás "roto", pero imagina que no te darás cuenta de que ella se siente así si es lo suficientemente agradable contigo o te complace bastante bien. ¿Cuáles crees que son las probabilidades de que este hombre no sepa ya los sentimientos de ella después de muchos días de "pláticas" acerca de su "problema"?

Las personas con TDAH están demasiado conscientes de que otros piensan que ellos están "rotos" y la baja estima y el resentimiento resultante de esto colorean su habilidad de entrar a una nueva relación. Escucha a esta mujer con TDAH, exitosa profesionalmente:

> A todos los cónyuges sin TDAH leyendo esto: gracias por amar a sus cónyuges con TDAH. De una mujer soltera que desea que ella tuviera un esposo, con TDA o sin TDA, que pudiera entender.

A pesar de mi maestría en trabajo social, medicamentos, terapia semanal, amigos y familia que me apoyan y una mente muy introspectiva y analítica que está hiperenfocada en mis comportamientos e impacto en otros, el TDAH aún me plaga. Y estoy temerosa, temerosa de verdad, de mostrarle completamente a alguien el TDAH. Porque en realidad no estoy lo bastante segura de que pueda tenerlo todo "suficientemente" bajo control para alguien.

Por otro lado, algunas personas con TDAH tienen dificultad para entender las vidas menos espontáneas de aquellos sin TDAH. Es posible que escuches: "¿Puedes tan sólo relajarte un poco y tomar las cosas como vengan?" del cónyuge con TDAH que está acostumbrado a adaptarse a los cambios de la vida.

Tú y tu cónyuge son dos personas diferentes. Pero, ¿entienden cómo son expresadas esas diferencias? Consideremos algunas de las diferencias entre cómo perciben y habitan el mundo las personas con y sin TDAH. Si pinto una imagen exacta, espero que veas cómo sus diferencias pueden avivar su relación y así empezarán a cultivar una empatía que les ayudará a dejar atrás sus problemas actuales.

La energía y la velocidad del TDAH

El Dr. Ed Hallowell compara el vivir con TDAH a manejar a 90 millas por hora en la lluvia con unos parabrisas malos. De vez en cuando, las cosas están muy claras, pero, la mayoría del tiempo no estás completamente seguro de lo que viene hacia a ti —¡y viene rápido!—. El Dr. Hallowell se está refiriendo a dos tipos de velocidad aquí: a la variedad eufórica, vigorizante, excitante (piensa en el manejo de carros de carreras), así como a la velocidad y la forma abrumadora en cual la información llega a una persona con TDAH. El cerebro con TDAH tiene pocos filtros, a menudo todo entra al mismo tiempo y en un gran revoltijo. Esto provee algunos dilemas interesantes en un mundo en el cual se valora la jerarquía, mas esto también es una oportunidad.

Aceptar la velocidad es un aspecto del TDAH con el cual luchan muchos de los cónyuges sin TDAH. Mientras puede haber sido emocionante durante el cortejo, parece más amenazador, y a veces agobiante, una vez que te has establecido en el matrimonio. Me pareció genial cuando mi esposo se apareció en un Porsche 911 en nuestra primera cita. No importaba que los Porsches fueran terribles en la nieve o que tuviéramos que poner nuestros esquís a través del quemacocos para manejar fuera de la ciudad. (¡¡¡Brrrr!!!) ¡Asombroso! ¡Eso fue emocionante! Pero, después de que nos casamos, su velocidad de manejo se convirtió en algo negativo. Él manejaba muy rápido para mi comodidad y por muchos años, aunque él no está de acuerdo, me preocupaba que su manejo agresivo pudiera poner en peligro a nuestros hijos.

No nada más es el manejar rápido. Es también una velocidad de vivir la vida lo que puede ser un desequilibrio dentro de una relación. Escuchen las palabras de esta esposa exhausta:

> Mi esposo por diecisiete años fue diagnosticado con TDAH hace algunos años y sintió una revelación por dentro, el momento en que ¡se le prendió el foco!, si tú quieres. Él al fin había identificado lo que había estado sintiendo desde la niñez. Puesto en un salón especial de la escuela por sus calificaciones, pero siempre ganándose el corazón de sus maestros por su gracia, su sentido del humor y su energía, él se las arregló para pasar la preparatoria. Recibir una beca escolar de futbol para la universidad fue la primera prueba real para ver si él podía funcionar por si mismo y sólo para reprobar dos años después porque no pudo controlarlo "todo". ¿Se preguntan por qué?
>
> Él tomó riesgos como adulto, casado con tres hijos y exitosamente posee su propio negocio. Es un orador motivacional y "deja con la boca abierta" a sus participantes con su energía, creatividad y entusiasmo... llámalo pasión. ¿Y, entonces, qué es lo que está mal? Suena todo bien, ¿verdad?
>
> ¿Por qué entonces siento que él es mi compañero de cuarto en lugar de mi pareja de vida? Él viaja mucho y la dinámica de nuestro matrimonio es esta: él se va y todo está en orden (y, créeme, no soy una "estricta", yo cedo y me he vuelto más flexible al pasar de los años y con tres niños). Estuve en casa con mis niños cuando estaban chicos (básicamente criándolos yo sola) y ahora regresé a enseñar en la escuela primaria y trabajo tiempo completo. Cuando él viaja, la vida es una rutina y de la

manera en que a mí me gusta. Y luego, todo se convierte en un "infierno" cuando él llega a la casa. Él es como un torbellino. Simplemente me la paso muy mal en la transición y él está desconectado en su propio mundo cuando está en la casa...

Para esta mujer, una vida "confortable" es una que incluya una rutina predecible y tiempo compartido tranquilo e íntimo con su esposo. Sospecho que esto es, al menos en parte, porque la rutina hace más fácil el cuidar de los tres hijos. El nivel de energía de su esposo es perturbador y extraño. Mas esto es, inherentemente, parte de él: su energía, su humor e ingenio son la clave de su éxito profesional y lo que lo ha sacado de pozos difíciles en el pasado y probablemente una razón por la que su esposa e sintió hacia él en el principio (antes de que ella necesitara una rutina para ayudar a hacer su vida y la de los niños más fácil). Ninguno de los estilos de los cónyuges está mal en esta situación; la rutina de ella la ayuda a tener éxito como madre y la energía de él lo ayuda a tener éxito en el trabajo. Es la intersección en sus estilos, en este tiempo particular en sus vidas, la que crea los problemas.

Hay posibilidades de que esta pareja pueda mejorar su relación, si es que los dos están dispuestos a hacer concesiones. Con el tratamiento para su TDAH es bastante posible que él pudiera retener energía, pero enfocarla más efectivamente y así no sea tan perturbadora para la rutina de ella. Él pudiera empatizar con la necesidad de ella por una rutina y unírsele en algunas actividades familiares que demuestren su respeto hacia ella. Una vez que su energía no sea tan perturbadora, ella se sentirá menos amenazada y podría planear tiempos apropiados para desechar su rutina y brincar a su torbellino por el bien de reforzar su unión; así como cuando probablemente lo hizo durante su cortejo. Cada uno permanecería esencialmente la misma persona, pero su intersección podría vigorizar sus vidas con variedad, compañerismo, respeto y apoyo.

El control de los impulsos

Vivir con TDAH es de alguna manera como tener un cerebro de carro de carreras al que le faltan buenos frenos. El control del impulso es un gran problema: las personas con TDAH frecuentemente tienen mentes que van rápido y tienen problemas en detenerse cuando lo necesitan. ¿Has notado que tan difícil es para una esposa el dejar de hacer un proyecto que a ella le gusta (mirar televisión o trabajar en la computadora, por ejemplo)? ¿O que a ella se le salga una idea o un pensamiento antes de analizarlo?

Pregúntale a una persona con TDAH por qué trae a la casa 1/2 kilo de chocolates, mas sólo la mitad de lo que estaba en la lista de compras, o por qué acaba de gastar 100 dólares en regalos, cuando él sabía que necesitaban el dinero para pagar la luz y él te pudiera decir: "No lo sé". Esa sería una descripción exacta de la impulsividad del momento. Mas ahora, de hecho, tú *lo* sabes. La gente con TDAH sin tratar tiene de verdad malos frenos.

Para una persona que no tiene TDAH, es difícil entender esta falta de control de los impulsos. La gente sin TDAH espera que los adultos hayan aprendido a cómo controlar sus impulsos, sus propios intereses y los de los demás, pero son confrontados una y otra vez con el hecho de que este no es el caso de sus cónyuges. Las parejas con TDAH pueden soltar comentarios hirientes, arruinar las finanzas de la familia, comenzar romances por antojo o caer en violencia vial, porque sus cerebros sin tratar no tienen frenos. Todo esto es emocionalmente doloroso para el cónyuge sin TDAH y, a menudo, también para el cónyuge con TDAH.

No querer herir a nadie, sin embargo, no es suficiente. La deuda abrumadora, la herida emocional de "demasiada honestidad" o un amorío, pueden destrozar las relaciones. Es importante que el cónyuge con TDAH considere la impulsividad como un síntoma que necesita tratamiento y no sólo como el ser parte de una personalidad despreocupada.

El ahora y el no ahora

Lo chistoso es que sólo hay dos zonas de tiempo para una persona con TDAH: ¡"ahora" y "no ahora"! Una persona con TDAH está muy enfocada en el presente. Con frecuencia ALGO que estaba sucediendo hace diez minutos, está fuera de la mente; así mismo está algo que se supone que pasará dentro de diez minutos.

Este "presente" se asoma de distintas maneras en el matrimonio. Por ejemplo, tu esposa con TDAH, puede tener problemas recordando lo que hablaste no hace mucho. Puede que ella sepa que es bueno ahorrar dinero para el futuro, pero tiene problemas manteniéndose enfocada en esa meta cuando el gastar ahora parece mucho más atractivo. Puede parecer como si ustedes tuvieran las mismas discusiones una y otra vez…y probablemente las tienen, en parte, porque la última que tuvieron estaba en el "no ahora". Otra explicación es que la gente con TDAH muy a menudo tiene pésima memoria de corto plazo; así que pudieran no recordar haber tenido la discusión antes. La creación de maneras físicas para recordar, como hacer listas o tomar notas, puede ayudar a traer antiguas conversaciones de regreso al "ahora", cuando se necesite. Otra manera de pensar en el ahora y no ahora, es imaginar que tienes "visión del túnel del tiempo". Aquí tienen como un hombre con TDAH describe cómo interactúa con el tiempo:

Muy seguido uso esta analogía: miro el tiempo a través de un rollo de toalla de papel moviéndose de izquierda a derecha en una línea de tiempo. Yo sólo veo lo que está en mi visión en ese momento. Cuando avanzo a lo largo de la línea del tiempo, los pensamientos y las vistas que estaban en mi pequeña ventana han pasado hacia la izquierda y frecuenemente son olvidadas. Puedo ser de alguna manera exitoso si actúo sobre cosas en la ventana. Si se me pasa algo, eso podría irse para siempre. Tampoco puedo ver o pensar acerca del tiempo de la derecha de mi ventana. Esto hace difícil el planificar (por ejemplo: a mí me cuesta mucho planear para el fin de semana y, antes de que e des cuenta, el fin de semana llegó y yo no tengo planes).

Estar conscientes del ahora y no ahora (o visión del túnel del tiempo, si lo prefieres así) puede funcionar a tu favor. Por ejemplo: tú estás consciente de que mantenerse enfocado en tareas aburridas puede ser difícil para aquellos con TDAH. Mientras que esto tiene que ver con la distracción y problemas con el sistema de deficiencia de recompensas, la solución puede ser encontrada en la mentalidad del ahora y no ahora. Si puedes crear un sistema de recordatorios emocionalmente neutral, pero efectivo, que traiga una tarea olvidada al ahora *en el tiempo correcto*, tienes una mejor probabilidad de que sea realizada. Digo "emocionalmente neutral" porque es importante elegir una manera que no ponga a la persona con TDAH a la defensiva. "Efectiva" es lo que sea que funcione para esa persona en particular. Poner una alarma o poner una nota en la caja del lonche para recordarle sobre una llamada al medio día, esa puede ser una manera neutral y efectiva. Fastidiar y regañar nunca lo es.

La hiperactivación emocional

Muchas personas con TDAH tienen problemas para regular sus emociones, especialmente las consideradas negativas. Pasan con facilidad a la irritabilidad o al enojo, aún por cosas que parecen muy pequeñas para otros.

Hay diferentes razones por las cuales esto ocurre. Desde la perspectiva de la psicología, investigadores de la Universidad de Pensilvania han descubierto que el cerebro TDAH crea respuestas emocionales excesivamente abundantes, mientras que los sistemas de control de los impulsos (o "frenos") para controlar esas respuestas, son mediocres. Mientras que otras personas pueden sentir rabia, pero se guardan estos sentimientos, los que padecen TDAH simplemente los manifiestan. Ambos problemas: mucha emoción y frenos débiles, tienen mucho que ver con la neuroquímica del cerebro.[6b]

Nosotros tenemos una broma en nuestra familia: —Cuando mi esposo se enoja rápidamente, podría decir: "¡Acabo de perder mis frenos!"—. Esto reduce la tensión y nos ayuda a los dos a restablecernos de nuevo.

Desde la perspectiva emocional, los adultos con TDAH han pasado sus vidas muy a menudo siendo criticados por otros. Aunque sea con buena intención, un comentario como: "podrías hacerlo mejor si tan sólo te esforzarás más" de un maestro, un padre de familia o un amigo, en verdad duele si es que tú sabes cuánto te estás esforzando para controlar la distracción, organización, planificación y la impulsividad. A través del paso de muchos años, un comentario normal sobre la deficiencia del TDAH produce hipersensibilidad hacia la crítica.

Esta sensibilidad es con frecuencia desconcertante para las parejas sin TDAH que no tienen la misma historia o química en el cerebro. Dicen algo que les parece muy neutral o algo que ellos mismos tomarían con calma. Para ser justos, sus comentarios pudieran ser sobre algo que no hizo la pareja que tiene TDAH; así que fácilmente pudiera ser considerado una crítica. Pero, por cuanto la pareja sin TDAH no se molestaría por un comentario similar, se sorprenden con la intensidad de la respuesta de su pareja con TDAH.

6b Conferencia Internacional CHADD sobre el TDAH, 2019. En el Discurso de apertura de Anthony Rostain, MD, MA.

La frustración también tiende a elevarse y extenderse con facilidad cuando tienes TDAH. Una vez cuando yo hablaba por teléfono con mi esposo mientras él caminaba por la habitación de su hotel, nuestra conversación pasó de ser feliz a irritable y mezquina en un lapso muy corto de tiempo. ¿Qué había sucedido? La llave electrónica de su habitación no había funcionado bien. Pero con frenos tan pobres, su inmediata irritación y frustración con la llave se dispararon hacia mí y lo sentí como un ataque. En un sentido similar, he aprendido a evadir interactuar con él cuando está empacando para un viaje de negocios, lo cual él hace a última hora y le produce estrés. En esos casos, su irritabilidad la vuelca hacia mí y simplemente no vale la pena que me ponga en su línea de fuego.

El problema con la hiperactivación emocional del TDAH es que desestabiliza las relaciones. Si las respuestas emocionales negativas son impredecibles, eso deja al otro cónyuge andando de puntitas nada más, sin saber cuando de repente estará bajo fuego. Se siente incierto e inseguro; haciendo difícil que la pareja sin TDAH se relaje en la relación o que se sienta cariñosa. Si eres tú un cónyuge TDAH con hiperactivación emocional, por favor haz todo lo que puedas para controlar a tus arranques emocionales, la irritabilidad y el enojo. Haz esto de inmediato, aunque haya otras cosas en tu relación; como el enojo que expresa tu pareja hacia a ti y que te hace cuestionar la importancia de tus propias respuestas emocionales. Si te enojas rápido, *siempre* te beneficiarás de aprender cómo controlar mejor tus emociones... y no sólo en casa... las relaciones en tu trabajo también mejorarán.

Mi esposo y yo ahora sabemos que la frustración que se desborda, las rápidas respuestas, el enojarse súper rápido y la hiperactivación emocional son parte del TDAH. En respuesta a ello, nosotros hemos creado maneras que nos alejen de las pobres interacciones que resultan de la hiperactivación emocional. Estas maneras incluyen:

- **Poner en el blanco al síntoma de la impulsividad,** para la pareja con TDAH. El medicamento, el ejercicio y que él o ella esté consciente, todo puede ayudar para que la pareja TDAH mejore sus frenos emocionales.

- **Evadir discutir asuntos difíciles durante los tiempos del día de "alta irritabilidad"**, como lo es antes de que se haya tomado su café o cuando él o ella esté exhausta/o. En la misma línea evadir a la pareja TDAH cuando las actividades de alto estrés (como empacar tardíamente) casi siempre lleven a la irritabilidad extrema.

• **Crear señales verbales de redirección** cuando la irritabilidad se desborde hacia la otra pareja. La nuestra es un educado pero firme: "Entiendo que estés frustrado/a por X, pero, por favor, no te desquites conmigo". Mi esposo se disculpará de inmediato y se calmará él solo.

• **Que la pareja sin TDAH esté consciente de los temas que provocan ráidamente** a la pareja TDAH y asegurarse de dirigirse hacia él o ella de una manera "suave" en lugar de comenzar a hablar sobre un tema difícil. Esto ayuda a que la pareja TDAH se meta en un tema más sutilmente y desalienta la "falla de los frenos".

La planificación

Aunque no en todos los casos es cierto, la gente con TDAH a menudo tiene problemas planeando el futuro. Planear significa *organizar* un número de opciones diferentes en un juego de plan factible y *anticipar* lo que sucederá en varios escenarios. Las diferencias de la función ejecutiva en el cerebro con TDAH, es que estas habilidades comunes no se dan fácilmente. Una ventaja de no ser planeadores por naturaleza, es que la gente con TDAH puede ser realmente buena en dejarse llevar por la corriente, haciendo que las cosas funcionen en tiempo real.

No es inusual que una persona con TDAH sea atraída a una pareja que es buena planeadora. En el cortejo la habilidad de él para organizar y planear, ayudan a que las cosas sucedan y la naturaleza acomodadiza de ella provee vivacidad y espontaneidad. Los dos se benefician y florecen. Aunque, después de que tienen hijos, la inhabilidad para planear de la pareja que tiene TDAH se vuelve realmente un lado negativo, porque las demandas organizacionales necesarias para cuidar a los hijos requieren que los dos se lancen para que la vida no se vuelva abrumadora.

Las personas con TDAH pueden usar estrategias de afrontamiento que les ayuden a planear más efectivamente, pero los dos miembros de la pareja deben estar conscientes de que esto requiere un esfuerzo significativo y un montón de herramientas de organización como: listas, gráficos, conversaciones y cosas por el estilo. No asuman que sólo porque los dos son adultos, los dos también pueden planear bien.

Otras perspectivas sobre el tiempo

Una de las mayores diferencias entre como las personas con y sin TDAH guían sus vidas, tiene que ver con como ellos experiencian el tiempo. Esto es más que un síntoma o dos. La gente con TDAH es notoriamente tardía; porque pierden la noción del tiempo y frecuentemente son jueces terribles en cuanto a cuánto les tomará completar una tarea.

La gente con TDAH que yo conozco, simplemente se *relaciona* con el tiempo diferente a mí. Puedo usar a mis experiencias pasadas para predecir bastante bien cuánto me tomará hacer algo familiar. Esto a menudo no es el caso para la gente con TDAH. Su relación con el tiempo es mucho más fluida: rápido y despacio, como una montaña rusa.

La distracción a veces distorsiona el tiempo. La curiosidad de mi hija frecuentemente la lleva a interesarse por tareas específicas parciales de lo que ella está haciendo (seguir una idea interesante más de lo necesario cuando investiga un artículo por ejemplo). A veces sigue una línea interesante, a veces trece. Esto le ayuda a aprender todo tipo de detalles interesantes, pero puede resultar en perder el plazo para entregar su tarea. Puesto que ella no sabe por adelantado qué tan intrigantes serán las cosas; ella es impredecible en cómo usa su tiempo. Ha aprendido a poner pequeñas metas para mantenerse en la trayectoria y se asigna mucho más tiempo para hacer cosas que sus compañeras sin TDAH.

Mi esposo está en otro campo. Él podría ser llamado un "optimista del tiempo". Mientras que él es bastante consistente en qué tan rápido hace las cosas, siempre piensa que lo puede hacer más rápido de lo que puede, porque pierde la noción del tiempo avanzando. Tampoco recuerda sus experiencias pasadas con proyectos similares. Pero yo sí y, después de veinte años de esperar por él, yo simplemente le agrego el 30 por ciento a su cálculo; disminuyendo así nuestros conflictos.

¿Es malo tener un abordamiento fluido sobre el tiempo? Para nada, siempre que (por citar a un anuncio de una compañía de entregas famosa) tú absolutamente, positivamente, ¡lo entregues a tiempo! Lo que es importante entender es que ustedes se relacionan con el tiempo de forma *diferente* y vale la pena el respetar sus diferencias y encontrar un punto medio en donde ustedes dos se sientan cómodos con la manera en que se hacen las cosas, incluyendo la rapidez.

Cómo se recibe la información

Una de las cosas que encuentro más remarcables acerca del cerebro, es como organiza la información por nosotros, sin que nos demos cuenta. Como la mayoría de la gente, yo no lo había pensado mucho hasta que empecé a contemplar las diferencias entre cómo funciona mi cerebro comparado a los cerebros de los miembros de mi familia con TDAH.

Cuando yo "recibo" información, mi cerebro la pone en una jerarquía limpia y enfocada. Yo puedo estar sentada en un parque leyendo un libro y enfocarme en él; aunque cerca esté un perro persiguiendo a un gato, los niños estén montando bicicleta, los pájaros cantando y un juego de básquet ball esté ocurriendo. Mi cerebro filtra todo el ruido y las distracciones hasta que llego al punto en el cual tiene sentido detenerme (porque veo por el rabillo de mi ojo que una pelota de básquet está volando hacia a mi o llego al final de un capítulo, por ejemplo). Lo mismo es cierto con las ideas. Cuando yo oigo o leo una serie de ideas relacionadas, mi cerebro las "filtra" inmediatamente en una jerarquía.

Lo que es más sorprendente ¡es que yo ni siquiera sé que eso está sucediendo! Yo sólo "entiendo" que algo merece más concentración que lo demás.

El cerebro TDAH recibe la información bastante diferente. En lugar de ser jerárquico, a mí me agrada pensar de esto como "plano". Todo, importante o no, recibe inicialmente la misma atención. Los ruidos, las ideas, los movimientos, y aun a veces tus propias partes del cuerpo compiten por atención simultáneamente en el cerebro con TDAH. He oído a gente con TDAH describir sus cerebros como "ruidosos" (usualmente, esta es la gente que ha tratado los medicamentos y descubierto que "ruidosos" no es la única manera en que los cerebros pueden ser). Mi hija lo toma como "abierta a muchas cosas"; lo cual es una manera maravillosamente positiva de pensar sobre eso.

Un tipo de cerebro no es inherentemente mejor que el otro. Mi tipo de cerebro es realmente grandioso en situaciones que requieren organización como en los lugares de trabajo que yo he elegido: escribir libros como éste y organizar una casa con niños. Un cerebro con TDAH puede ser realmente grandioso para actividades creativas, en la lluvia de ideas o en los trabajos de alta adrenalina con mucha información simultánea igualmente importante compitiendo por atención, como trabajar en una sala de emergencia o ser un oficial de policía.

Durante el cortejo, el cerebro plano del cónyuge con TDAH, de alta energía y no muy organizado, puede encajar perfectamente. ¿Recuerdas que tan bueno/a solía ser tu cónyuge pensando en alocadas cosas por hacer y qué tan divertido era el ser espontáneo? Ustedes aventaron todo y gastaron toneladas de tiempo (y a veces dinero) enfocados el uno en el otro. Pero, después del matrimonio, y particularmente después de tener niños, muchas de sus interacciones cambiaron a ser de naturaleza más organizacional. Hay cuentas que pagar, niños que alimentar y educar, préstamos que pagar y una casa que mantener. El número de horas en el día se mantiene igual, pero tus responsabilidades se han incrementado significativamente. En la mayoría de los casos, un cónyuge sin TDAH puede hacer esta transición fácilmente, pero el cónyuge con TDAH termina perdido, y porque el cónyuge sin TDAH supone que un adulto *debería* ser capaz de hacer la transición, esta falta de habilidad habilidad para ajustarse es frustrante.

El proceso de la información "plana" tiene implicaciones en lo que uno ve y oye, en lo que es memorable o no memorable y en cómo uno se organiza eficazmente. Es fácil ver que a alguien que cuyo cerebro clasifica la información automáticamente en una jerarquía, le será más fácil organizar que a una persona a la cual su cerebro no lo hace. Por el otro lado, alguien cuyo cerebro absorbe todo con el mismo nivel de importancia, podría ser liberado dada su falta de jerarquía, para pensar más fácilmente fuera de la caja.

Pero mientras algunos encuentran la falta de jerarquía una ventaja, muchos más la encuentran difícil. Un hombre joven que conozco, describe al TDAH como: "tener una librería en tu cabeza sin sistema de tarjetas de clasificación". En lugar de sentirse libre para pensar fuera de la caja, este hombre siente que no puede confiar en su propia capacidad para procesar la información correctamente. Él es tan capaz de estar equivocado acerca de las cosas que sus colegas dan por hecho, como sentido común, que él desconfía de abrir su boca. Aquéllos que no saben lo perciben como tímido. Evita la participación por medio de la retirada, con sarcasmo o con humor, para poder lidiar con temas en los cuales su mente desorganizada y la falta de especialización lo ponen en desventaja.

La vergüenza excesiva

Es lamentable que una de las experiencias recurrentes para individuos con TDAH, es la crítica o los comentarios que reciben acerca de cómo acaban de hacer alto estúpido. Las personas que hacen estos comentarios, con frecuencia, son importantes figuras de autoridad: los padres, los maestros, colegas, los jefes, y, sí, los cónyuges.

Los proyectos sin terminar (distracción), la toma de decisiones equivocadas (impulsividad o demasiada información para procesar), los problemas de memoria y otras cosas más, se traducen en que que la gente con TDAH fracasa frecuentemente en hacer las cosas *tan pronto como*, o *de la misma manera que*, las hacen aquellos sin TDAH. Incluso si son capaces de encontrar la solución, ellos aún "fracasan" comparado con el estándar del que no tiene TDAH. Un gran ejemplo de esto e encuentra en muchas escuelas donde niños inteligentes, pero energéticos, pueden "fracasar" simplemente porque no pueden estar quietos.

La vergüenza con la que carga alguien con TDAH, hombre o mujer, después de años y años de que les digan que son inadecuados, viene a ser un factor crítico cuando un matrimonio comienza a derrumbarse o cuando son abordados por un cónyuge bienintencionado pidiendo una evaluación para el TDAH. La vergüenza con frecuencia desencadena el enojo y la actitud defensiva, lo cual puede suprimir lo que debería ser una conversación sencilla, aun antes de que haya comenzado. El enojo, las evasivas y la actitud defensiva, pueden parecer irrazonables al cónyuge sin TDAH que, no habiendo experienciado este mismo tipo de golpes repetitivos al ego, no entiende o no lo interpreta correctamente.

Encajar en el mundo

El mundo de hoy es uno en el cual la presión para asimilar, clasificar y priorizar información es altamente apreciada. El abordamiento menos dirigido que muchos con TDAH generalmente toman, a menudo es visto como una deficiencia. Esto también es cierto dentro de los confines del matrimonio, particularmente, uno en el cual los dos cónyuges tienen significativas restricciones del tiempo y muchas responsabilidades, como cuidar de los niños. Mientras que pudiera ser interesante explorar a las muchas ideas que vienen a tu encuentro, mientras se supone deberías estar haciendo un mandado, por lo general, no es *eficiente* hacer eso. A la mayoría de los cónyuges sin TDAH les causa pavor el pensar que pudiera tomar dos horas comprar gasolina, llevar la ropa a la tintorería o comprar algo de leche; porque ellos saben cuánto más se necesita hacer antes del ocaso.

La llave del éxito para muchos con TDAH, es encontrar la "vida correcta" en la cual vivir. Esto significa: un trabajo en el cual sus talentos particulares por su pensamiento no lineal y su rápida respuesta en emergencia sean apreciados, un cónyuge que pueda apreciar o, al menos, aprenda a vivir con, una frecuente distribución desigual de trabajo dentro de la relación. Sin estas cosas, muchos con TDAH sienten que ellos realmente no encajan en el mundo o que la cara que ellos exponen para encajar es falsa.

El otro factor crítico para el éxito de un cónyuge con TDAH en una relación es que los dos cónyuges continúen respetando a las diferencias y actúen sobre ese respeto. Aquí está lo que dice una mujer con TDAH acerca de vivir la vida en la cual otros suponen que "diferente" no es digno de respeto:

> Yo creo que [mi esposo] usa al TDA como una excusa para ser mandón y cerrado a veces, pero a mí me hace enojar y es muy difícil sobre mi propia estima el tener mi trastorno y que mis discapacidades de aprendizaje sean usadas así.
>
> Tenemos perspectivas muy diferentes, pero la realidad es perspectiva. Solo porque yo veo las cosas de forma diferente a los demás, eso no hace a alguien ser bueno o malo... la forma en la que experimento la vida está teñida por mi percepción, es lo que es. Odio como la gente trata de invalidar mis pensamientos, sentimientos y percepciones, porque son diferentes a las de ellos. Es como decirme [puesto que] ellos sienten... diferente[mente] a mi ¡[que sus sentimientos] deberían hacerme cambiar mágicamente! Esto no funciona así. Aun y si mi TDA me hace ver o recordar algo "no correcto", aún es MI realidad. Es como esas películas en donde el héroe tiene algún extraño súper poder y hace que experiencien la realidad de forma diferente a los demás.

Para que puedan entender sus diferencias y para que desarrollen estrategias para encontrar terreno común, una pareja debe comenzar con la suposición básica de que cada punto de vista del cónyuge está legítimamente fundado en las experiencias de ese cónyuge. Como tal, merece una consideración respetuosa. Entender la realidad de forma bastante diferente a tu cónyuge puede ser desafiante, pero eso aumenta la posibilidad de que ustedes encuentren una resolución satisfactoria a muchos de sus conflictos. Es por eso que muchos expertos en negociación sugieren que tomes tiempo para que te "camines una milla en sus zapatos".

Cuando ambos tienen TDAH

Hay ventajas y desventajas cuando ambos cónyuges tienen TDAH. En el lado positivo puesto que los dos cónyuges tienen experiencia con el TDAH, puede que sea fácil para ellos ser más compasivos hacia el esfuerzo que toma (y que estén conscientes de ello) para controlarlo. Además, si los dos son del tipo de "sigue la corriente", entonces un departamento desordenado o que se les pasen las fechas de pago, puede que no les moleste mucho. Puede ser que los dos se diviertan el tener aventuras juntos.

También es posible que un cónyuge sea más organizado que el otro; quizá porque ese cónyuge se ha estado tratando TDAH por más tiempo, tiene un TDAH menos severo o porque ese cónyuge se toma más en serio el trabajo con la actitud de "tiene que hacerse, aunque sea aburrido". Esto puede poner una enorme y estresante carga sobre ese cónyuge que ya tiene problemas con los cuales tiene que lidiar vinculados al TDAH y que quizá su naturaleza no sea la de planificar organizadamente. Como resultado, las parejas en las que ambos tienen TDAH, aún pueden caer en muchos de los patrones negativos de este libro; incluyendo el de las dinámicas padre-hijo descritas más adelante.

Otra área que puede ser más complicada para las parejas en las que los dos tienen TDAH es la del empleo. La mayoría de las personas con TDAH son empleadas lucrativamente, mas las probabilidades de que haya problemas, como el que los corran o de que renuncien impulsivamente, se incrementan para aquellos que tienen TDAH. En mi práctica de trabajo también me encontré con un gran número de lo que yo podría llamar: "emprendedores aspiracionales". Ésta es gente que quiere trabajar para ellos mismos, pero no tiene las capacidades organizacionales para emprender su negocio o mantenerlo cuando apenas está iniciando. Tienden a acabar con el dinero de las cuentas bancarias y las de jubilación de sus familias por seguir un sueño que casi nunca tiene éxito.

Es sano lidiar con el TDAH abiertamente en cualquier relación en la cual éste esté presente y particularmente cuando ambos cónyuges lo tengan. Algunas de las estrategias que yo recomendaría para las parejas en las cuales los dos cónyuges tienen TDAH incluyen:

- **Optimizar el tratamiento del TDAH** para los *dos*, para que funcionen en la mejor capacidad de aprendizaje de la persona. Probablemente no hay "organizador por naturaleza" en su relación, así que ambos tienen que ser capaces de colaborar en las cosas aburridas.

- **Busquen sus fortalezas** — ustedes tienen fortalezas únicas — que, si se utilizan, pueden ayudarlos a florecer. No se trata solamente de solucionar problemas.

- **Edúquense bien** sobre las estrategias del TDAH y sobre los retos únicos que enfrentan las mujeres con TDAH. Tengo información acerca de esto en mi sitio de internet y hay muchos buenos libros sobre el tema.

- **Deleguen… ¡pero no el uno hacia el otro!** Consigan tanta asistencia como puedan pagar, incluyendo: la limpieza recurrente o esporádica de la casa, asistencia con los archivos y el papeleo, la cocina y otras cosas. Inclusive, pueden apoyarse en un asistente electrónico, — por ejemplo pedirle que agregue algo a la lista de compras que se guarda en tu celular, así no tienes que preocuparte en encontrar papel en el cual anotar. Si tienen una casa grande, consideren contratar a un organizador profesional que les ayude clasificar, botar y arreglar el desorden.

- **Pongan las cuentas por pagar en pago automático** y después creen recordatorios para revisar el balance de las cuentas de banco regularmente y así evitar problemas financieros.

- **"Hagan" los impuestos todo el año.** Tengan una caja en la cual coloquen sólo información de impuestos, como recibos y estados financieros de todo el año. No puedo decirles cuánta gente con TDAH me he encontrado que tiene atrasos de años en sus declaraciones de impuesto porque sienten que es abrumador encontrar la información al finalizar el año.

- **Encuentra una carrera que te encante** y que esté de acuerdo con tus fortalezas. Tendrás más probabilidades de conservar tu trabajo si estás más interesado/a en él o que pareciera un juego.

- **Pon una fecha límite para tus aventuras de emprendimiento.** Persigue tus sueños, pero se realista sobre cuánto tiempo puedes apoyarte en los ahorros de la familia antes de que puedas crear un daño financiero significativo a aquellos que más te importan.

- **Comiencen su plan de tratamiento antes de tener hijos**, si es posible. Es demasiado estresante tener hijos, por cuanto hay responsabilidad las 24 horas, los 7 días a la semana (mucho de ello es aburrido) y hay poco tiempo para dormir; lo cual hace que los síntomas del TDAH empeoren. Cuánto más controlado esté su TDAH antes de su primer hijo o hija, les irá mucho mejor.

Y, por último, si ustedes son una pareja en la que ambos tienen TDAH: Por favor ignoren las etiquetas de "con TDAH" y "sin TDAH" de este libro. Seleccionen las estrategias que se apliquen específicamente a ustedes, independientemente de la etiqueta que yo use.

Las sorprendentes maneras en que los síntomas del TDAH afectan tu matrimonio

"Nadie dijo que era fácil.
Nunca nadie dijo que sería así de difícil.
Oh, llévame de nuevo al comienzo . . ."

"The Scientist," Coldplay

Es sorprendente qué tan consistentes son los patrones en los matrimonios TDAH con problemas. Estos patrones comienzan con un síntoma común del TDAH, que desencadena una serie de respuestas bien predecibles en ambos cónyuges, creando una espiral descendente. Pero ¿qué tal si supieras cuáles son esos detonadores y así pudieses eliminarlos o responder de manera diferente? ¿qué pasaría si pudieras decir: "Oh, ese es el TDAH, justo ahí" y olvidarlo en vez de participar en una batalla? Tú puedes aprender a reconocer muchos de estos patrones y después eliminarlos de tu relación usando métodos que toman en cuenta al TDAH.

Un secretito: Tú verás tu relación en este capítulo y puede que tengas sentimientos encontrados sobre ello. En el caso contrario, si eres como muchos en nuestro blog (www.adhdmarriage.com), podrías sentirte aliviado de que alguien al fin esté articulando lo que has estado experienciando y estarás agradecida de enterarte de que no estás sola. Pero estas descripciones podrían también hacerte sentir aún más triste de lo que te has estado sintiendo. "¡Qué desperdicio!", podrías pensar, o: "¡Esto es simplemente desesperanzador!".

Tú deberías permitirte experienciar esta tristeza, porque experimentar el duelo por lo que no has tenido en tu matrimonio hasta hoy, es uno de los primeros pasos hacia construir una nueva vida juntos. Pero debes saber que también hay muchas razones por las cuales tener esperanza. Así como aprendes sobre los patrones en las relaciones con TDAH, tú también aprenderás qué hacer con ellos.

PATRÓN 1 Las dolorosas malinterpretacones de los síntomas del TDAH y sus motivos

La buena comunicación no es sólo cuestión de decir las palabras correctas o comenzar con tus suposiciones desde el mismo lugar. La *interpretación correcta* es crítica y, en este ámbito, las parejas lidiando con el TDAH pueden fracasar estrepitósamente por dos razones básicas:

- Un síntoma del TDAH del que ni siquiera se han dado cuenta está al acecho e influenciando la interacción (y su consiguiente interpretación),
- Ellos "viven el mundo" de manera tan diferente que asumen, incorrectamente, que entienden los motivos que están detrás de los comportamientos frustrantes.

Una de las malinterpretaciones más comunes, es el sentir como si un esposo con TDAH ya no ama más a su pareja, porque no le está prestando atención.

Toma a María, como ejemplo, que después de cinco años de matrimonio se preguntó: "¿Por qué me tomé la molestia de casarme? ¡Él ni siquiera sabe que aún existo!". Dan había estado completamente enfocado en ella durante su cortejo. Pero ahora ella se sentía abandonada y avergonzada de que ella ya no atraía a su esposo. Ella trataba cada vez de forma más desesperada de hacer que él la notara. Trató con lencería más sexy y con ropa nueva, mas eso sólo funcionó por un tiempo. Probó planear citas y enviarle cartas, pero él no le prestó mucha atención. Frustrada, ella comenzó a gritarle, a regañarlo y a demandar atención. Aunque este acercamiento de frente obligó a Dan a poner atención sólo por un corto tiempo, esto lo alejó aún más de ella con el tiempo. Él se refugiaba en su computadora tan pronto como llegaba a casa, distanciándolos aún más. Al seguir aumentando sus expresiones y no conseguir respuesta, el resentimiento de María se convirtió en pura ira.

¿Qué está sucediendo aquí? María malinterpretó las acciones de Dan desde un principio, acciones que eran el resultado del TDAH. Uno de los síntomas que definen el TDAH es la *distracción*. Dan había podido hiper concentrarse en María temporalmente durante su cortejo con la ayuda de los químicos del cerebro liberados con el apasionamiento, pero una vez que las cosas se estabilizaron, él volvió a mostrar sus típicos síntomas del TDAH. Su distracción significaba que era muy probable que él se interesara tanto en su perro, en su computadora, en su carro o en el juego de fútbol, como en su esposa. Las cosas se derrumbaron cuando ella atribuyó la emoción negativa del disgusto al acto neutral de la distracción. "Él ya no me ama", era su miedo, y cada acto de distracción servía para reforzar este mensaje en su mente.

Si le hubieras preguntado a Dan durante ese período si él amaba a su esposa, te hubiera mirado en total confusión y dicho: "¡por supuesto!". A pesar de que su esposa estaba en ese momento inmersa en la desesperación que su trato hacia ella le producía, él percibía que todo estaba bien entre ellos. Esto no es porque él sea tonto es sólo que después de una vida de tener gente enojada o decepcionada con él, Dan navega los períodos de enojo y criticismo ignorándolos. Y, por cuanto la gente con TDAH no recibe ni procesa la información de una manera jerárquica, el sufrimiento de María entraba en su mente al mismo nivel que todo lo demás que él percibía: las luces del reloj del radio, el perro ladrando, la computadora, el proyecto preocupante que tiene en el trabajo.

"¡Pero, espera!", dices, "Eso no importa, ¡ella aún está sola!". Estarías en lo correcto. Independientemente de si Dan estaba ignorando *intencionalmente* a su esposa o sólo estaba distraído, las acciones hablan más que las palabras. Ella se torna infeliz y solitaria y sus necesidades necesitan ser abordadas. No obstante, es importante reconocer y después identificar correctamente el problema subyacente para encontrar la solución correcta. En el matrimonio, exactamente como en las matemáticas de secundaria, si tratas de resolver el problema equivocado, generalmente terminarás con un resultado poco satisfactorio. Además, el dolor causado por la interpretación incorrecta de que él ya no la ama, provoca una serie de malos sentimientos y comportamientos que agravan el problema. Esta es la crítica dinámica del mecanismo síntoma-respuesta-respuesta en acción.

TIPS

Evitar interpretaciones erróneas de los síntomas y motivaciones del TDAH

- **Aprende todo lo que puedas acerca del TDAH** y cómo se manifiesta en los adultos. Consulta la sección de recursos para obtener material útil.

- **Asume que tú no sabes las motivaciones de tu cónyuge.** Si algo te hace sentir mal haz preguntas para que así puedas entender los motivos subyacentes de una conducta. Peca más bien por preguntar para que así puedas entender mejor. Mantén las preguntas neutrales. "¿Por qué sacaste al perro a pasear inmediatamente?" o: "¡¿Estaba el perro cruzando las piernas?!". Esta es una mejor aproximación en lugar de: "¿es más importante sacar al perro que terminar de hacer la tarea que necesitaba que hicieras?" o: "¡No puedo creer que ignoraras mi petición y en lugar de eso jugaras con el perro!". Recuerda: el tono de voz realmente importa.

- **Pon medidas** para diferenciar las acciones de las palabras. Si te estás sintiendo ignorada, por ejemplo, pudieras ponerte a llevar la cuenta del tiempo que pasan juntos por una semana. Si de hecho ya están pasando tiempo juntos, pero aún te sientes ignorada, la calidad pudiera ser el problema, no la cantidad.

- **Consideren establecer "conversaciones de aprendizaje" semanales** (explicadas en detalle en el paso 4) para abordar los problemas que no desaparecen. Asegúrate de conversar sus distintas motivaciones y diferencias de abordaje, las cuales podrían estar interfiriendo en la posibilidad de hallar puntos en común.

- **Aprendan a reír** cuando tengan mala comunicación en vez de verlo como una señal de que nunca lo resolverán. La risa reduce la tensión y ayuda a mantener una disposición favorable para ambos.

PATRÓN 2
El ciclo destructivo síntoma-respuesta-respuesta

La historia de Dan y María ilustra otro tema importante en los matrimonios con TDAH: mientras que la tendencia es culpar al TDAH por todos tus problemas, este en realidad no es el caso. Los síntomas del TDAH crean tensiones inesperadas y a menudo insidiosas en el matrimonio, así como también muchos malentendidos. Sin embargo, la destrucción viene de un patrón mucho más amplio que incluye los síntomas, la respuesta a estos síntomas y después la respuesta a esa respuesta.

La distracción de Dan no era, en sí misma, una característica destructiva. Fue la combinación del síntoma de Dan y la específica interpretación de María a ese síntoma lo que amplificó el problema; así este se volvió parte de un ciclo más amplio de problemas síntoma–respuesta–respuesta.

Uno puede imaginar situaciones en las cuales la distracción puede ser considerada una ventaja, por ejemplo: si fuese vista como la base para la creatividad o si fuese simplemente aceptada como una parte interesante de la personalidad de uno (piensa en un científico creativo). A veces los síntomas del TDAH pueden ser interpretados benignamente como "excentricidades" o consideradas partes "molestas, pero aceptables" de una personalidad amable.

Yo aquí no estoy sugiriendo que un cónyuge sin TDAH debería simplemente darse la vuelta y decir: "Ella me está ignorando porque es excéntrica [o porque tiene TDAH]. ¡Ah, bueno!". De hecho, tener un cónyuge con TDAH que que asuma un plan sistemático al tratamiento es uno de los elementos más importantes para mejorar tu matrimonio. El "síntoma" está, después de todo, al principio de la secuencia síntoma–respuesta–respuesta y no habrá muchos cambios hasta que los síntomas estén bajo control y esa tarea sólo puede ser completada por el cónyuge con TDAH.

Mas el TDAH en las relaciones es como un baile. Una persona guía e inicia los pasos, pero los *dos* deben entender su rol para dar vueltas por el salón exitosamente. Un cónyuge con TDAH puede abordar sus síntomas,

mas la pareja no tendrá éxito si la respuesta del cónyuge sin TDAH no cambia también.

Tomemos un ejemplo: Imagina que la respuesta de María, en vez de enojarse y empezar a demandar, hubiera sido decir: "Dan, noté que has estado particularmente distraído estas dos últimas semanas. Entiendo eso, pero me estoy empezando a sentir un poco sola como resultado de ello. ¿Qué te parece si salimos mañana?". Él está encantado con la idea de salir. Esta respuesta completamente diferente a los síntomas de Dan consigue rápidamente que se le presete más atención, así como un fortalecimiento de la relación en su totalidad. Dan aún necesita mejorar su habilidad de atender a María, sin embargo, se evitó la espiral negativa del ciclo síntoma–respuesta–respuesta.

 TIPS
Evitar el ciclo síntoma-respuesta-respuesta

- **Considera siempre al síntoma *y* la respuesta.** Es tentador enfocarse sólo en el problema del TDAH cuando confrontas un problema, pero considerar el síntoma y la respuesta brinda una imagen más realista de la situación y ayuda al cónyuge con TDAH a que no se sienta como que está siendo culpado/a.

- **No permitas que la presencia de respuestas negativas se vuelva una excusa para no controlar los síntomas del TDAH.** Un clásico ejemplo es que el cónyuge TDAH se convence a si mismo de que el enojo de su esposa es la causa real de sus problemas. Sí, el enojo es un factor que necesita ser abordado, pero también es una respuesta a síntomas específicos del TDAH.

- **Aprende cuáles respuestas producen resultados positivos.** El enojo, el dar lata y aislarse son respuestas que no te llevan lejos. Busca maneras diferentes para comunicar tus ideas. Las respuestas son importantes y elegir como expresarte tú mismo de forma constructiva, es la mejor y la más rápida manera en que una pareja sin TDAH puede contribuir a romper los estancamientos del ciclo síntoma-respuesta-respuesta.

PATRÓN 3
El hiper foco del noviazgo

Una de las sorpresas más impresionantes acerca de las relaciones TDAH, es la de la transición del noviazgo al matrimonio. Es bastante típico que una persona con TDAH esté tan envuelta y emocionada por el cortejo que se hiper enfoca en su pareja. Derrama su atención en ella, piensa en cosas maravillosas y emocionantes para hacer juntos y la hace sentirse como si ella fuera el centro de su mundo... lo cual es. Ninguna de las dos partes está consciente de lo que está pasando, solamente están conscientes de sus sentimientos: "¡esto debe ser amor!". Pero cuando la hiper concentración acaba, la relación cambia dramáticamente para ambos.

La mejor descripción que yo he escuchado de este fenómeno fue escrita por Jonathan Scott Halverstadt en su libro: *ADD & Romance: Finding Fulfillment in Love, Sex, and Relationships (El TDA y el romance: encontrar plenitud en el amor, el sexo y las relaciones)*. Con su permiso, lo cito a continuación:

> De hecho, nunca has sido verdaderamente cortejada y romanceada hasta que no has sido cortejada y romanceada por alguien con TDA, alguien que está hiperfocalizado en flecharte. Esta es la materia de la cual las películas de Hollywood son hechas. Estamos hablando de flores y llamadas por teléfono y días de campo en la playa y poesía y carteleras con mensajes de "Te Amo" e incluso mensajes de humo en el cielo. Cuando alguien con TDA está romantizándote, en el proceso del cortejo los pájaros cantan una melodía más bonita, los ángeles cantan y el aire huele más dulce. Cada día es un día especial porque ustedes dos están muy enamorados. Cuando se está hiperconcentrado en el romance: los hombres y las mujeres con TDA hacen las cosas más fabulosas, más dulces, más encantadoras y más cultivadoras —porque es estimulante—.
>
> Sí, lo hacen porque es estimulante para *ellos*. No lo hacen porque su pareja lo disfrutará, aunque esa ciertamente es parte de la razón por la cual lo hacen. Pero la principal razón por la que te arrasan con esta increíble muestra de afecto es porque lo hacen para sí mismos, para automedicarse el cerebro con

endorfinas. No están tratando de ser egoístas o egocéntricos. Pero hacen todo esto de cortejarte y seducirte hasta la extenuación porque les sienta bien sentirse estimulados por la excitación del romance. Eso sí, este aspecto de: "se siente bien", no es solamente "me hace sentir bien hacer algo por la persona que yo amo". También incluida en esta mezcla está "Me siento mejor en mi propio cuerpo" un sentido total de bienestar que la persona con TDAH pudiera no experienciar a diario como la mayoría de la población....

La persona que recibe el cortejo no se da cuenta de que la mayor parte de esta atracción tiene menos que ver con ella de lo que cree. De hecho, suele pensar que todo gira en torno a ella. ¿Y por qué no?

No obstante, las personas con TDAH tampoco podrían decirte que se están auto medicando. No tienen idea del por qué están tan cautivados con su nuevo amor. Todo lo que saben es que los sentimientos que experimentan son tan intensos, tan maravillosos que esta persona tiene que ser su alma gemela. No están de ninguna manera conscientes del aspecto de automedicación en lo que hacen.

Desafortunadamente, la pareja con TDAH sigue y adelante con todo lo emocionante del noviazgo hasta que se vuelve una experiencia ordinaria. Y cuando pierde su novedad, cuando ya no es estimulante, simplemente se detiene. A veces de forma inmediata. Un día están llenos de amor, las aves y los ángeles cantando y al día siguiente, nada. Se fue. Nada. Cero.

Cuando la emoción se ha ido, se ha ido. La pareja con TDAH ya no escribe poesía o canciones o ya no envía mensajes románticos por teléfono, porque ya no se sienten tan atraídos. Y cuando ya no es estimulante para ellos, simplemente detienen esos comportamientos y siguen adelante con otras cosas. De hecho, pudiera ser que sigan muy enamorados de sus parejas, pero el estímulo se ha ido. Para poder sentirse mejor físicamente, tienen que encontrar otra cosa que sea igual o más estimulante que el noviazgo....

Por supuesto, el objeto de toda la atención y el afecto anteriores suele estar aturdido en este punto. Hasta este momento, su pareja ha sido más de lo que ellos jamás hayan soñado. Después, de repente, él o ella ya no está ahí. La pareja sin TDAH termina sentada en los restos de la ilusión preguntándose qué fue lo que salió mal. Ellos están confundidos. Están lastimados. Están desconcertados. Y están enojados. Sorprendentemente, la pareja con TDAH también se siente confundida al mismo tiempo. Pensaban que habían encontrado a la pareja de sus sueños. Esta fue la relación más estimulante en la que jamás hayan estado. Luego, de repente, esos sentimientos se esfumaron. Si se casaron durante esta intesa fase de cortejo, lo cual sucede con frecuencia, entonces ambos miembros de la pareja pueden entrar en pánico en este punto.[7]

Te cuento sobre los cortejos hiperenfocados porque la transición a vida "normal" puede ser muy confusa e hiriente. El final del hiper–enfoque es dramático. Casi inevitablemente el cónyuge sin TDAH lo toma de manera personal. Por ejemplo, mi esposo dejó de hiperconcentrarse en mí el *día* que llegamos a casa de nuestra luna de miel. Repentinamente, él se fue de vuelta a su trabajo, de vuelta a su vida "habitual". Yo fui abandonada completamente. A los seis meses del día de mi boda yo me estaba cuestionando seriamente si me había casado con el hombre correcto.

Él no era una persona diferente, él aún era dulce, considerado (cuando pensaba en mí, lo cual no era muy seguido), inteligente... solamente no estaba poniendo ninguna atención. Yo estaba segura de que había hecho algo mal o que ya no era atractiva para él ahora que había sido "conquistada" oficialmente. En retrospectiva, sé que mi inseguridad no tenía nada que ver con la realidad. Él me amaba profundamente. Sólo que él no se daba cuenta de que no estaba poniendo atención porque estaba distraído por casi todo lo demás.

7. Halverstadt, Jonathan Scott, *ADD & Romance: Finding Fulfillment in Love, Sex, & Relationships*, Taylor Publishing (ahora transferido a Rowman & Littlefield), 1998, páginas: 51-53.

Y es ahí donde está la solución al problema del hiper enfocamiento. Si estás comprometida con una persona que te ha romantizado y se ha enfocado en ti, puedes suponer que esto llegará a su fin, a lo mejor abruptamente. Y cuando suceda no te mires a ti misma como la causante de este cambio. Es el resultado de los síntomas del TDAH y la dopamina volviendo a niveles normales (es decir, bajos) y nada más. Sabiendo esto, ustedes pueden averiguar qué otras cosas estimulantes pueden hacer juntos que mantendrán viva la llama. Acepta que el TDAH es un factor, luego déjalo a un lado, dedicando tiempo al romance de forma consciente y descarada.

Si tú ya has experienciado la confusión y el dolor del cortejo hiper concentrado llegando a su fin, probablemente estás albergando resentimiento, enojo y ansiedad. Dénse el beneficio de la duda: asuman que *están* con la persona correcta y que las cualidades que les atrajeron al principio, aún permanecen. Lo que pasa es que ustedes han experienciado una conmoción sin mucha guía sobre cómo reaccionar ante ella. Pensar de esta manera les puede ayudar a avanzar a través de su dolor y enojo hacia un mejor entendimiento sobre sus sentimientos mutuos.

Mi esposo y yo nunca habíamos escuchado del TDAH o del hiper–enfoque, así que nuestro dolor continuó por un buen tiempo. Para mí, ser ignorada se convirtió en un resentimiento, lo cual fue muy destructivo. Este resentimiento es un buen ejemplo del síndrome síntoma–respuesta–respuesta encontrado en las relaciones TDAH. El síntoma de la "distracción" de mi esposo llevó a una respuesta (mi soledad y a mi resentimiento). Mi hosquedad resultante condujo a una respuesta de mi esposo (enojo y distanciamiento), aunque, por debajo de todo eso, permanecía un síntoma del TDAH, la distracción. En esencia, mi esposo necesitaba tratar su TDAH. Yo necesitaba apoyar ese esfuerzo.

TIPS

Lidiando con el impacto del noviazgo hiperfocalizado

- **Recuerda que no es personal.** El cortejo hiper–enfocado seguido por un abrupto final es una parte bien documentada de muchas relaciones TDAH. El cónyuge sin TDAH se beneficiará más si interioriza que no es algo personal, aunque lo parezca, y perdona al cónyuge con TDAH.

- **Mejoren su conexión.** Sentirse ignorado es doloroso. Agarren al toro por los cuernos y establezcan maneras para mejorar su conexión e intimidad.

- **Permítanse llorar** por el dolor que el impacto de hiperfocalización del TDAH les ha causado a ambos. Esto les ayudará a superarlo.

PATRÓN 4 La dinámica padre–hijo

El patrón más común y más destructivo de todos los que voy a describir, es la dinámica de figuras parentales con la hija o hijo (que aquí llamaremos padre–hijo. N. del T.), en donde un cóyuge es siempre responsable y el otro raramente lo es. Así es como suele empezar todo: Como parte de los síntomas del TDAH sin tratamiento, se abandonan las tareas que son su responsabilidad. La persona intenta, dice que lo hará, pero simplemente se distrae o lo olvida. Al principio su esposa compensa y toma la responsabilidad, pero pronto resiente la carga que esto pone en ella. A ella le toca hacer todo el trabajo sucio mientas que él "pasea" y se dedica a "cosas divertidas".

Cuando ella le pregunta por sus olvidos él acepta ayudar pero no continuará haciéndolo por mucho más tiempo. Ella le recuerda otra vez, él acepta de nuevo, él lo olvida de nuevo, otra vez. Sus acciones no son intencionales, él simplemente está distraído y sin foco. Con el pasar del tiempo, él se vuelve "confiablemente no confiable" a los ojos de su esposa y ella comienza a dar lata y a atacarlo para poder hacer que él "ponga atención a lo que él debería estar haciendo y deje de divertirse". Él se retira del ataque, ella ataca más fuerte frente a su retirada. Rápidamente los dos aprenden que la interacción es dolorosa: un ejercicio en lastimar y ser lastimado. La única forma en la que ella parece llamar su atención es explotando contra él. La desesperanza, la frustración y el enojo se instalan. A veces, él hace las cosas. Mas su esposa aprende a ser precavida, porque él es muy inconsistente. Lo que ella recordará no serán sus logros, sino sus fracasos, y se comporta de acuerdo a ello. Él aprende que lograr hacer las cosas no le da mucho crédito, lo cual lo desmotiva.

Para complicar la situación de esta espiral descendente, personas ajenas al matrimonio puede que observenque el cónyuge es "bien divertido" y "maravilloso", mientras que el cónyuge sin TDAH cada vez parece más malhumorada, menos agradecida con su "maravilloso" cónyuge y más y más irracional. Ella se muestra tan desilusionada y con tan mal temperamento, que otros, incluyendo los miembros de la familia, pueden comenzar a culparla a ella de los problemas de la pareja. Puede que empiecen a preguntarse: "¿Qué le pasa?" "¿Por qué todavía no se ha divorciado de ella?". Estos ataques incrementan el resentimiento de ella y refuerzan el que él "se salga con la suya" en ser irresponsable, mientras que ella no obtiene crédito por recoger todo el desorden que él deja tras de sí. Simultáneamente, su esposo puede comenzar a escuchar a estas personas y estar de acuerdo en que su esposa está siendo poco razonable. Esto lo hace resistente a asumir la responsabilidad de su TDAH o de hacer el esfuerzo necesario para asumir cualquiera de esas tareas fastidiosas.

Padre–hijo más los hijos

El cuidado de los hijos requiere tanto tiempo que hace que sea más importante organizarse y "hacer las cosas", lo que puede agravar los problemas con los patrones padre–hijo. Además, una vez que una esposa sin TDAH siente que su esposo no es confiable, ella puede perder la confianza de que cuide a los niños de manera segura. Ella se pregunta: "¿qué pasa si él maneja demasiado rápido cuando los niños están en el carro?", o: "¿en serio estará ahí para recoger a los niños después de sus lecciones o serán dejados ahí esperando en la banqueta presas fáciles para los extraños?", "¿qué pasa si él nunca llega para dejar el lonche a nuestros pequeños hijos?". Estos temores van al corazón de lo que ella más cuida. Ella comienza a jalar a los niños más hacia ella (y lejos de él) para protegerlos de las interrupciones y decepciones creadas por los síntomas del TDAH de su esposo. En algunas casas la vida se vuelve en un notorio: "nosotros contra él".

El abuso verbal de la figura parental

Sintiendo que ya hay poco que perder y agitada con el enojo y el resentimiento, el cónyuge sin TDAH puede comenzar a menospreciar y a humillar a su cónyuge privadamente y a menudo, públicamente. "¿Por qué no puedes hacer nada bien", "no vales nada" son los estribillos en la relación padre–hijo. Aunque pueda defenderse, el cónyuge con TDAH sufre profundamente como receptor de este abuso, porque se parece a tantos comentarios que ha oído a lo largo de su vida por parte de otras figuras de "autoridad" tales como padres, familiares, maestros y entrenadores. Es comprensible que se ponga a la defensiva, pero esto no hace más que enfurecer aún más a su esposa.

Lo que sigue es un ejemplo de abuso extremo de nuestro blog. Lo incluyo aquí porque este hombre con TDAH describe muy bien la parálisis que sienten las personas con TDAH después de ser receptoras de este ciclo vicioso. Su ejemplo, aunque extremo, está lejos de ser poco frecuente:

Ahora cualquier cosa que hago relacionado a mi TDAH (o no) es recibido con burla y desprecio. Oigo cosas como: "Eres tan idiota" o "No puedes hacer nada bien, ¡te odio!". Yo entiendo que ella esté frustrada. Cuando le digo que me está lastimando, ella me responde con: "¿Cómo crees que yo me siento? Llevo dieciséis años lidiando con tu lamentable persona." Ahora siento como si estuviera caminando en una capa fina de hielo. Tengo temor de decir algo por miedo a una discusión. Por el otro lado, decir nada tampoco ayuda…. Cuando recuerdo nuestro matrimonio, esto no es nada nuevo. Casi desde el principio mi TDAH debe haber jugado un papel. Cuando hablaba, mis pensamientos e ideas eran reprimidos. Cualquier tarea que realizaba era recibida con: "¿Por qué la hiciste así?" o "Esto no está bien, ¡cuál es el problema contigo!". Esto me ha hecho recluirme dentro de mí mismo (si eso tiene sentido). No soy abierto en casa. Soy callado, inexpresivo. Esto me ha hecho tener menos contacto con mis hijas. Nunca estoy seguro de lo que debería decir o hacer con ellas. Me encuentro perdiendo el tren. Otro día pasa y no ayudé a mis hijas con su práctica de trompeta. No ayudé a mi hija con sus aspiraciones de atletismo. No ayudé a mi hija con su proyecto que vence en unos días. Luego me dicen cosas como: "No sirves, puedo mucho mejor sin ti".

Este hombre experimenta el desdén y el abuso verbal de su mujer con retraimiento y una continua pérdida de confianza en sí mismo. Él está aislado de sus hijas y se siente sin esperanza e inútil. Su enojada esposa puede que vea a sus propias acciones como algo que él se ha "ganado" y como una manera de avergonzarlo por su retraimiento, como la única manera de obtener su atención. Cegada por su enojo, puede que ni siquiera le importe el daño que está infligiendo. El efecto neto es que los dos están paralizados y él está traumatizado.

Es posible que reconozcas signos de abuso verbal en tu propia relación. El primer paso para controlarlo es decidir que el abuso verbal no es una salida aceptable para la ira. Aunque puedas sentirte bien vengándote de tu cónyuge, el resultado inevitable del abuso verbal es que ambos quedan profundamente heridos. Es difícil de creer que la mujer del ejemplo más arriba quisiera paralizar aún más a su cónyuge, pero eso es justo lo que ha resultado de su abuso. Además, los malos tratos (y la respuesta de él a ellos) no ayudan en nada a la mujer a controlar su ira. Ella sigue sintiéndose desgraciada, y él también. A menos que el maltrato cese inmediatamente, ambos necesitarán asesoramiento profesional, y rápido.

Yo misma he pasado por esta fase, y hablaré con mucha más profundidad sobre cómo gestionar la paralizante ira crónica.

La dinámica padre–hijo también crea desesperanza en el cónyuge sin TDAH

La angustia que el patrón padre–hijo provoca en el cónyuge sin TDAH se expresa de forma diferente, pero es igual de real. He aquí dos ejemplos típicos:

> [Todo] parecía manejable antes de tener hijos. Podía vivir gestionando el trabajo, su horario, todas las compras, las facturas, etc. Tuvimos varios enfados por su falta de atención hacia mí, su tendencia a elegir a sus amigos antes que a mí, sus promesas incumplidas, etc. Pero nunca pensé que eso fuera TDAH. Pensaba que yo tenía expectativas poco razonables, que quizá estaba demasiado necesitada. Incluso una vez me dijo que yo no era tan independiente como él pensaba cuando salió conmigo por primera vez. Creo que independiente significaba no necesitar nada de él en términos de seguimiento, respeto o consideración. En cualquier caso, últimamente discutimos cada vez más.

Nosotros tenemos dos niños pequeños, así que salir de este matrimonio no es algo que yo quisiera hacer. Lo amo, pero tengo que ser honesta. Tengo años de frustración acumulada ante su comportamiento. Él puede ser sorprendentemente desconsiderado. No ofrece ayudar, a menos que se lo pidan... Él no puede anticiparse a cómo ser considerado. En resumen, muchas veces me siento como la mamá de tres niños en lugar de la mamá de dos. Tengo que mantener su agenda, así como también la mía y la de los niños. Yo tengo que hacer todas las compras, las finanzas, prácticamente todos los problemas organizacionales. Si quiero que él haga algo, tengo que darle lata repetidamente y él puede muy bien actuar como un adolecente caprichoso cuando le pido ayuda. No puedo expresar frustración con él —eso no está permitido—. Y si lo hago, soy culpable de irrespeto. Si él me ha decepcionado por otra promesa rota, yo estoy reaccionando de forma exagerada y me encanta pelear. Me siento atrapada.

Otra mujer escribió:

Debido a la irresponsabilidad de mi marido, mi crédito se ha arruinado dos veces. A menudo me veo obligada a hacer la compra y a pagar su parte del alquiler (ya sea porque en su trabajo le han estropeado el sueldo o porque tiene problemas con su cuenta bancaria). Siempre es algo y estoy harta de las excusas, sean válidas o no. Escucho tantas excusas que me he vuelto insensible a sus interminables historias de desgracias. La comunicación es un gran problema en nuestro matrimonio. No escucha muy bien y es frustrante cuando me entero de que no ha prestado atención a puntos clave, sobre todo en asuntos relacionados con las finanzas. Es como si entrara y saliera de la conversación...

Él es muy olvidadizo y odio tener que recordarle constantemente de ocuparse de los asuntos importantes como si fuera un niño. Casi he perdido todo el respeto por él. Es como si tuviera tres hijos (en lugar de dos). Resiento lo que me ha hecho pasar... Me estoy estresando todo el tiempo y actualmente estoy sufriendo de ataques severos de ansiedad, incluyendo presión alta.

La rabia y la ansiedad que sienten estas mujeres al enfrentarse a los síntomas del TDAH no tratado de sus cónyuges influyen en todos los aspectos de su vida. La segunda tuvo reposo médico debido al estrés en el momento de escribir este libro. Ellas asumen tareas adicionales cuando su cónyuge no las hace: facturas, tareas domésticas, cocina básica, limpieza y organización, pero la presión que esto crea es intensa. También empiezan a cuestionarse a sí mismas. *¿Estoy demasiado necesitada? ¿Cómo puedo sentirme tan insensibilizada? ¿Por qué no puedo superar esta frustración? ¿Podré confiar en él algún día?* Lo peor de todo es que transmiten una sensación de desesperanza. Estas dos mujeres están considerando la posibilidad de divorciarse.

A veces, cuando la negatividad de la dinámica padre–hijo se intensifica, la mujer que no padece TDAH compensa en exceso la falta de seguimiento de su cónyuge. Esto se debe a su enfado y a su creciente sentimiento de que tiene que "enseñar" a su cónyuge a hacer (y ser) mejor. Así, por ejemplo, una superficie sucia en la cocina después de la cena se convierte en una prueba más de la incapacidad de su esposo, en lugar de algo que se puede solucionar con poco esfuerzo a la mañana siguiente con los platos del desayuno. Para demostrar que él es inadecuado y enseñarle que debe hacerlo, ella cree que debe mostrarle que la cocina debe limpiarse ahora. Así que lo hace, aunque podría dejarlo para más tarde y aunque esté muy cansada. Para asegurarse de que su esposo, que se retrae, capta el mensaje, le dice que no ha terminado su trabajo. Pero ese recordatorio, en lugar de inspirarle a hacerlo mejor la próxima vez, le desmotiva, y no sólo en el tema de las superficies de la cocina. "Nunca podré complacerte", piensa, y mañana no le interesa volver a intentarlo, en ninguna cosa.

Por qué el "educar" a un cónyuge es diferente a educar a un niño con TDAH

Como muchos padres, mi primera experiencia con un diagnóstico de TDAH fue a través de mi hija. Mi estrategia consistió en ayudar a mi hija en todo lo que pudiera. Aprendí todo lo que pude sobre el TDAH, hablé con su médico y trabajé con su colegio para asegurarme de que recibía la ayuda que necesitaba. Por recomendación de su médico, la dejamos tomar la decisión sobre si tomar o no medicamentos (no quiso durante unos dos años, hasta que el colegio se puso más difícil). Pasé mucho tiempo sentada con ella mientras hacía los deberes, intentando mantenerla centrada y "ayudándola" a dirigir su vida.

Uno de los beneficios de diagnosticar el TDAH en la infancia es que los padres a menudo sienten que están "progresando", en parte porque los niños cambian y avanzan de forma natural a medida que crecen. Esto supone un refuerzo positivo para el padre que ayuda al niño. "Vale, le ha costado, pero mira lo que puede hacer ahora", piensas. Otra ventaja es que los niños escuchan con naturalidad lo que dicen sus padres (al menos cuando son pequeños). En general, les interesa mantenerte en armonía con ellos. Una de tus tareas como padre es establecer una estructura para tu hijo. Todos los niños necesitan una estructura cariñosa y la agradecen. Los niños con TDAH la necesitan aún más.

Cuando tu hijo lucha contra los síntomas del TDAH, tu corazón se conmueve. Te duele y deseas que lo tenga más fácil. También estás dispuesto a celebrar cada victoria que se cruza en su camino de forma obvia y bulliciosa. En resumen, "crías" a tu hija de forma abierta y protectora. Pero las cosas que haces para apoyar a tu hijo no son tan buenas para tu relación matrimonial. Por lo general, tu cónyuge no quiere que le digas lo que tiene que hacer ni que estructures su vida, ni busca tu sabiduría.

Los adultos no tienen el mismo ímpetu de cambio que los niños para ayudar a permitir y amplificar el progreso. En los adultos, el cambio viene del trabajo duro, no de envejecer un año más. Esto significa que un cónyuge con TDAH parece más propenso a "atascarse" que un niño, y a hacer las cosas una y otra vez, que es justo lo contrario de lo que uno esperaría: uno espera que el *adulto* sea capaz de progresar, y que el *niño* se atasque. Los cónyuges que no padecen TDAH tienden a no tener en cuenta lo difícil que es hacer grandes cambios como adulto, sobre todo si observan simultáneamente los progresos del niño.

El impulso hacia adelante no es el único problema. Es el trabajo de un adulto el "educar" a un hijo. El niño espera esto y tú también. Esto los hace ponerse en sintonía con sus roles. En cambio, uno de los trabajos de un cónyuge es apoyar románticamente a su cónyuge. Tu esposo no espera que tú lo eduques y, muy probablemente, él resentirá si tú lo haces.

Además, si tú educas a tu esposo vas a perder el romance de tu matrimonio, ya que es casi imposible ser atraído sexualmente a una figura parental.

Para empeorar las cosas, mientras te duelen todos y cada uno de los fracasos de tu hija, tu frustración por la falta de progreso de tu cónyuge con TDAH te lleva más a menudo a la ira que a la empatía. La diferencia no tan sutil en tus sentimientos se comunica claramente a través de las acciones, el lenguaje corporal y el tono de voz. Con bastante rapidez, el cónyuge con TDAH empieza a creer que no lo quieres. Para cualquier cónyuge sin TDAH, es mucho más difícil no criticar la persistencia de los síntomas del TDAH cuando los exhibe un adulto "que debería saberlo mejor" que un niño que "aún está aprendiendo".

Casi todas las deficiencias del cónyuge con TDAH aumentan directamente la carga de trabajo del cónyuge sin TDAH, sobre todo en la casa, por eso es un área tan conflictiva. Si él no recoge las cosas, ella siente que tiene que hacerlo. Si él no paga las facturas, ella debe hacerlo o le cortarán la luz. Si él no se relaciona bien en las fiestas, no invitan a ninguno de los dos. Si no quita la nieve del camino... ya te puedes hacer una idea. Esto no ocurre con tanta frecuencia con los niños con TDAH. Si un niño es socialmente torpe, la mayoría de los padres no sufren las consecuencias. Una niña que no termina los deberes es motivo de preocupación, pero los padres saben que su hija sólo necesitará ayuda para recordar los deberes hasta que arregle su sistema de recordatorios o hasta que termine los estudios. Además, muchos padres reciben ayuda para resolver las diferencias de aprendizaje de sus hijos a través de los programas de recursos escolares y los programas educativos individualizados (IEP por sus siglas en inglés). Otras personas les prestan asistencia, y se percibe que la ayuda que tendrán que proporcionar a un hijo *es limitada*, además del acoplamiento de las expectativas en torno a sus funciones mutuas. Como demuestran las citas anteriores de este capítulo, no hay ayuda externa ni se percibe el final de la disfunción de un conflicto padre–hijo entre adultos.

Si hay una sola cosa importante que te puedes llevar de este libro, espero que sea que la dinámica padre–hijo *no puede* continuar. Hay muchas formas saludables de ser escuchado, equilibrar tu relación y hacer las cosas cuando estás afectado por el TDAH. La dinámica padre–hijo no es una de ellas.

TIPS

Cómo evitar la dinámica padre–hijo para el cónyuge sin TDAH

- **Toma control de *tus propias* acciones y detén todo el abuso verbal inmediatamente.** La falta de respeto que el abuso verbal comunica hace que mejorar tu matrimonio sea prácticamente imposible. Encuentra una salida diferente para tu frustración.

- **¡No regañes!** Aunque en este momento parezca que la única forma de llamar la atención de tu cónyuge es regañar o ejercer de padre, ¡no lo hagas! Sigue buscando alternativas. Utilicen las reuniones familiares para organizarse y discutir sus problemas con menos distracciones; consulten con un terapeuta matrimonial; programen citas para vincularse. Tienes razón al insistir en que se te preste atención; pero trabaja con tu cónyuge para encontrar formas más productivas de conseguir esa atención que regañando.

- **Reconoce que nunca podrás "criar" con éxito a un cónyuge**, aunque es posible ayudar con éxito a un niño con TDAH. "Criar" a un cónyuge con TDAH siempre es destructivo para la relación, porque desmotiva y genera frustración e ira. Cuando busques formas de convivir con éxito, hazte siempre la pregunta: "¿Estoy pasando a un papel de padre con estas palabras o acciones?". Si es así, rechaza o modifica esa opción. (Nota: Esto no significa que no puedas involucrarte nunca con el TDAH de tu cónyuge; sólo significa que debes ser consciente de cómo te involucras).

- **Recuerda que la crianza de un cónyuge mata el romanticismo** y los sentimientos cálidos fundamentales para el éxito de un matrimonio.

- **Celebra todos los avances.** Las investigaciones demuestran que el estímulo, el apoyo y el reconocimiento del éxito son mucho más eficaces que ofrecer "ayuda" cuando lo que se pretende es inspirar un éxito continuado.

- **Debes comprender que las ofertas de "ayuda" pueden malinterpretarse** en las relaciones padre–hijo en adultos. Es posible interpretarlas como: "No eres lo bastante competente para hacer esto solo". Intenta ofrecer colaboración: es decir, participa en la creación de soluciones que funcionen para ambos en lugar de "arreglar" algo que tu cónyuge no está haciendo bien.

- **Desarrolla señales verbales.** Fija un método con tu cónyuge para señalar y hablar sobre las interacciones padre–hijo en cuanto sucedan y así tú puedas empezar a identificarlas. Mantente lo más neutral posible durante estas interacciones. Tu meta es detener las interacciones padre–hijo y reemplazarlas con interacciones más efectivas y constructivas. Ver el Paso 4 más adelante en este libro para más información acerca de las señales verbales.

- **Da prioridad a tu matrimonio.** Si tienes un hijo con TDAH, asegúrate de dar prioridad a las necesidades de tu matrimonio. Encontrarás tiempo para tu hijo, pero es demasiado fácil perder de vista tu relación.

- **Plantéate contratar ayuda profesional.** Esta es una dinámica muy difícil de cambiar. Un entrenador o terapeuta profesional especializado en TDAH puede ayudarte a identificar las interacciones padre–hijo y aportarte ideas sobre nuevas formas de interactuar. *¡Asegúrate de que la persona tiene experiencia con el TDAH!*

TIPS

Cómo evitar la dinámica padre–hijo para el cónyuge con TDAH

Si eres un cónyuge con TDAH, el desarrollo de un patrón padre–hijo significa que no estás tratando cabalmente tu TDAH de un modo que apoye efectivamente tu rol en el matrimonio. Puede que tengas la tentación de ignorar mi afirmación al respecto y replicar que tu cónyuge es demasiado exigente o quisquilloso. Esto puede ser cierto en parte, pero los estándares más altos suelen ser una respuesta a que el cónyuge con TDAH no asume suficientemente sus responsabilidades dentro de la pareja. Cuando el cónyuge con TDAH logra controlar mejor sus síntomas y se vuelve más confiable a los ojos de su pareja, los estándares se relajan. Los regaños también disminuyen significativamente. Así que, lo reitero: *Si te están regañando, significa que los síntomas del TDAH se están interponiendo en tu relación, tanto si eres consciente de ello como si no.*

Para salir de las dinámicas padre–hijo, considera estas sugerencias:

- **Habla con tu doctor sobre mejorar el tratamiento.** Puede que desees cambiar la dosis del medicamento o la hora de tomarlo, emprender una rutina regular de ejercicio, hacer entrenamiento mental con concentración plena o adoptar cambios de comportamiento mediante terapia cognitiva de comportamiento, entrenamiento del TDAH u otro plan. Es crucial que el cónyuge con TDAH se vuelva más confiable.

- **Empieza con algo simbólico.** Toma total apropiación de un proyecto o una tarea que sea significativa para tu cónyuge sin TDAH. No supongas que tú sabes qué es; pregunta y escucha. (Sugerencia: cuando los dos discutan sobre lo que deberían hacer, asegúrate de elegir una tarea significativa que encaje con tus puntos fuertes, no con tus puntos débiles. No sabes de cuántas personas con TDAH he oído hablar que deciden que deben pagar las facturas, a pesar de que está más que demostrado que la gestión financiera es una de sus habilidades más débiles). Calcula todos los pasos. Desarrolla un sistema de recordatorios para hacerlo en los momentos adecuados. Lograr el éxito asumiendo este proyecto simbólico es el primer paso para conseguir que tu cónyuge se calme un poco y avance de nuevo.

- **Determina en lo que *no* eres bueno** y establece un plan para que sea hecho por alguien más. *No* se lo des a tu esposa, la cual ya está sobrecargada, a menos que esté de acuerdo en que le estás liberando de al menos la misma carga al asumir algunas de sus tareas.

- **Comienza un programa de ejercicio regular** si es que no tienes ya uno. Esto mejorará tu salud, energía y enfoque. Esto también mejorará tu humor y, por lo tanto, tus interacciones con tu cónyuge. (Nota: El beneficio del enfoque del ejercicio dura unas horas, entonces pensar sobre *cuándo* te ejercitarás puede ayudarte a aprovechar totalmente sus ventajas).

- **Acuerda señales verbales** para señalar las interacciones padre–hijo en cuanto sucedan. Las respuestas "señales" como: "Por favor, no me hables así", pueden alertar gentilmente a tu pareja de que la dirección de la conversación tiene que cambiar.

- **Mejora tu rutina de sueño.** Ver el sitio web: ADHDmarriage.com para que encuentres una hoja de trabajo que te puede ayudar a hacerlo.

PATRÓN 5
La guerra de tareas domésticas

Desafortunadamente, tener un cónyuge con TDAH no tratado puede traducirse en mucho trabajo extra para el cónyuge sin TDAH. De hecho, si los cónyuges no controlan los problemas de distribución de la carga de trabajo, la ira y el resentimiento que se acumulan pueden acabar con el matrimonio.

¿Divorciarse por si se hacen o no las tareas domésticas? Parece una tontería hasta que uno se da cuenta de que, para el cónyuge que no padece TDAH, la falta de participación del otro en las tareas domésticas se convierte en un *símbolo* de todas las cosas que esa persona no hace en el matrimonio "de forma normal". Para muchos, no ayudar también comunica una falta de respeto y cariño.

Además, todas esas tareas son agotadoras, por no decir interminables. Sentirse "obligado" a hacerlas todas porque nadie más lo hace hace que el cónyuge sin TDAH se sienta como un esclavo. El insulto se agrava cuando un cónyuge con TDAH que se enfrenta a su falta de participación responde: "¡Es que no me acuerdo de hacer esas cosas!" o dice "Claro, lo haré", pero luego no lo hace (¡otra vez!). Uno de los insultos más frustrantes de todos es encogerse de hombros diciendo: "A las personas con TDAH no se les dan bien las tareas domésticas", y no intentar averiguar cómo hacerlo mejor.

Sí, las personas con TDAH *no tratado* a menudo no son tan buenas en las tareas domésticas. Pueden tener problemas para iniciar cosas que no tienen un alto grado de interés. Necesitan estimulación para mantenerse involucrados. Las tareas domésticas, por supuesto, están muy abajo en la lista de la mayoría de las personas en ambos aspectos.

El tratamiento ayuda a la gente con TDAH a que se concentre y facilita el crear sistemas de recordatorios, a iniciar nuevas labores y a quedarse con algo, aunque sea aburrido. No tengo información estadística sobre esto, pero mi observación es que la gente con TDAH tiene que esforzarse más que la gente sin TDAH para poder realizar la misma tarea aburrida. Ya sea que tenga que tomar un paso extra poniendo un temporizador para poder empezar a limpiar la cocina o que una persona deba organizar el escritorio de cierta manera, para poder mantenerse lo suficientemente enfocado para escribir una carta, la gente con TDAH parece tomar más pasos para hacer la misma cosa. A menudo, conseguir que sus cerebros se calmen lo suficiente como para asumir una tarea es todo un reto.

Ya sea que se esfuerce extra o no, la cuestión principal es que el cónyuge TDAH aún necesita contribuir. Ayudar de alguna manera es importante para comunicarle a tu cónyuge: "Yo cuido de ti y de nosotros y también me enorgullezco de nuestra casa".

A veces, las personas con TDAH sienten que están haciendo tareas. He aquí una publicación de un hombre recién casado que lucha contra la falta de atención de su mujer a las tareas domésticas:

> Llevo un año casado con una mujer con TDAH diagnosticado (desde la infancia) que se siente muy cómoda con su diagnóstico y siente que tiene un dominio y control muy firmes de su enfermedad... desde que nos hemos mudado juntos, nunca ha limpiado sus cosas, todavía no ha deshecho las maletas de un viaje de hace dos meses. Hago todo lo que puedo para mantener recogido y limpio todo lo que tengo. Hicimos una lista de tareas hace unos meses sobre quién es responsable de cada cosa. Yo hago las mías con constancia y según sus insistentes especificaciones, mientras que ella aún no ha hecho la mayor parte de las suyas. Actualmente está desempleada, pero cuando llego a casa después de ocho horas, sinceramente no puedo decir que se haya hecho nada. De vez en cuando hace alguna pequeña tarea, pero en general no pasa nada. Intento hablar con ella... pero siempre me dice que está muy ocupada y que hace las cosas. La única vez que no hice mi trabajo de la semana me dio un sermón sobre cómo ambos tenemos que hacer nuestro trabajo.

> Cada vez que intento ayudar o incluso sugerir algo con el TDAH la cosa acaba mal.... Realmente no sé qué hacer.... Me aterra lo que pueda pasar cuando tengamos hijos y ella dirija nuestro hogar. No tengo ningún problema en trabajar y ayudar con las tareas domésticas pero trabajo a tiempo completo, hago todas las tareas, cocino todas las comidas y... suelo ser el que hace las cosas mal.

El desequilibrio en las responsabilidades domésticas está creando el problema, pero está surgiendo un problema mayor: a medida que aumenta su disfunción en las tareas domésticas, el cónyuge sin TDAH empieza a temer el futuro y a perder la confianza en la capacidad de afrontarlo juntos.

En realidad, esto puede terminar como un "divorcio por las tareas domésticas", aunque se puede ver que el patrón síntoma–respuesta–respuesta lo hace más complejo que "sólo" las tareas domésticas. Esta pareja se beneficiaría de la mediación de un tercero en la disputa y debería establecer medidas objetivas. ¿Las tareas se hacen o no? ¿Son razonables las tareas que él pide? Estas cosas se pueden medir. Utiliza la Hoja de puntuación de las tareas de la sección Hojas de trabajo y herramientas para medir quién hace qué y en qué medida es una carga.

Aquí tienes otro ejemplo:

Llevo once años con mi esposo. Cuando nos conocimos, era muy atento conmigo. Era divertido salir con él, siempre tenía ideas de cosas interesantes que hacer, contaba buenos chistes y me ayudó, por primera vez en mi vida, a aprender a relajarme un poco. Era maravilloso.

Ahora, sin embargo, tengo que ocuparme de TODAS las finanzas porque cuando mi esposo se ocupó, ¡no hizo el balance de la chequera durante seis meses! Pensaba que lo que el banco dijera que había en nuestra cuenta era la cantidad que teníamos, independientemente de cuántos cheques pendientes había. Tengo a nuestro hijo conmigo cada minuto que no estoy dando clase (en parte debido al horario de mi esposo). Eso incluye citas con el médico, citas con el dentista, Lobatos y Lobeznas, deportes, deberes, rutinas antes de acostarse, preparación para el colegio, reuniones de padres y profesores, etc. Tengo que ocuparme de todas las tareas domésticas porque mi esposo se olvida de hacerlas o se distrae en medio de ellas. Planifico todas nuestras comidas porque mi esposo no puede / no quiere / no hace planes para una semana. Hago todas las compras porque mi marido compra cosas al azar que "suenan bien" en lugar de ceñirse a una lista, y termino cocinando casi todas las comidas.

Es MUY ESTRESANTE sentir que no hay compañía porque no puedo confiar en que mi marido haga lo que dijo que haría. Es muy solitario sentir que mi marido está constantemente en su propio "lugar feliz" mientras yo tengo que cargar con todas las responsabilidades… Yo, la cónyuge que no padece TDAH, me siento dolida, disgustada, frustrada, enfadada, abrumada por todas las responsabilidades que siento que tengo que asumir sola y que los demás [fuera del matrimonio] no entienden. La mayor parte del tiempo, siento que yo tengo todas las responsabilidades mientras que él tiene toda la diversión.

Los cónyuges sin TDAH que se encuentran en esta situación suelen agravar sus problemas al asumir en solitario demasiadas de las tareas que se dejan de lado al principio de la relación. En general, es más eficaz hacerlo, pero a la larga perjudica la relación. Para las parejas que acaban de empezar, es mejor tomarse el tiempo, el esfuerzo y, sí, los conflictos necesarios para crear el hábito de una distribución satisfactoria de las tareas desde el principio, en lugar de dejar que uno de los cónyuges cargue con la mayor parte del trabajo. Más adelante, la llegada de los hijos o de trabajos más estresantes puede hacer físicamente imposible continuar con esa pauta desequilibrada, y en ese momento uno está tan ocupado que no tiene tiempo de encontrar las estrategias de compensación adecuadas para que el cónyuge con TDAH ayude.

En el caso de la mujer mencionada, el verdadero problema se resume en estas dos ideas: "Es extremadamente estresante sentir que no hay compañía" y "No puedo confiar en que mi marido haga lo que dijo que haría. Me siento muy sola…". Su falta de seguimiento, aunque sea el resultado de un síntoma de TDAH y no un reflejo de cómo se siente, simboliza para esta esposa que su cónyuge no se preocupa por ella ni la respeta. Se siente sola. Se siente frustrada porque no puede cambiar las cosas, aunque "cambie de opinión":

> Sí, a veces soy una gruñona y sí, lo odio. Pero me siento obligada a adoptar esta postura. Siento que he intentado MUCHAS cosas. Cuando surge un proyecto, dejo que él fije la fecha de vencimiento y le prometo no sacarlo a colación hasta que haya pasado esa fecha con el proyecto aún sin hacer — sólo permite que se acumulen más proyectos sin hacer, por lo que veo. Y me da mucha más rabia que siga sin hacerse.

La soledad, el miedo, los problemas de respeto y el agotamiento parecen estar en el centro de la mayoría de las guerras de tareas. La ira es el resultado.

TIPS
Cómo evitar la guerra de tareas domésticas

- **Las quejas constantes son un indicador de que el TDAH está haciendo mucho daño a tu matrimonio.** No te limites a ignorarlo. Procura encontrar síntomas problemáticos subyacentes del TDAH, no te limites a suponer que el cónyuge que no padece TDAH no está siendo razonable.

- **Deja de regañar de inmediato.** Si ya estás enfrascada en la guerra de tareas y regañar se ha convertido en un hábito, busca formas más constructivas de expresar tus necesidades. Para el cónyuge con TDAH que recibe los regaños, no se trata sólo de qué tareas hay que hacer, sino también de quién está a cargo de su vida, lo que hace que los regaños sean mucho más destructivos de lo que podría pensarse.

- **Mide el alcance de tu problema** utilizando la Hoja de trabajo de puntuación de tareas de la sección Hojas de trabajo y herramientas al final de este libro. Utiliza la información de la hoja de ejercicios para entablar conversaciones de aprendizaje (véase el paso 4) y hablar de lo que has descubierto durante la semana. Ambos cónyuges deben ser conscientes de la naturaleza simbólica de estas batallas para que dejar de pelearse por las tareas domésticas se convierta en una prioridad.

- **Piensa en el tratamiento.** En la mayoría de las guerras por las tareas hay al menos un síntoma del TDAH. Puede ser la distracción, la incapacidad para iniciar, la incapacidad para completar tareas o cualquier otra cosa. Averigua cuál o cuáles son y trátalo.

- **Pónganse de acuerdo sobre quién hace qué y cuándo.** Prueba el sistema Receta para el éxito que aparece al final del libro o crea tu propio sistema electrónico.

- **No sobrecompenses** el TDAH no tratado de tu cónyuge. Aunque pueda ser más eficiente a corto plazo, es mejor seguir negociando para conseguir un reparto más equitativo del trabajo y una reducción de los síntomas del TDAH que soportar el resentimiento que genera asumir todas las tareas.

- **Piensa en términos de "suficientemente bien".** La mayoría de las tareas no tienen que hacerse a la perfección. Esto ayuda a evitar que uno o ambos cónyuges se sientan como si estuvieran sujetos a "especificaciones fastidiosas".

PATRÓN 6
El juego de la culpa

El juego de la culpa. Parece el nombre de un programa de televisión. "Muy bien, por 40 puntos: ¿quién no ha sacado la basura esta semana?".

Pero no es un juego ni mucho menos. En pocas palabras, el juego de la culpa es dañino. Mientras pases el tiempo culpando a la otra persona, nunca prosperarás.

El juego de la culpa es algo así: Con una dinámica padre–hijo y/o guerras de tareas domésticas que los agotan, ambos cónyuges se hunden en el resentimiento y la ira. Una mujer sin TDAH empieza a culpar a su marido con TDAH de su infelicidad, ya sea porque no admite que su TDAH es un problema o porque no hace lo suficiente para controlarlo. "Dice que lo intenta, pero yo no veo ningún cambio; sólo oigo palabras. Y las palabras no bastan". Cuanto más le culpa, más parece que su comportamiento refuerza su "derecho" a culparle. "¿Ves?", pregunta ella. "Eso es exactamente lo que quiero decir. Él nunca [rellena el espacio en blanco]. Las cosas nunca cambiarán".

Al mismo tiempo, el cónyuge con TDAH descubre que su mujer no se comporta en absoluto como él esperaba que lo hiciera. Ella le reprende y menosprecia, se queja, critica cosas que nunca parecieron molestarle mientras eran novios, y no aprecia todo el duro trabajo que él dedica a mantener a la familia. No entiende por qué su mujer antes le aceptaba y le quería por lo que es, y ahora actúa como si no le soportara.

Ella le culpa de su miseria. Él la culpa a ella de arruinar su relación con su ira o frialdad. Mientras uno de los dos, o los dos, sigan culpándose, nada mejorará. La persona que se echa la culpa no mira hacia dentro lo suficiente como para responsabilizarse de los cambios que puede aportar al bienestar mutuo:

En lo que respecta a la implosión del matrimonio, [mi esposo] considera que [su] TDAH no es un problema, y me lo ha achacado todo a mí. Cuando digo "todo", esto incluye incluso "cosas que nunca ocurrieron", "cosas que yo no hice ni dije" y "cosas que él hizo pero que no recuerda bien, así que supone que las hice yo". También hay quien me ha dicho que una serie de cosas realmente horribles que hizo (incluidas lesiones físicas que se produjeron debido a su falta de atención) *no las hizo*, y que soy una mentirosa....

Él me ha utilizado como chivo expiatorio y ha hablado mal de mí a su terapeuta y a su familia.... Duele más de lo que puedo describir pensar que la gente a la que quiero cree que soy una persona horrible porque les han dado un relato ficticio de nuestro matrimonio.

Este es un ejemplo extremo. Pero si descubres que tú y tu cónyuge se están vigilando mutuamente para ver quién hace qué (y quién no), o si están hablando mal el uno del otro a amigos y parientes, estás participando en el juego de la culpa.

Personalmente, creo que la palabra "culpa" debería estar prohibida en el ámbito del matrimonio. La culpa crónica hace mucho daño:

- Crea un ambiente en el que la experimentación necesaria para cambiar los comportamientos adultos se convierte en "peligrosa". Si fracasas, te culpan,

- Desplaza el foco de atención del culpable, haciendo que sea menos probable que esa persona reflexione sobre su propia contribución a los problemas,

- Disminuye la capacidad de empatía de cada miembro de la pareja,

- Deteriora la capacidad de perdonar,

- Convierte a ambos en adversarios, en lugar de aliados,

- Genera resentimiento en ambos miembros de la pareja. Las sustancias químicas que produce el cerebro en respuesta al resentimiento (a diferencia de las que produce en respuesta a la ira) tardan mucho tiempo en desaparecer, envenenando la atmósfera en la que se interactúa.

- Es una excusa para no esforzarse más. ("¿Para qué molestarse? Nunca seré lo bastante bueno" o "Si lo intento, entonces estaré admitiendo que yo soy el culpable").

¿Cuál es la mejor manera de salir del juego de echar la culpa? Decidir dejar de jugarlo. Considera las palabras de una mujer que hizo precisamente eso:

Mi relación ha tenido sus altibajos y, al principio, culpaba a mi pareja con TDA. Una vez que empecé a aprender sobre el TDA y cómo funcionaba la mente de una persona con TDA, me sentí intrigada y muy irritada conmigo misma. Me di cuenta de que muchas de mis reacciones y acciones hacia él eran negativas en todos los sentidos de la palabra. Solía frustrarme tanto porque las tareas no se terminaban, o se olvidaban, o tardaban demasiado en realizarse. Un día me dije: "al final, frustrarse por una tarea, ¿merece realmente la pena?". Para mí, aunque sentía que estaba asumiendo más responsabilidades, seguía pensando que no merecía la pena las batallas diarias, por no hablar de los disgustos.

Extrañamente, darme cuenta de esto me trajo algo de paz interior. Dejé de preocuparme por lo que no se hacía y empecé a fijarme en las cosas que sí se hacían. También reconocí que, con o sin déficit de atención, no puede leerme la mente. Empecé a darle más refuerzos positivos para fomentar los buenos hábitos en lugar de los no tan buenos. Creo que ésta ha sido una forma más constructiva de acercarme a él, en lugar de quejarme constantemente. Cuanto más me quejaba, peor iban las cosas. Era desmotivador [para él]… ahora estamos trabajando para encontrar mejores enfoques.

La capacidad de esta mujer de ver su papel en sus problemas no lo ha arreglado todo, pero le ha aportado más paz, un mayor aprecio por su cónyuge y, según cuenta, un movimiento gradual de ambos hacia un "punto medio". Además, su esposo por fin siente que es seguro empezar a trabajar juntos para desarrollar mejores enfoques. Gracias a que ella pudo dejar de culparle, ahora son mejores compañeros en su matrimonio.

TIPS
Salirse del juego de la culpa

- **Mira hacia dentro.** En una relación con TDAH, es casi seguro que ambos cónyuges estén contribuyendo a los problemas maritales, a menudo siguiendo patrones específicos. Aceptar abiertamente su propia responsabilidad y aceptar la validez de las quejas del otro cónyuge (incluso si no entiende sus fundamentos) puede aliviar rápidamente parte de la presión.

- **No equipares buenas intenciones con buenos resultados.** Las acciones son importantes, y si uno de los cónyuges dice que las acciones de otro son inadecuadas, probablemente lo sean, independientemente de la intención.

- **Separa a cada cónyuge de sus síntomas.** Es decir, diferencia al cónyuge con TDAH de los síntomas del TDAH, como la distracción y la desorganización, y al cónyuge sin TDAH de los "síntomas", como los regaños, la ira o la desesperanza. De este modo, podrán "atacar" juntos el problema sin atacar individualmente y sin poner a la persona a la defensiva.

- **Trabaja con un consejero que tenga experiencia con el TDAH.** Si estás trabajando con un consejero profesional, asegúrate de que esa persona entienda los problemas del TDAH. Si no es así, el profesional podría contribuir a jugar el juego de la culpa en lugar de ayudar a los dos a alejarse de él.

PATRÓN 7 Caminar sobre cáscaras de huevo, arrebatos de ira, y comportamiento grosero

Si eres un cónyuge que no padece TDAH, probablemente tengas la sensación de que caminas sobre cáscaras de huevo, sin saber lo que puede venir a continuación. ¿Tu cónyuge estallará inesperadamente o se marchará intempestivamente? ¿Se olvidará de hacer algo que había prometido? ¿Te interrumpirá a menudo o dirá cosas tan "sinceras" que te dolerán?

Estas rabietas, ataques de ira y comportamientos groseros suelen acompañar al TDAH y tienen que ver con la falta de control de los impulsos y la desregulación emocional que conlleva el TDAH. Cuando esto ocurre en su relación, el resultado es que el cónyuge sin TDAH siente que nunca puede relajarse. Siente que debe estar siempre alerta y vigilante. Los cónyuges con TDAH también pueden sentir que caminan sobre cáscaras de huevo.

Un hombre con TDAH me lo describió como "tener que anticipar la respuesta de mi esposa a cada cosa que hago. Me paso la vida intentando adivinar su respuesta porque quiero complacerla, ¡pero la mayoría de las veces se enfada!".

Es obvio que los comportamientos descritos en el primer párrafo son el resultado de los síntomas del TDAH, que deben tratarse para reducir su impacto en la relación. Es menos obvio, pero no menos cierto, que el enojo que expresa un cónyuge sin TDAH también suele ser un síntoma de la presencia del TDAH en su relación. Pensar en la ira de esta manera ayuda a ambos miembros de la pareja a despersonalizarla y a crear un plan específico para "tratarla".

Encontrarás mucha más información sobre esto en el Paso 2.

PATRÓN 8
Persecución y escape

Con mucha frecuencia, las parejas con TDAH llegan a una situación en la que el cónyuge sin TDAH persigue agresivamente al cónyuge con TDAH, regañándolo, aumentando el contenido emocional de las conversaciones y, a veces, siguiéndolo físicamente. Esto se hace en un esfuerzo por hacer que el cónyuge con TDAH "preste atención", haga cosas y *cambie*. La persecución se produce porque, sin ella, el cónyuge sin TDAH es ignorado (un síntoma del TDAH: la distracción). También forma parte de la estrategia de supervivencia. Si las cosas no cambian, el matrimonio para el cónyuge sin TDAH seguirá siendo doloroso y, con el tiempo, se volverá insostenible. Ella siente que no tiene otra opción que volverse más agresiva (o desconectarse por completo, que es un enfoque diferente que no se considera en esta sección).

Muchas veces, la persecución del cónyuge sin TDAH se hace con la mejor de las intenciones:

Mi esposo y yo nos casamos relativamente jóvenes (25) y llevamos casados casi cuatro años. Antes de casarnos, supongo que yo sabía que él tenía TDAH, pero no me parecía gran cosa. Tenía un trabajo decente, un apartamento y dinero en el banco. Pagaba las facturas, hacía la compra y se preparaba la comida. Pero después de casarnos empezó a ir cuesta abajo…. No tiene autocontrol ni capacidad para trabajar. Especialmente cuando no estoy cerca para asegurarme de que está trabajando…. Supongo que mi gran problema es que parece que nunca intenta hacer ningún cambio real. Dice que lo intenta, pero que su cerebro está roto. Entiendo que es MUCHO más difícil para él que para la mayoría de las personas, pero en mi opinión todavía no lo ha dado todo. Dejó de tomar sus medicamentos para la depresión porque lo dejaban aturdido (no habló de esto con su médico), rara vez toma su Adderall porque a veces no funciona (¡no lo entiendo!)….

Siento que he rogado, suplicado, llorado, gritado para llamar su atención pero nunca funciona… o no funciona por mucho tiempo. Si me enfado soy la mala porque no le apoyo. Si me pongo triste le hago sentirse peor consigo mismo. Básicamente siento que no puedo hacer nada más. Me he esforzado tanto por ayudarle: buscándole terapeutas, comprándole libros… imprimiendo artículos sobre consejos, estrategias de respuesta, etc. para tratar el TDA, comprobando que está haciendo sus proyectos (nunca lo hace), animándole a hacer ejercicio conmigo, a tomar sus medicinas, etc. Honestamente, él debería haber hecho muchas de estas cosas por sí mismo, pero no las hizo, así que me ocupé yo. Es más o menos como funciona nuestra relación: él no hace lo que se supone que debe hacer, así que yo intervengo y trato de evitar que las cosas se desmoronen.

Estoy harta. Quiero una pareja igual (bueno, ¿igual a medias?). En algún momento, tengo que cortar por lo sano y seguir adelante si él no es capaz de hacer ningún cambio. No pido un marido perfecto [pero] siento que he dado tanto y me he esforzado tanto por ayudarle y no ha cambiado nada. Esta relación ha exigido mucho de mí y a veces no merece la pena.

Esta mujer ha intentado e *intentado* e *intentado* que su esposo controle su propio TDAH. Sin embargo, ella sigue frustrada por la "huida" de él ante sus esfuerzos. Temiendo fracasar una vez más, un cónyuge con TDAH probablemente "escapará" hacia una de estas tres respuestas:

1. Conformidad, pero con una alta probabilidad de que él no siga adelante debido a los síntomas del TDAH,

2. Enfado y actitud defensiva, una respuesta de vergüenza que retrasa eficazmente la conversación,

3. Negación o evasión (la forma más obvia de escapar).

El esposo de la cita anterior está haciendo tanto lo primero como lo último. Otra forma común de evasión es estar demasiado ocupado con otras cosas como para responder. En mi familia, eso significaba que mi esposo pasaba mucho tiempo frente a la computadora. Cuando nuestra relación se deterioraba, llegaba a casa del trabajo y se dirigía a su despacho y la computadora, y no se le volvía a ver (excepto para comer) hasta que yo me dormía. Como puedes imaginar, la "huida" no le sienta bien a ninguna cónyuge sin TDAH que piense que sus peticiones son razonables y no entienda por qué su cónyuge está tan poco dispuesto a ser simplemente responsable o receptivo. Ella se toma a título personal su retirada, pensando que su falta de deseo de ayudar tiene su origen en una absoluta falta de respeto hacia ella, sus necesidades y su relación de pareja, y no en la vergüenza, el miedo o la desesperanza. ("Si *realmente* le importara, se esforzaría más").

Su retirada también supone una pesada carga para ella. Una cosa es hacer más de lo que te corresponde o estar solo durante un breve periodo de tiempo… ¿pero para siempre? Como en el caso de la pareja anterior, la reiterada retracción hace que el cónyuge que no padece TDAH pierda la esperanza de poder descansar alguna vez, mientras que la búsqueda y agitación cada vez más desesperadas de ella le provocan a él una ansiedad cada vez mayor. Escapar parece un camino razonable.

Este es un ejemplo perfecto en el que saber más sobre el TDAH en la relación puede cambiar un patrón. Para abordar esta espiral, este esposo podría reconocer que sus síntomas de TDAH están causando problemas a su esposa, y tratarlos *eficazmente* con el fin de cambiar el patrón. Eso significa hacer cosas que él ya sabe que debe hacer: tomar sus medicamentos con regularidad, trabajar con su médico para encontrar la medicación que le ayude y encontrar un terapeuta cognitivo–conductual o un terapeuta para el TDAH que le ayude a cambiar sus comportamientos en casa. Él tiene el "control" aquí porque es él quien tiene los síntomas, por mucho que ella se esfuerce.

Ella podría liberar a su cónyuge de parte de la presión "persecutoria" optando por ayudarle en unas pocas áreas bien definidas que sean especialmente importantes para su propio bienestar. También podría trabajar con un consejero matrimonial para empezar a descubrir formas de satisfacer sus propias necesidades emocionales, de modo que esté menos implicada en cada movimiento (y fracaso) de él. Dada la edad de ambos y sus sentimientos respecto al matrimonio, ella debería hacerle saber que no seguirá casada a menos que él asuma más responsabilidad para mitigar sus síntomas de TDAH. Él le demostró que podía hacerlo antes de casarse; debería poder hacerlo de nuevo. Tal vez un consejero matrimonial pueda ayudarles a identificar si alguna parte de sus interacciones está obstaculizando sus esfuerzos.

TIPS
Cómo afrontar la persecución y el escape

- **La persecución agresiva, incluso cuando se ofrece como "ayuda", puede paralizar al cónyuge con TDAH**, que bien podría verlo como uno más de una larga serie de comentarios sobre su competencia. Si el cónyuge con TDAH se retira con frecuencia, la persecución puede estar jugando un papel importante.

- **La persecución suele indicar desesperación.** Si eres un cónyuge con TDAH, comprende que la persecución agresiva suele ser un indicio de *desesperación* en tu cónyuge, y no una señal de que tu pareja, que antes tenía modales suaves, se ha convertido en una maniática del control. Busca el impacto del TDAH. Acude a un terapeuta o a un médico para tratar de llegar a la raíz de la desesperación del cónyuge que no padece TDAH, y averigua qué síntomas necesitan más atención en tu tratamiento.

PATRÓN 9
Regaña ahora, paga después

Una forma de persecución es el regaño, y si eres un cónyuge sin TDAH, supongo que lo haces.

Cuando llevaba casada unos cinco años, mi madre, que normalmente se abstenía de hacer comentarios sobre mi matrimonio, llegó incluso a llevarme aparte y decirme que tenía que dejar en paz a mi esposo. Me dijo que estaba siempre detrás de él y que eso sería malo para mi matrimonio. Mi respuesta en aquel momento fue decirle que sentía que *tenía* que regañarle; de lo contrario, me quedaría completamente desamparada con dos niños pequeños a mi cargo. Me sentía como si estuviera luchando por mi vida. Cuando "iba tras él", buscaba cualquier migaja de atención, respeto, ayuda y apoyo que pudiera conseguir. Él estaba tan distante de mí que la única manera en que yo podía conseguir su atención era estar constantemente delante de él. Hay pocas esposas infelices sin TDAH que no regañan mucho a sus cónyuges para que les presten atención y hagan las cosas de otra manera. Puede que pienses que tú no regañas. Si es así, pregúntale a tu pareja. (Los hombres que no tienen TDAH también "regañan" a sus esposas con TDAH, pero se manifiesta de manera diferente: como dominación). A menudo, el cónyuge que no padece TDAH cree que el regaño está justificado, como me ocurrió a mí. La falta de atención de su esposo o su incapacidad para cumplir con sus obligaciones la han llevado a hacerlo. (¡Otra vez el juego de la culpa!) Estoy aquí para decirte, después de haber pasado por ello, que es hora de que tomes el control de ti misma y elijas ir en una dirección diferente. Aunque pueda parecer contrario a la intuición, un cónyuge regañón tendrá mucho más éxito si deja de regañar por completo y sigue las ideas de este libro. El regaño pone en peligro toda su relación al cambiar la proporción entre interacciones positivas e interacciones negativas en gran medida a favor de las negativas.

La razón más importante para no regañar es que es completa y totalmente ineficaz a largo plazo. Dado que el problema subyacente es la distracción y el TDAH no tratado del compañero, y no la motivación, regañar no es una herramienta eficaz para conseguir que se hagan las cosas. El tratamiento sí lo es.

Hay muchas otras razones para no regañar:

- Exacerba el deseo de la pareja con TDAH de alejarse de la pareja sin TDAH, aumentando la soledad y la separación,

- En la mayoría de los casos, lleva la relación al patrón destructivo padre–hijo,

- Refuerza la vergüenza que siente el compañero con TDAH, porque le recuerda muchos momentos vergonzosos de su pasado en los que también fue regañado por profesores o padres para que hiciera algo,

- Debido a la tendencia generalizada a la distracción de la pareja con TDAH, el regaño en las relaciones con TDAH se convierte en una forma de vida, en lugar de un evento ocasional. El resultado es que cambia la autoimagen de cada miembro de la pareja para peor. Uno empieza a pensar que no es bueno porque le regañan mucho, y la otra empieza a odiarse a sí misma porque se ha convertido en una bruja.

En las relaciones no afectadas por el TDAH, uno puede salirse con la suya con algún regaño ocasional porque el regaño está dirigido a solucionar un problema diferente: el de la falta temporal de motivación. En las relaciones afectadas por el TDAH, simplemente no puedes salirte con la tuya regañando, porque regañar no aborda eficazmente el problema subyacente: un síntoma del TDAH.

Dicho de otro modo, regañar como método para abordar el síntoma de distracción del TDAH es como golpearse la cabeza contra la pared una y otra vez hasta que *ambos* estén exhaustos. Es hora de dejar de regañar y desarrollar un enfoque más positivo y *mucho* más eficaz que llegue al meollo de la cuestión real: tratar el TDAH y tenerlo en cuenta a la hora de interactuar. Si no consiguen hacer este cambio, es muy posible que acaben divorciados.

TIPS
Deja de regañar

- **Simplemente di "no".** Regañar es una elección. Hay otras formas de expresar tus necesidades, así como de asegurarte de que un compañero al que le cuesta recordar las cosas las haga. Escúchate para aprender a mantener tus palabras bajo control, y esto se convertirá en un hábito más saludable que hablar por reflejo.

- **Acuerda un lenguaje específico para señalar los regaños cuando se produzcan.** Ver la frecuencia con la que se producen puede reducir tus ganas de hacerlo. Una frase como "¿Podrías modificar tu petición, por favor? Eso me suena a regaño" puede funcionar.

- **Trata los síntomas subyacentes del TDAH** que están causando la fricción que lleva a regañar (hay más recursos sobre el tratamiento más adelante en el libro). Por lo general, los síntomas que conducen al regaño son la distracción y la dificultad para iniciar tareas. El tratamiento de estos síntomas incluye cambios físicos, como la medicación, que puede mejorar la concentración cerebral, y cambios conductuales, como el desarrollo de sistemas de organización o recordatorios que te permitan ponerte en marcha en el momento adecuado.

◈ PATRÓN 10
Perder la fe en tu cónyuge y en ti mismo

Uno de los patrones más tristes que se desarrollan en los matrimonios afectados por el TDAH es cuando ambos miembros de la pareja pierden la fe tanto en sí mismos como en el otro. Antes de casarse, la cónyuge con TDAH pensaba que había encontrado a alguien que la aceptaba por lo que es y que la ayudaría a hacer su vida, a veces muy difícil, un poco más fácil.

En cambio, termina unida a una pareja para la que nunca es lo bastante buena y que quiere que cambie. Le dicen, verbalmente o no, que no es de fiar y que no vale nada. De lo único que está segura es de que en algún momento, en un futuro no muy lejano, tendrá que soportar la ira, la frustración, el desprecio o el rechazo de su cónyuge por algo que ella hizo "mal". Lo que prometía ser una relación de apoyo y cariño ahora distorsiona lo que siente por sí misma:

Tengo déficit de atención y ansiedad. Antes de casarme, tenía dificultades en la escuela y algunas cosas menores como una casa desordenada pero no sucia… Era bastante feliz y afortunada, tenía amigos que me querían por ser yo, mi familia me quería mucho. Yo me quería mucho. Era espontánea pero no imprudente; tenía mi arte y un bonito trabajo en una galería. Era ecléctica, divertida y… feliz.

Conocí a mi marido y parecía quererme por mí misma. Decía que no le importaba mi casa desordenada y que le encantaba lo franca y alocada que era. Vivimos juntos durante tres años antes de casarnos, pero después de la boda parecía que yo había empezado a cansarle, que había desarrollado un verdadero resentimiento hacia mí por esos comportamientos y "maneras" que solía decir que tanto le gustaban.

"¿Por qué haces esto?", me preguntaba, y yo sinceramente no podía decírselo. Era lo que yo hacía siempre, era lo que hacíamos cuando éramos novios y vivíamos juntos. Empezó a quejarse de mí a mis espaldas, a decirle a su madre y a mi familia lo vaga que era, cómo odiaba lo franca que era, cómo quería que la casa pareciera una casa de Martha Stewart como la de su madre.

Está resentido conmigo por ser yo, básicamente. ¡Y yo estoy resentida con él por estarlo conmigo! Nos queremos, pero esto ya es demasiado. Las cosas que solía amar ahora las odia. ¡Me odia a mí! Solía decirme que nunca cambiara y ahora quiere que cambie por él.

Así que, además del TDA, ahora me siento ansiosa, y bueno, sinceramente, deprimida. Nunca voy a poder ARREGLARME, y me siento desesperanzada. Amo a mi esposo, pero su ira/resentimiento por mi forma de actuar está empezando a pasarme factura. Ahora me odio. Ahora no tengo amigos, ahora mi familia me odia por todas las cosas malas que les dice de mí. Se queja todo el tiempo. ¡Una taza de café en la mesa es maligna!

Vuelvo loco a mi marido con mis olvidos, aunque nunca olvido cosas superimportantes, sólo pequeñas cosas, como comprar leche de camino a casa. No olvido las cosas a propósito y me ocupo de las cosas importantes. Mi vida siempre da vueltas sin control. Antes no era así. He tenido una discusión tras otra con mi marido, él grita todo el tiempo. Grita porque mi blusa está arrugada.

Hago lo que puedo, me senté con él y se lo dije. Le dije que hago lo que puedo y me esfuerzo al máximo, pero que no puedo hacer mucho sin su ayuda. Me dice que madure y que saque las toallas que combinen.

Me siento como si me lanzaran en un millón de direcciones diferentes y es tan abrumador. Me siento inútil. Este año me siento total y absolutamente ahogada, y trabajo mucho más con muy poca ayuda de mi marido. Intento poner buena cara y luchar. A veces es insoportable.

Me dice que todo es problema mío y que no quiere ayudar, que sólo trabaja y llega a casa y grita porque el suelo está sucio en la puerta y la ropa aún no está doblada. Me insulta delante de los niños y me insulta delante de nuestras familias. Como floja, estúpida.

Esta mujer quiere ser aceptada por lo que es. Lamentablemente, los síntomas del TDAH que siempre ha tenido se están apoderando de su vida. Tiene dos hijos, lo que ha hecho que la organización en el hogar sea más importante. Parece como si su esposo intentara "ponerla a raya" imponiéndole (o tal vez haciéndole cumplir) ciertas normas domésticas que antes no le preocupaban y ha desarrollado problemas de ira y resentimiento que pueden requerir ayuda profesional. Este patrón es común. Al elevar los estándares del hogar él está, en esencia, insistiendo en que se convierta en "no TDAH". Un enfoque mucho mejor sería aceptarla a ella y a su TDAH y buscar *la forma de superar* los síntomas de TDAH restantes que su tratamiento no ha aliviado. Una empleada doméstica y una organizadora podrían contribuir en gran medida a mejorar el funcionamiento del hogar si el esposo que no padece TDAH estuviera dispuesto a hacer una tregua, y un consejero podría ayudarles a superar el daño emocional ya infligido.

No es sólo el cónyuge con TDAH el que pierde la fe en sí mismo. Recuerdo que me sentía como si ya no me gustara a mí misma después de años de ser secuestrada por la ira, la frustración y el estrés de estar casada con un cónyuge con TDAH que no recibía tratamiento. Me había convertido en una mujer mezquina y amargada a la que ya no reconocía. Fue un punto de inflexión enorme para mí cuando decidí volver a tomar el control de quién era y empezar a vivir la vida como la persona que realmente quería ser en lugar de como una víctima del TDAH.

Es cuando empiezas a perder la fe en el otro cuando empiezas a cuestionarte por qué te casaste en primer lugar y si puedes sobrevivir como pareja. Tu visión negativa del presente influye en lo que recuerdas del pasado. Hace poco, una mujer sin TDAH le dijo a su cónyuge mientras yo la escuchaba: "No confío en ti ahora, y creo que nunca he confiado en ti en el pasado, y estoy segura de que nunca confiaré en ti en el futuro". ¿Es realmente probable que esa afirmación sea *cierta*? Al fin y al cabo, ella se casó con él, y es de suponer que confiaba en él lo suficiente como para decidir unir sus vidas. Sin embargo, se ha enredado tanto en los malos sentimientos, tan triste, tan enfadada, tan diferente de lo que pensaba que podía ser, que el divorcio empieza a parecer una solución atractiva. Pero no es la única salida.

Los sentimientos abrumadores que tienen el uno por el otro son el resultado de enfrentarse a los síntomas del TDAH. En otras palabras, aunque los sentimientos son reales, sus causas subyacentes son "tratables" con el enfoque adecuado. Llevará tiempo recuperar la confianza mutua, pero sin duda es posible. En el fondo, son las mismas personas que cuando se casaron. Simplemente están interactuando de forma diferente debido a las presiones inesperadas y, hasta ahora, invisibles del *efecto* TDAH en su relación.

La mayoría de las parejas no volverán al vértigo que sentían durante el noviazgo. Esto no tiene nada que ver con el TDAH ni con sus experiencias, sino con las sustancias químicas que libera el enamoramiento. La investigadora Helen Fisher, que estudia la química del amor, sabe que el amor romántico y el enamoramiento crean y se alimentan, entre otras cosas, de niveles inusualmente altos de dopamina. La parte vertiginosa y romántica de una relación — de todas las relaciones, no sólo la de ustedes — se "suaviza" cuando los niveles de dopamina vuelven a niveles más normales. Esto les ocurre a casi todas las parejas.

La buena noticia es que puedes encontrar algo mejor que ese vértigo, algo que valores porque es profundo y real y se basa en el aprecio por lo que eres, con verrugas y todo, no sólo en las sustancias químicas que se liberan cuando se acaban de conocer.

TIPS
No perder la fe

- **Culpa a los síntomas del TDAH,** no a ti mismo. Después, proponte hacer los cambios necesarios para vencerlos.

- **Piensa en quién quieres ser en tu vida.** Muchas de las elecciones que hacemos día a día son sólo eso: elecciones. Establece un marco positivo para ti que te ayude a tomar decisiones con las que te sientas bien. Así evitarás perder la fe en ti mismo. Describo este proceso en detalle en el Paso 5.

- **Busca apoyo.** Busca un grupo de apoyo, un terapeuta, amigos o familiares. No trabajes solo tus sentimientos negativos hacia ti mismo. Deja que te ayuden a centrarte en lo positivo y en cambiar tu futuro.

PATRÓN 11
Tu relación sexual se desmorona

A medida que la relación de pareja afectada por el TDAH se rompe, el sexo se vuelve tenso o inexistente. Las razones clave de este cambio incluyen muchos factores:

- La ira, la frustración, la tristeza, el abuso verbal y el patrón padre–hijo en adultos arruinan el deseo de intimidad.

- Las personas con TDAH suelen llevar su distracción a la cama. Sin quererlo, pueden comunicar "no me interesa" a su pareja cuando su mente divaga en otra dirección, o cuando el sexo dura cada vez menos tiempo.

- En primer lugar, puede ser difícil llevar a la cama a una pareja distraída por el TDAH. Las relaciones sexuales programadas pueden no parecer románticas para la pareja, lo que se traduce en menos sexo. Con frecuencia, las parejas que no padecen TDAH malinterpretan este síntoma y comienzan a pensar que su pareja ya no está interesada en ellos.

- Por el contrario, un cónyuge sin TDAH puede resentirse mucho si su marido, normalmente distraído y que parece no prestarle atención, de repente se concentra en ella para tener relaciones sexuales (pero no puede molestarse en estar en casa en ningún otro momento). El sexo se convierte en una tarea más.

- El sexo puede convertirse en una herramienta para controlar al cónyuge. "Compórtate de una cierta manera o no tendré sexo contigo" se convierte en una forma de castigo por la incompetencia percibida en otras áreas o por el enfado.

- Las relaciones especialmente difíciles pueden conducir a la infidelidad emocional o física, ya que uno de los cónyuges busca escapar de las incesantes tensiones del matrimonio.

- Las personas con TDAH tienen tendencia a comportamientos adictivos, como la pornografía, las aventuras amorosas y las acciones sexuales impulsivas. Descubrir esto puede frenar la relación sexual de la pareja.

- A medida que se rompe la capacidad de comunicación, disminuye la capacidad de recuperarse o reírse de los contratiempos sexuales, lo que significa que cada riesgo o cambio que se toma en una relación sexual se convierte en un posible vehículo para el fracaso. Las parejas tienden a replegarse, y el sexo puede volverse aburrido (lo que aburre y entristece a ambos) o desaparecer por completo.

Si esto parece un panorama especialmente sombrío, lo es. Sin embargo, tiene arreglo. Mi filosofía personal es que los problemas subyacentes—los síntomas del TDAH, la ira y la falta de comunicación— deben abordarse antes de que la relación sexual de la pareja pueda volver a gozar de plena salud. La buena noticia es que el aspecto de "vivir el momento" del cónyuge con TDAH puede utilizarse para ayudar a acelerar esa recuperación una vez que se hayan resuelto los problemas básicos. Más adelante en el libro incluyo una sección sobre cómo devolver la diversión y el romanticismo a la vida sexual.

TIPS
Cómo actuar cuando el sexo se convierte en un problema

- **No lo fuerces.** Recuperar la salud de tu relación sexual será una de las últimas cosas que hagas, ya que está profundamente entrelazada con otros aspectos de tu relación,

- **Fomenta la intimidad de otras formas.** Tómense de la mano, salgan a pasear juntos, pasen tiempo juntos por la mañana o por la noche sin sexo, hablen de sus sueños para el futuro,

- **Programa momentos íntimos.** Si el problema es la distracción, programen momentos para mantener relaciones sexuales y prueben nuevas técnicas. Varíen los lugares y las posturas, intenten ser espontáneos, experimenten con juguetes sexuales, compartan ficción erótica y fantasías sexuales. A la hora de programar las relaciones sexuales, piensen también en programar el juego previo,

- **Considera la posibilidad de tomar medicación o hacer ejercicio.** El tratamiento puede mejorar la concentración en momentos concretos, incluido el sexo. La medicación de acción corta o la programación de las relaciones sexuales después de hacer ejercicio pueden ayudar a desterrar la distracción,

- **Busca ayuda psicológica** para las adicciones a la pornografía o al sexo. Asegúrate de recurrir a alguien que entienda el TDAH.

PATRÓN 12
Creer que el TDAH no es importante

Incluso después de todos los patrones que he expuesto, algunos cónyuges con TDAH siguen sin creer que el TDAH sea un factor en su relación. Esto puede ser una verdadera fuente de fricción.

He vivido este dilema, ya que mi esposo me culpó durante años de nuestros problemas. Cuando le sugerí que recibiera tratamiento para su TDAH, su airada respuesta fue: "¡No necesito tratamiento! Estoy BIEN tal y como soy. TÚ eres la que no me quiere y la que tiene problemas en esta relación". Te diré que esta reacción de negación en particular, en caso de que la oigas, es una de las partes más frustrantes de vivir con un cónyuge con TDAH.

La buena noticia para nosotros fue que, más o menos un mes después del diagnóstico, mi marido decidió que, aunque no se sentía del todo cómodo y seguía pensando que yo era la mala, no tenía mucho que perder si se planteaba un tratamiento. Pensó que aunque el tratamiento no hiciera nada, probar algo nuevo al menos mejoraría sus posibilidades de que yo "me quitara de encima".

Así que esta es mi súplica a todos los compañeros con TDAH que aún se muestran escépticos: **aunque no creas que el TDAH importa, voy a pedirte que _asumas_ que sí importa, y que te sometas a una evaluación completa y sigas un tratamiento eficaz.** He aquí por qué éste es el mejor curso de acción:

- Comprobar lo que un tratamiento bien pensado puede hacer por tu relación no tiene ningún inconveniente, pero puede tener enormes ventajas. Recuerda que el tratamiento no tiene por qué incluir medicación,

- La mayoría de los enfados y problemas del cónyuge sin TDAH en este momento son real y verdaderamente un reflejo de estar lidiando con los síntomas del TDAH. Piensa en ello como en un agujero negro. No puedes ver su centro (el TDAH), pero sabes que está ahí, porque hay mucha conmoción alrededor de sus bordes. Si los patrones de este capítulo se dan en tu relación, entonces es muy probable que el TDAH no se esté tratando adecuadamente,

- Es *mucho más probable* que los cónyuges sin TDAH cuya pareja con TDAH asume la responsabilidad de su TDAH puedan calmarse un poco y admitir que sí, que ellos también desempeñan un papel importante en sus problemas matrimoniales. ¿No sería más agradable vivir con una persona que también está trabajando en sus propios problemas, en lugar de estar enfadada contigo todo el tiempo?

- Dado que tienen una base biológica, negar que existen problemas de TDAH no hace que desaparezcan. Lo único que hace la negación es exacerbar los problemas haciendo que los que te rodean se sientan miserables,

- Si intentas tratar el TDAH —y con esto me refiero a que lo intentes de verdad, no sólo a que tomes medicación una vez— no te encontrarás en una situación peor que la actual. Si no te gustan los resultados o si la medicación no te funciona, puedes probar otra cosa, o incluso volver a lo que estás haciendo (o dejando de hacer) ahora. Pero a millones de personas sí les gustan los resultados y ven cómo sus vidas cambian radicalmente a mejor,

- Si no das el salto de fe y asumes que el TDAH es un factor, las estadísticas sugieren que lo más probable es que tu matrimonio se convierta en disfuncional y muy posiblemente termine en divorcio. ¿No valdría la pena sólo para ver lo que *puede* ocurrir?

Recuerda que tú eres la única persona que puede hacerse cargo del impacto que el TDAH tiene en tu relación. Si te preocupa que tus intentos puedan fracasar, me gustaría desafiar tu forma de pensar. En el pasado, no sabías qué herramientas podrían ayudarte. Este libro y otros recursos que te indicaré pueden cambiar eso.

Sé que ya haces muchas cosas en tu vida para adaptarte al TDAH, así que no te pido que te *esfuerces más*. Te pido que lo *intentes de otra manera*. No te pido que cambies. Te pido que trates los síntomas para que tu verdadero yo, esa persona maravillosa que está sufriendo innecesariamente debido al impacto de una diferencia biológica, salga a la luz. Puede que pienses que tu mujer o tu marido quieren cambiarte. Puede que incluso digan eso. Pero lo que *realmente* quieren es que el verdadero tú —la persona cálida, cariñosa, disparatada, enérgica, feliz e incluso alocada de la que se enamoraron— vuelva sin tanto "equipaje" de síntomas. Quieren poder amarte sin reservas, sin tener que hacer las horribles concesiones en sus propias vidas que requiere responder a tus síntomas.

¿Será fácil? No. ¿Existe una píldora mágica? No. ¿Vale la pena el esfuerzo? Más de lo que puedo expresar.

¿Aún no estás seguro? Lee las palabras de cuatro personas con TDAH que al principio no pensaban que su TDAH tuviera un impacto en sus vidas o en sus matrimonios:

Me resistía bastante a tomar medicamentos (en general, no tomo mucho de nada y, cuando lo hago, suelo necesitar una dosis para niños), pero una de las grandes sorpresas cuando finalmente los probé fue que las situaciones sociales me resultaron más fáciles. Antes no me había dado cuenta de la cantidad de energía que requerían, sólo que no me gustaban mucho ese tipo de situaciones informales de grupos grandes en las que conoces a mucha gente pero no muy bien y no puedes sentarte y mantener una conversación real.... Tomo una dosis de Adderall para niños y, además de poder llegar a tiempo la mayor parte de las veces (sin tener que planificar cada minuto y concentrarme en nada más que en llegar a tiempo), encuentro que esas situaciones de "horas sociales" se han vuelto MUCHO más fáciles.... He descubierto que [los medicamentos] me dan un nuevo paradigma —un nuevo marco— para entender cómo me muevo por el mundo.

Me acaban de diagnosticar TDA y TOC. Realmente no esperaba el TOC, sin embargo mi lista de más de 32 preocupaciones puede haberme puesto en la cima.... [En mi vida] siempre se hacía todo, sin embargo siempre sentía que estaba dispersa en 80 proyectos, no organizada (con listas infinitas) y preocupada. Hace poco empecé a tomar medicamentos para tratar algunos de los asuntos. SIN NINGUNA DUDA, siento que he tenido la mejor semana de mi vida… mi preocupación se ha reducido, he sido mucho más productiva, parece que no consigo que se encienda la grabadora en mi cerebro (sigo esperando), y mucho más.

Al principio, no me gustaba tener una etiqueta/diagnóstico. Sentía que realmente debería ser capaz de ser fabulosa con todo mi éxito y fuerza de voluntad por mí misma. Ahora, me pregunto cuánto tiempo he perdido a lo largo de los años. Siento que mi cerebro estaba siempre a toda máquina. Estaba agotada —siempre. Sigo aprendiendo mucho. Definitivamente, tengo un nuevo aprecio por mi mundo.

Esta publicación va… dirigida a [Tom y a] todos los cónyuges con TDAH que siguen sin tener ni idea de los impactos del TDAH en sus relaciones, y que sin darse cuenta están llevando a sus cónyuges a dejarles. Tom está confundido por la ruptura de su esposa porque afirma que él es una buena persona y pensaba que su matrimonio era bueno.

A Tom:

Donde tus instintos pueden fallarte es en cómo tus acciones influenciadas por el TDAH afectan a otras personas de tu entorno, especialmente a tu cónyuge. Mi primer matrimonio terminó después de cinco años. Para mí, todo parecía ir bien, pero un día ella se marchó. Durante muchos años no supe por qué se había ido y siempre pensé que era culpa suya (al igual que la mayoría de nuestros amigos).

Sólo ahora, en retrospectiva, entiendo por qué se fue. Esa retrospección proviene de un segundo matrimonio de veinte años que estuvo al borde del abismo, en el que yo creía que estaba bien, que era un buen esposo y que los problemas eran de mi esposa. No terminó en divorcio, SÓLO porque empecé a darme cuenta de cómo mis acciones (o no acciones) afectaban negativamente a mi esposa. Sorprendentemente, el camino hacia ese descubrimiento y la autoconciencia vino de trabajar para un jefe que tenía un caso muy grave de TDAH (el caso de muchos empresarios y directores ejecutivos). Ver mis acciones en un espejo fue impactante.

Cosas como los arrebatos de ira o las respuestas tajantes, que la mayoría de los TDAH ni siquiera se dan cuenta de que hacen, tienen un impacto increíble en aquellos con los que se relacionan... así que abandona tus "instintos". Realmente no puedes ni empezar a comprender cómo tus acciones afectan a los demás. Puede que no seas malo, pero tus acciones tienen un impacto negativo muy significativo en aquellos a los que quieres.

En segundo lugar, entiende la diferencia entre una "mala persona" y otra cuyas acciones, por inadvertidas que sean, repercuten negativamente en los demás. Si te aferras a tus instintos y a tu visión del mundo de equiparar buenos motivos con buenos resultados, fracasarás.

Soy un hombre de unos 40 años, casado desde hace 12, con dos hijos maravillosos (en edad escolar). Después de varios años de rabia y frustración por no ser felices ambos, nuestro consejero matrimonial por fin me preguntó algo: Dan, ¿crees que tienes déficit de atención? Así que después de la dilación habitual por un par de meses más, finalmente vi a un psicólogo. Me acaban de diagnosticar en el último par de semanas que tengo TDAH y ahora estoy tomando Strattera, por ahora solo 1 semana...pero es como 1 mes demasiado tarde, ya que mi mujer y yo ahora estamos separados y planeando divorciarnos. El divorcio es la consecuencia del TDAH…no detectado durante años.

Es lamentable… [cuando] los esposos no aceptan que tienen TDA/TDAH o saben que lo tienen y aun así no quieren recibir terapia ni tomar medicamentos. La verdad es que estos hombres casados necesitan que otro hombre casado que también tenga TDAH y que acepte y haya constatado sus efectos les dé una bofetada en la cabeza. El divorcio es horrible para dos personas que se amaban, se casaron y tuvieron hijos maravillosos, pero que se separaron a lo largo de los años debido al TDAH.

Creo que el verdadero carácter de un hombre… cualquier hombre casado con TDA/TDAH… se demuestra cuando no lucha contra su cónyuge, sino que lucha contra su TDA/TDAH. No es valiente luchar contra una mujer cariñosa y generosa, es muy valiente luchar contra un TDAH poderoso, furtivo y vicioso dentro de uno mismo. Como yo, quizás algunos hombres necesiten que les den una bofetada en la cabeza para que finalmente lo entiendan.

Reconstruye tu relación en seis pasos

Seis pasos para una mejor relación

"La demora es la forma más letal de la negación".

Proverbio

En tu afán y desesperación, puede que hayas saltado directamente a esta sección, ignorando la primera parte del libro. Es comprensible, pero cuando termines de leer esta sección, vuelve atrás y lee la primera parte. Si vas a abordar el TDAH en tu matrimonio, necesitas saber cómo se presenta. Ser capaz de decir: "Eso es el TDAH en acción, y voy a alejarme de él" es un arma importante en tu arsenal.

¿Por qué seis pasos? Los problemas a los que te enfrentas son complejos y están arraigados. Los pasos proporcionan una hoja de ruta que te ayudará a ordenarlo todo y a emprender tu viaje.

Con cada paso obtendrás una visión de los problemas mutuos, así como ideas sobre cómo abordarlos. Ofrecer una variedad de ideas específicas reconoce la presencia del TDAH. Aunque es cierto que existen muchos patrones, el TDAH se manifiesta de forma singular en cada individuo (y esa es una de las razones por las que es tan difícil de tratar y manejar). Así que tu viaje será un viaje de experimentación, del mismo modo que el tratamiento del TDAH es experimentación, hasta que encuentres una serie de sistemas que se adapten razonablemente al TDAH y satisfagan a ambas partes. Se te ocurrirá una idea, la probarás y medirás su éxito. ¿Ha funcionado? Si es así, quédatela y conviértela en parte de sus vidas. Si no, prueben otra idea con el mismo tema.

Las ideas que presento han funcionado para otros en tu situación. Y se presentan en el orden que he encontrado más eficaz para mejorar los matrimonios.

Algunas de estas ideas pueden parecer sencillas, pero ponerlas en práctica puede suponer un cambio radical en tu forma de pensar y de actuar. Por ejemplo, les reto a desterrar las palabras duras y a encontrar salidas constructivas para la ira. Insto a los cónyuges con TDAH a probar un enfoque específico del tratamiento. Les pido que establezcan límites y estructuras en su relación que actualmente no existen. ¿Por qué? Porque ahora mismo, lo que están haciendo no funciona. Hacer pequeños cambios en algunos aspectos superficiales de la relación tampoco va a funcionar. El TDAH es más grande que eso. Puedes dejar que arruine tu relación o puedes tomar el control en esta lucha. Porque esto es una lucha. No tienen que ser víctimas del TDAH; juntos, tú y tu cónyuge pueden tomar el control para prosperar y convertirse, una vez más, en los compañeros que esperaban ser.

Paso 1
Cultivar la empatía
hacia tu cónyuge

"Aunque todos estamos de acuerdo en el criterio de que nuestras parejas tienen sus propios puntos de vista y sus propias percepciones válidas, en el nivel emocional estamos renuentes a aceptar esta simple verdad".

Harville Hendrix, Cómo conseguir el amor que deseas

Tú y tu cónyuge son mucho más diferentes de lo que crees.

Si tienes TDAH, te *garantizo* que subestimas el impacto que tu TDAH tiene en tu cónyuge sin TDAH. Tus síntomas han transformado la vida de tu pareja. Es importante que entiendas cómo se siente y cómo se manifiesta esa transformación, para que puedas comprender mejor el comportamiento de tu cónyuge.

Si eres el cónyuge que no padece TDAH, es necesario que adquieras una mayor comprensión y respeto por las luchas cotidianas de tu cónyuge para que puedas cambiar tu propio comportamiento de manera que te conduzca hacia una relación más armoniosa. Hasta que puedas lograr esta empatía, corres el riesgo de caer en una de las trampas más oscuras de una relación con TDAH: asumir que tu manera de hacer las cosas es superior a la del cónyuge con TDAH.

Un cónyuge sin TDAH no tiene que decir esto en voz alta. Todo lo que tiene que hacer es insistir en que las cosas se hagan a su manera, no a la del otro. Sí, puede que la esposa sea más eficiente, pero ésa no es la única dimensión de una relación; de hecho, yo diría que, a largo plazo, de una relación, excepto cuando ambos trabajan y tienen hijos pequeños que dependen de ustedes. Entonces, la eficiencia puede ser una ventaja importante para garantizar la seguridad de sus hijos. Por ejemplo, comprar e instalar una puerta para bebés antes de que un niño que acaba de empezar a caminar se caiga por las escaleras, o llevar a los niños a la cama a una hora razonable para que estén alerta y sean menos propensos a sufrir accidentes.

Antes de seguir explorando las experiencias de cada cónyuge, me gustaría recordarles que estas observaciones han sido escritas por personas en crisis. Están luchando en sus matrimonios, y esta lucha ha afectado a su forma de desenvolverse en el mundo. A veces las crisis sacan a relucir características que normalmente se mantienen a raya. Un ejemplo común sería el comportamiento de un cónyuge con TDAH que se paraliza por miedo a decepcionar a su cónyuge (o a enfadarle) si lo intenta y fracasa. Esto podría no haber sido un factor importante antes en su relación, pero ahora el estrés de sus interacciones diarias ha afectado a su capacidad para afrontarlo. Como me centro en los aspectos de las experiencias de cada uno de los cónyuges que es importante comprender mientras se está en crisis, dejo de lado las partes que hacen que cada uno de ustedes sea tan maravilloso y único.

Las parejas de estos ejemplos están en crisis, y las imágenes que pintan son aleccionadoras, incluso sombrías. Sin embargo, su desesperación no indica que no haya esperanza para ellas como parejas, sino más bien que no han estado abordando sus problemas de manera apropiada para las parejas que luchan contra el TDAH. De hecho, muchas de las cosas que han intentado hasta ahora son lo contrario de lo que funciona con el TDAH. Entiende que el TDAH en tu relación no te condena de ninguna manera a una existencia sombría o a una situación desesperada. (¡Ni tampoco vivir con una pareja con "trastorno por exceso de atención", como Ned Hallowell llama en broma a los que no tenemos TDAH). Ambos tienen dentro de sí la capacidad de vivir vidas alegres, llenas de amor y compañerismo.

Las experiencias de ambos cónyuges entran dentro de un espectro. Algunos cónyuges que no tienen TDAH están confusos y molestos por el comportamiento de su cónyuge, pero aún no han entrado en la fase que incluye la ira paralizante o la desesperanza. Algunos cónyuges con TDAH tienen síntomas relativamente leves o han tenido mucho éxito controlar sus síntomas. Es posible que no se sientan abrumados ni tengan la sensación de tener que ocultar su TDAH.

Algunas experiencias pueden sorprenderte, ya que pasan "desapercibidas" en la vida cotidiana. Espero que estas descripciones abran conversaciones más profundas sobre cómo es cada uno de ustedes mientras están en crisis, y les ayuden a comprender mejor las acciones de su pareja.

Primero consideraremos una rápida visión general de conceptos importantes para la experiencia del cónyuge con TDAH, y luego leeremos las palabras de quienes viven estas experiencias todos los días, tomadas principalmente del blog TDAH y matrimonio que se encuentra en www.adhdmarriage.com.

Cómo es ser un cónyuge TDAH en crisis matrimonial

Existe un espectro de síntomas de TDAH. Algunas personas, como mi esposo, no tienen problemas con el TDAH en uno o más ámbitos (como el trabajo), pero sufren en otro (las relaciones cercanas). Las personas con los síntomas más graves descubren que el TDAH interfiere en casi todo. En cualquier caso, en aquellos ámbitos de la vida en los que el TDAH desempeña un papel, una persona con TDAH a menudo experimenta los siguientes sentimientos:

- **Diferente a los demás.** El cerebro suele ir a toda velocidad, y las personas con TDAH experimentan el mundo de un modo que los demás no comprenden fácilmente o con el que no se relacionan.

- **Agobiados, en secreto o abiertamente.** Mantener la vida diaria bajo control supone mucho más trabajo de lo que los demás creen.

- **Subordinados a sus cónyuges.** Sus parejas pasan mucho tiempo corrigiéndoles o dirigiéndoles. Las correcciones les hacen sentirse incompetentes y a menudo contribuyen a una dinámica paterno–filial. Los hombres pueden describir estas interacciones como algo que les hace sentirse castrados.

- **Avergonzados.** Suelen ocultar una gran vergüenza, que a veces compensan con bravatas o retraimiento.

- **No queridos y no deseados.** Los recordatorios constantes de sus cónyuges, jefes y otras personas de que deberían "cambiar" refuerzan el hecho de que no son queridos tal como son.

- **Temor a volver a fracasar.** A medida que sus relaciones empeoran, aumenta el potencial castigo por el fracaso. Pero la incoherencia del TDAH significa que esta pareja fracasará en algún momento. Anticipar este fracaso provoca reticencia a intentarlo.

- **Anhelo de ser aceptado.** Uno de los deseos emocionales más fuertes de quienes padecen TDAH es ser amados tal como son, a pesar de las imperfecciones.

- **Alivio.** Cuando el tratamiento ayuda y pueden empezar a retomar el control de sus vidas, pocos quieren "volver atrás".

La mejor forma de saber cómo es tener TDAH es escuchar a quienes lo experimentan. Muchos hablan de desorganización, ruido o zumbidos en la cabeza. El doctor Ned Hallowell lo describe así:[8]

> Es como escuchar una emisora de radio con mucha estática y tener que esforzarse para oír lo que pasa. O es como intentar construir un castillo de naipes en medio de una tormenta de polvo. Tienes que construir una estructura para protegerte del viento antes de poder empezar con las cartas.

> En otros sentidos, es como estar sobrecargado todo el tiempo. Se te ocurre una idea y tienes que ponerte manos a la obra, y entonces, ¿qué te parece?, se te ocurre otra idea antes de que hayas terminado con la primera, así que vas a por ella, pero, por supuesto, una tercera idea intercepta la segunda, y tienes que seguirla, y muy pronto la gente te llama desorganizado e impulsivo y todo tipo de palabras descorteses que no vienen a cuento. Porque te estás esforzando mucho. Lo que pasa es que tienes todos esos vectores invisibles que tiran de ti hacia un lado y hacia otro, lo que hace que sea muy difícil no desviarse de la tarea.

> Además, te estás desbordando todo el tiempo. Estás tamborileando con los dedos, dando golpecitos con los pies, tarareando una canción, silbando, mirando aquí, mirando allá, rascándote, estirándote, garabateando, y la gente piensa no estás prestando atención o que no te interesa, sino que lo único que haces es desbordarte para poder prestar atención. Puedo prestar mucha más atención cuando estoy dando un paseo o escuchando

8. Hallowell, Edward M., *What's It Like to Have ADD?*, © 1992. Usado con permiso del autor.

música o incluso cuando estoy en una habitación abarrotada y ruidosa que cuando estoy quieto y rodeado de silencio…

¿Cómo es tener TDAH? Zumbido. Estar aquí y allá y en todas partes. Alguien dijo una vez: "El tiempo es lo que impide que todo ocurra a la vez". El tiempo parcela los momentos en segmentos separados para que podamos hacer una cosa cada vez. En el TDAH, esto no sucede. En el TDAH, el tiempo colapsa. El tiempo se convierte en un agujero negro. La persona con TDAH tiene la sensación de que todo sucede a la vez. Esto crea una sensación de confusión interior o incluso de pánico. La persona pierde la perspectiva y la capacidad de establecer prioridades. Siempre está en movimiento, intentando que el mundo no se le venga encima.

Hallowell describe perfectamente la sensación física del TDAH: el zumbido, la aglomeración, los garabatos, los desbordamientos, la actividad fuera de control que pueden formar parte de la vida cotidiana de una persona con TDAH. Pero también hay un lado emocional, y a menudo es más oscuro de lo que "desbordarse" podría sugerir. La vergüenza oculta y el miedo al fracaso afectan a la mayoría de las personas que han sufrido largos periodos de TDAH sin diagnosticar. (Me gustaría señalar aquí que a las personas que han gestionado su TDAH desde la infancia y han crecido con él como sólo una parte de su personalidad les va mucho mejor en esta área). Este hombre con TDAH ha escrito una maravillosa descripción de la vergüenza que ha experimentado:

No me diagnosticaron TDA hasta que tuve 33 años… [El TDAH] afectó mi autopercepción [de forma similar a] como una persona anoréxica se siente gorda o con sobrepeso cuando se mira en el espejo, aunque se consuma y esté demacrada. En mi caso, tengo una baja autoestima o sensación de valerme por mí mismo, independientemente de si tengo un gran éxito o un fracaso. Nunca he podido felicitarme, porque si soy responsable de mis éxitos, también soy culpable de mis fracasos.

Cuando me diagnosticaron a los 33 años y supe que tenía un problema cerebral y no de motivación o estupidez, estuve eufórico durante un mes. Leí todo lo que pude encontrar para entenderlo mejor [y] empecé a darme cuenta de que mis años de intentar superar mis limitaciones esforzándome más y aumentando mis esfuerzos para intentar fingir que era normal o que estaba bien, o incluso que era mediocre, era un enfoque equivocado. Necesitaba admitir que mi esfuerzo y motivación no eran la causa de mis problemas como la desorganización, la procrastinación, etc. y hasta que desarrollé nuevas habilidades con la ayuda de la medicación fue que pude mantener una ilusión de control.

La ilusión que me esforzaba por mantener era que yo era normal… pero en el fondo SIEMPRE SABÍA QUE ERA MENTIRA. Escondía mi vergüenza… sabía que era una "persona estúpida, perezosa e inútil" aunque los demás no siempre estuvieran de acuerdo. No tenía tanto miedo al trabajo como a ser juzgado por los resultados porque nunca sabía si iba a producir un resultado bueno o malo o cómo era que había acabado con uno u otro. Después de conocer mi trastorno por déficit de atención, supe que a veces recaería y no conseguiría los resultados que quería. Muchas veces todavía tengo ganas de rendirme, o simplemente decir ¡no puedo hacerlo! Huir y esconderme es más fácil que admitir mi indignidad ante el mundo.

Algunos días me cuesta mantener mi vida en orden, incluso en las pequeñas cosas que la mayoría de la gente da por sentadas. Después de todo, si no puedo asegurarme de que mis calcetines lleguen a la cesta, ¿cómo voy a poder atender a un paciente grave en caso de emergencia? ¿Se puede enseñar a un niño de cuatro años a guardar la ropa y a mí no? Durante los últimos 30 años de mi vida he oído decir a mis padres, profesores, entrenadores, compañeros, compañeros de trabajo, jefes, hermanos y amigas que podría ser mucho mejor si me esforzara más o trabajara más duro… Así que me enseñaron a odiarme y a desarrollar un kit de comportamientos y adaptaciones para la supervivencia básica.

Me convertí en un experto en aparentar que sabía lo que hacía, aprendí a mentir para ocultar errores, tareas pendientes o un rendimiento deficiente, aprendí a desviar las críticas para echar la culpa a cualquier cosa o persona que no fuera yo y proteger así mi frágil ego. Cuando eso no funcionaba y mi ego seguía amenazado, a veces explotaba: hacía una escena en un momento y estaba completamente tranquilo al siguiente. También aprendí a sabotear. Obtuve un doctorado en excusas y un máster en disculpas. También podía comportarme como un animal herido y provocar la necesidad de ayuda de otras personas para librarme de hacerlo por mí mismo. Todos estos son comportamientos poco saludables pero totalmente comprensibles y adaptaciones a una sensación de autoestima herida.

Una vez que conocí mi TDA, estos hábitos y sentimientos no desaparecieron, pero las excusas que me daba empezaron a sonar huecas. Me di cuenta de que ahora tenía otras opciones porque sabía cuál era el problema. Podía cambiar los resultados no necesariamente esforzándome más, sino trabajando de otra manera.

Así que ahora intento no evitar los conflictos incómodos, no necesito ser siempre el pacificador, e intento ser más decisivo, no aplazar las decisiones para que otro cargue con la culpa. Sigo luchando contra mis impulsos de encerrarme en mí mismo o buscar distracciones en actividades sin sentido, ya sea navegar por Internet o pasear por los pasillos de Walmart durante dos o tres horas en mitad de la noche, o perderme en una librería durante diez horas en lugar de ocuparme de lo que esté evitando ese día. Sigo haciendo estas cosas, pero intento poner un límite de tiempo. Todavía puedo frustrar a mi mujer tardando dos horas en echar gasolina al coche.

Este hombre ha empezado a enfrentarse a su TDAH y a su vergüenza oculta, poniendo en marcha estrategias como establecer límites de tiempo y ser más decidido sobre lo que necesita. Estas estrategias le ayudarán a empezar a superar los síntomas del TDAH que más le perjudican. Pero piensa de nuevo en estas palabras: "No tenía miedo del trabajo tanto como ser juzgado por los resultados, porque nunca sabía si iba a producir un resultado bueno o malo ni cómo acababa con uno u otro". He aquí otra cita que expresa una idea similar: "Incluso cuando consigo hacer algo bien tiendo a darlo por perdido. Lo veo más como un accidente que como otra cosa".

Imagina el estrés de vivir tu vida sabiendo que nunca podrás confiar en que el trabajo duro dará un buen resultado. Esta realidad del TDAH no tratado es muy diferente de la que han experimentado la mayoría de los cónyuges que no padecen TDAH, y explica en gran medida la ambivalencia de tantos adultos con TDAH a la hora de asumir retos difíciles. Un buen tratamiento funciona, en parte, porque mejora la coherencia en la vida de una persona con TDAH. A veces, por primera vez en su vida, una persona con TDAH puede estar bastante segura de que el tratamiento y las estrategias de adaptación que ha puesto en marcha significarán que el trabajo duro producirá un resultado deseable y no le explotará en la cara.

Los cónyuges que no padecen TDAH me dicen con frecuencia que se sienten intensamente frustrados porque sus cónyuges no "se toman el TDAH más en serio y hacen algo al respecto". Lo ven como una falta de voluntad o de fuerza. Sin embargo, lo que observo es que el miedo, o la estrategia de afrontamiento de la introversión, a menudo motiva su parálisis. Han creado un precario equilibrio vital que les permite "desenvolverse" en el mundo. Pero podría venirse abajo si se les perturba demasiado, y hasta ahora la mayoría de las estrategias de adaptación que han puesto en marcha no son óptimas. ¿Es esto frustrante para el cónyuge que no padece TDAH? Por supuesto. La opción *lógica, si está acostumbrado a tener éxito cuando intenta algo difícil,* sería abordar los síntomas y cambiar su futuro a mejor. Pero en la vida del TDAH no tratado, una opción "lógica" podría ser no intentarlo y, por lo tanto, no arriesgarse a fracasar. Cuando lo que está en juego es más importante, como ocurre cuando el matrimonio se está desintegrando, "no intentarlo" resulta cada vez más atractivo porque los posibles resultados del fracaso, incluido el divorcio, son devastadores.

Aunque una buena parte de las personas, en especial los hombres con TDAH, afirman sentirse vulnerables a ser "descubiertos," prácticamente todas las personas con TDAH que actualmente tienen problemas matrimoniales se sienten poco queridas. Por lo general, se sienten "diferentes" y anhelan ser aceptadas y amadas por lo que son. Por supuesto que esto no es exclusivo del cónyuge con TDAH, pero lo que puede sorprenderte es que, por muy desgraciados que se sientan los cónyuges sin TDAH (porque generalmente hablan de ello), parece que los cónyuges con TDAH se sienten *aún peor,* aunque no se lo comuniquen adecuadamente a sus parejas.

Prueba de ello es una investigación preliminar realizada en 2002 por el Dr. Arthur Robin y Eleanor Payson para ayudar a comprender cuáles son las conductas que tienen un impacto negativo en las parejas afectadas por el TDAH. Pidieron a 80 parejas que valoraran una serie de afirmaciones psicológicas relacionadas con sentirse poco queridos, poco importantes o ignorados. Esperaba ver resultados en esta investigación que sugirieran que las personas sin TDAH se sentían poco queridas, ya que yo misma he estado en esa situación. Me sorprendió descubrir que las puntuaciones de sentirse poco amados eran más altas en los cónyuges con TDAH que en sus parejas sin TDAH![9]

¿Cómo explicar, entonces, por qué no comparten estos sentimientos con sus parejas más abiertamente? Le hice esta misma pregunta a uno de mis clientes. Él es lo que yo podría clasificar como un "hombre muy varonil con corazón" —tiene un trabajo típicamente masculino, caza ciervos y a veces sale con los colegas e "intercambia anécdotas". Asimismo, a veces le gusta hablar de cosas profundas con su cónyuge. Para mi sorpresa, no dijo algo como "a los hombres no les gusta hablar de sus sentimientos". Por el contrario, me dijo lo siguiente:

> Creo que las personas con TDAH se sienten mucho más ignoradas y poco queridas de lo que dejan traslucir por completo. Es como un secreto involuntario con el que andamos por ahí: tu suerte en la vida. No hablas mucho de lo poco querido e insignificante que te sientes. Principalmente encuentras una manera de mantenerte animado porque nadie más lo va a hacer por ti. Te crees la idea de que no llegarás a nada porque "simplemente no lo consigues", pero ocultas lo poco querido que te sientes.

Mi esposo está de acuerdo. Aunque no tuvo esos sentimientos mientras crecía porque compensaba muy bien su TDAH, una vez que nuestro matrimonio empezó a deteriorarse y yo empecé a corregirle y regañarle, uno de sus principales sentimientos fue el de no ser apreciado ni amado. Por supuesto, ni una sola vez me habló de la parte "no amado". Piensa en las implicaciones de esto por un momento. Los cónyuges que no padecen TDAH pasan mucho tiempo tratando de instruir a sus cónyuges con TDAH para que hagan las cosas de manera diferente y, a menudo, para que sean

---

9. Arthur L. Robin and Eleanor Payson, "The Impact of ADHD on Marriage," *The ADHD Report*, 10 (3) 2002: 9-14.

diferentes. Al principio, esto se hace con buena intención, pero incluso esta "ayuda" refuerza la idea de que "no te quiero como eres". Un tema común de la pareja que no padece TDAH es "Si mi pareja *cambiara...*". Sin embargo, es más probable que se produzca un cambio de hábitos cuando una persona se siente *querida y segura* dentro de una relación, justo lo contrario del mensaje que transmite gran parte de la comunicación diaria entre ustedes.

Los principales problemas conyugales que, según ambos cónyuges, hacen que una persona no se sienta amada[10]

- No recordar lo que ha dicho la otra persona
- Hablar sin pensar
- Desconectarse de las conversaciones
- Dificultades para afrontar la frustración
- Dificultades para empezar una tarea
- Subestimar el tiempo necesario para completar una tarea
- Dejar un desorden
- No terminar los proyectos domésticos

Además, las parejas con TDAH calificaron como problemas principales "tolerar demasiado y explotar de forma inconsistente" e "intentar hacer demasiado en poco tiempo". Las parejas sin TDAH incluyeron "no responde cuando se le habla" y "no planifica con antelación".

---

10. Arthur L. Robin and Eleanor Payson, "The Impact of ADHD on Marriage," *The ADHD Report*, 10 (3) 2002: 9-14.

A pesar de sentirse poco apreciados, o quizá en parte por ello, muchas personas con TDAH se esfuerzan por intentar ser aceptadas por su cónyuge. Un hombre describió la gimnasia mental que realiza cada día para no decepcionar a su pareja:

> Pienso en lo que voy a hacer todo el tiempo: en el trabajo, en casa, en el coche. Admiro el nivel de exigencia de mi mujer e intento cumplirlo, pero a menudo me quedo corto. A menudo tengo la sensación de estar esperando a que venga el próximo regaño. Después de toda una vida de "hacerlo otra vez", he aprendido que el camino de vuelta es largo. A veces el largo camino de vuelta parece casi interminable y entonces simplemente engancho un giro a la derecha y me voy por otro camino.

Si tienes TDAH pero nunca lo has tratado, tiendes a pensar que "el largo camino de vuelta" es simplemente como es la vida.... ¡hasta que empiezas un tratamiento exitoso! Una mujer que se planteó dejar la medicación para el TDAH mientras estaba embarazada explica aquí cómo cambió su vida después del tratamiento. Ahora que ha rehecho su vida de un modo que la hace más feliz y que tiene un trabajo más complejo, no quiere volver a lo que tenía antes, que compara con tener gripe todos los días:

> [Tener TDAH es como] cuando tienes gripe pero tienes que ir a trabajar, así que vas y haces tu trabajo, pero cada minuto es una lucha. No puedes pensar con claridad, te olvidas continuamente de lo que estabas haciendo, cometes errores, pero cada 5 minutos tienes que darte ánimos a ti mismo para seguir adelante. Así es como me siento en el trabajo sin medicación. La idea de tener que hacer eso durante más de un año entre intentar tener un bebé y realmente tenerlo es insoportable.

Con la perspectiva del tratamiento, esta mujer ve ahora que su nueva vida es muy diferente a sus días de "gripe". Se resiste a volver a lo que ahora considera un sufrimiento y un esfuerzo innecesarios. Como no puede tomar su medicación estimulante durante el embarazo sin riesgo para el feto, tiene que tomar algunas decisiones difíciles.

A menudo, los que han encontrado formas de tratar su TDAH ven su vida de una forma más positiva, y a veces incluso ven su TDAH como una ventaja. Estas son las palabras de mi hija, ahora universitaria, que lleva tratando su TDAH con diversos enfoques desde que estaba en quinto curso:

> Obviamente, hay retos que debemos superar con el TDAH. Yo empecé siendo muy desorganizada, pero experimenté por ensayo y error para ver cuáles eran los métodos de organización que mejor me funcionaban... Dedico más tiempo a mi trabajo que la mayoría de mis amigos, y realmente tengo que estar al tanto de todo... No sólo he aprendido a vivir con mi TDAH, sino que he llegado a apreciar lo importante que es para lo que soy como persona. Es un factor importante en mi creatividad y en mi forma de ver las cosas, diferente a la de otras personas. Atribuyo todas estas cosas a mi TDAH y éstas son partes realmente importantes y positivas de lo que soy. No me gustaría no tener TDAH.

Con tratamiento conductual y farmacológico, mi hija consiguió controlar sus problemas de organización lo suficientemente bien como para vivir su vida como quiere y ser competitiva en uno de los mejores institutos (y ahora universidades) del país.

Si te encuentras en medio de una lucha matrimonial, puede que sientas que el TDAH es siempre algo malo. Yo diría que el TDAH fue en gran parte la razón por la cual nuestros cónyuges nos parecieron atractivos en primer lugar. Un cerebro con TDAH no jerárquico puede ver las cosas de nuevas maneras, lo que a su vez puede inspirar creatividad y espíritu emprendedor. La energía, la espontaneidad y la alegría con las que viven sus vidas muchas personas con TDAH pueden ser contagiosas. Como dijo un cónyuge que no padece TDAH: "Mientras pienso en los problemas que tenemos, también intento recordarme a mí mismo que éste es el mismo hombre que puede romper a cantar y bailar en el pasillo de Walmart". La capacidad del TDAH para superar la adversidad también puede ser un verdadero regalo. La rápida recuperación de los contratiempos pueden haber sido muy atractiva al principio de su relación, aunque actualmente puedan comunicarte (erróneamente) que a tu cónyuge no le importan sus problemas matrimoniales.

En una sección posterior del libro les instaré a ambos a reforzar los límites que les separan. Al hacerlo, es fundamental que cada uno de ustedes se tome en serio las ideas y formas de hacer las cosas del cónyuge con TDAH. Este respeto por todo lo bueno, así como por lo difícil, eleva al cónyuge con TDAH de nuevo al estatus de "compañero" y es una parte importante de la creación de una atmósfera en la que su cónyuge tenga más probabilidades de tener éxito.

El ambiente en el que vive una persona con TDAH es fundamental para el éxito, la capacidad de mantenerse "despegado" y la capacidad de mantener los síntomas del TDAH bajo control. Compara las experiencias de las siguientes dos personas. La primera vive con una mujer que "nació sin paciencia". La segunda vive con un hombre que se ríe con ella de una estrategia de afrontamiento nueva y un tanto descabellada:

> La mayoría de los días estoy un poco desorientado. Necesito una lista de cosas que hacer o no hago nada. Mi esposa acaba de arrancarme la cabeza por poner algo en el lugar equivocado y todo lo que oí fue un ataque… Tengo un verdadero problema entre manos. Tengo un TDAH bastante grave y ella nació sin paciencia. Cuando estuvimos juntos al principio eramos inseparables y nos lo pasabamos genial. Pero ahora que me han ido lloviendo más y más responsabilidades, he empezado a dejarme caer y no creo que ella esté entendiendo por lo que estoy pasando, a pesar de sus sugerencias de medicarme. Así que… llevo un mes tomando Adderall, en vano. Empiezo a sentirme un poco mal porque ella es agresiva y me quita las riendas y no duda en decirme lo irresponsable que soy. Sé que todo esto es fruto de su frustración pero no deja de afectarme. He intentado expresarle que la única forma de que yo pueda ocuparme de las cosas es que me dé un poco más de tiempo (de forma activa, por ejemplo, cuando configuramos nuestro nuevo internet a través de satélite, yo le hacía todo tipo de preguntas al cajero y mi esposa resoplaba y me puso los ojos en blanco diciéndome que era un idiota por tardar tanto). La única razón por la que necesito más tiempo para hacer las cosas es porque siento que tengo que ser más meticuloso o no he hecho nada en absoluto.

Hago mucha limpieza en casa y puedo fregar muchos platos a la vez, pero está claro que a ella no le impresiona mi velocidad, o la falta de ella. Ahora me ha etiquetado como: Vago. Me cuesta entender esa afirmación, ya que sudo cuando barro el suelo o necesito beber más agua cuando hago la colada. Soy activo. Hago, en mi opinión, mucho trabajo. No soy idiota, sé que ella hace exactamente lo mismo pero mucho más rápido. Y tal vez soy TOC o algo así, porque lavar los platos es como una cirugía, estoy allí con herramientas de precisión y lupas.

Hemos intentado hacer listas, pero los dos las perdemos. Los calendarios no se quedan en las paredes. Los temporizadores me han salvado el pellejo unas cuantas veces. Mi agenda electrónica es demasiado complicada de dominar. Me ofendo con facilidad. Parece que la medicación no funciona adecuadamente. No recuerdo lo que comí ayer. Mi esposa odia que sea tan disperso. Odio que mi esposa sea tan programada. Nunca puedo tomar ninguna decisión en casa porque ella cree que soy incapaz… Quiero saber cómo ayudarme a mí mismo… No tengo capacidad de atención, gestiono mal el tiempo y utilizo mucho la frase "no me acuerdo". Mi mujer no tiene paciencia, tolerancia ni tiempo para nada de esto.

Este hombre entiende que las cosas tienen que mejorar, y también comprende bastante bien al menos algunos de los síntomas del TDAH que se interponen en su camino. Pero está atascado. Su medicación no está funcionando, y no está buscando una que sí lo haga. Él hace cosas en casa, como contratar el servicio de Internet, barrer el suelo y fregar los platos, pero las expectativas de su mujer de que él haga las cosas tan rápido como ella (y quizá de la misma manera) sabotea su éxito. Esto significa que incluso cuando él contribuye, no recibe ninguna retroalimentación positiva. Para salir del ciclo en el que se encuentran, necesitan asesoramiento matrimonial por parte de un experto en TDAH: una persona que ayude al esposo a optimizar su tratamiento del TDAH y que ayude a la esposa a comprender el papel que su conducta desempeña en sus problemas.

He aquí una experiencia diferente:

> Tengo 42 años y padezco TDAH. Antes de empezar a tomar medicamentos no tenía noción del tiempo. [Mi esposo] me decía que era demasiado lenta. Cuando hago las tareas domésticas. O en cualquier momento. Esto me hacía mucho daño. Cuando empecé a tomar medicamentos pude calcular mejor el concepto del tiempo. Antes no tenía ni idea de cuánto tiempo pasaba. Cuando empecé a tomar los medicamentos, empecé a hacer de la limpieza algo divertido, jugando conmigo misma, como poner el temporizador en el horno mientras limpio la cocina. Me doy 15 minutos cada vez. Mi marido me preguntaba qué estaba haciendo. Yo le decía: "Quiero ver cuánto puedo hacer en 15 minutos e intentar vencer al reloj". A él le encantó la idea.

Lo que solía ser un área de conflicto para esta mujer —conseguir hacer las cosas en un tiempo razonable— se ha superado con la ayuda de medicamentos, una nueva estrategia de adaptación y el apoyo emocional de su esposo. Creó una forma divertida, original y motivadora de abordar su necesidad de hacer las tareas domésticas. Este es un buen ejemplo en el que la medicación permite un enfoque creativo y muy personal para resolver el problema. Esta mujer no se convirtió de repente en alguien sin TDAH, pero fue capaz de crear un sistema que funcionaba para ella, y está claramente deleitándose con su nuevo control sobre algo que solía causarle grandes dificultades. Ahora puede reírse y utilizar palabras como "despistada" sin preocuparse, en parte porque su esposo reconoce su logro.

Lo que amo de mi cónyuge con TDAH

Recordar los aspectos positivos de su relación es un paso importante para seguir adelante. He aquí una muestra de lo que algunos cónyuges sin TDAH adoran de sus parejas:

Mi esposo puede convertir cualquier cosa en un juego. Gran parte de la literatura sobre el TDAH se centra en los aspectos negativos, por lo que podemos olvidar lo creativos que pueden llegar a ser. No importa qué tipo de berrinche hagan mis hijos, mi esposo puede convertirlo en un juego y hacer que participen.

Es un gran compañero de juegos para los niños. Al ser tan niño, no solo es capaz de jugar a su nivel, sino que me ayuda a recordar que solo son pequeños una vez, durante un corto tiempo, y que no quiero que me recuerden haciendo tareas domésticas mientras ellos juegan. Su juego me ayuda a reconectar con la niña que llevo dentro.

Mi esposo es muy cariñoso, pequeños detalles como palmaditas en la espalda o abrazos están siempre disponibles y si se lo pido deja todo para proporcionármelos.

Los fines de semana me tiene el café preparado cuando me levanto por la mañana. Tolera mis "gruñidos matutinos" y sabe que no debe tomarse mis quejas como algo personal hasta una hora después de levantarme. Comparte mi pasión por las curiosidades. No tiene ningún problema con mis rarezas de personalidad e incluso alienta algunas de ellas. Me anima en mis pasiones. Su necesidad de hacer la vida interesante puede hacerla interesante de forma positiva.

Lo que amo... *continuación*

Mi esposo tiene una notable capacidad para amar y perdonar, lo cual es un don para todos nosotros. He aprendido a apreciar de verdad su capacidad para tomarse las cosas con calma y responder con flexibilidad a casi cualquier situación. Está dispuesto a probar casi cualquier cosa nueva que yo quiera probar, y su amor por encontrar la próxima aventura hace que nuestras vidas sigan siendo interesantes.

Una fortaleza que veo en el TDA es la "capacidad de recuperación". Mi pareja puede pasar del dolor a la alegría tan rápido como un niño con un corte en la rodilla y un plato de helado. Me asombra lo rápido que puede dejar las cosas atrás.

Me encanta el peculiar sentido del humor de mi esposo. Crecí en un hogar donde el humor era importante, y no sólo las bromas cotidianas. A veces tiendo a tomarme la vida *demasiado* en serio, y necesito su sentido del ridículo para mantener la calma. Pero sobre todo me encanta que no sea aburrido... Mi esposo sigue siendo interesante para mí después de 35 años de matrimonio. Cuando nos separamos hace unos años, ni siquiera me planteé salir con otros hombres: ninguno de los que conocía era ni remotamente tan interesante como mi esposo.

Es importante intentar comprender la experiencia del cónyuge con TDAH porque es completamente distinta de la del cónyuge sin TDAH. Una persona con TDAH ve y experimenta el mundo de forma diferente, resuelve los problemas de forma diferente y es tratada por los demás de forma muy diferente. El cónyuge con TDAH se enfrenta cada día a retos que merecen la empatía —y la paciencia— del cónyuge sin TDAH.

No estoy recomendando compasión para el cónyuge con TDAH ni sugiriendo que las personas sin TDAH subyuguen sus vidas al TDAH de su cónyuge simplemente porque una vida con TDAH puede ser desafiante. Las personas con TDAH tienen diferencias específicas y muy reales. Sus días son significativamente más duros que lo que la pareja sin TDAH cree o lo que el cónyuge con TDAH admite. La vida puede ser una serie de desafíos implacables para un cónyuge con TDAH, sobre todo cuando no está bien preparado para aprovechar sus fortalezas, como por ejemplo en el ámbito doméstico. Un cónyuge sin TDAH debe comprender que no es rencor, pereza, mezquindad o falta de deseo lo que impide a su esposo hacer lo que ella le ha pedido. Cuando él dice: "Quería hacer eso, pero se me olvidó", sería más saludable que ella se tomara "Quería hacer eso" tan en serio como se toma "Se me olvidó". Y él también tiene que tomarse en serio esa parte. El TDAH no es una excusa para seguir siendo incompetente. Es un diagnóstico que indica que determinados tipos de tratamientos y cambios de hábitos ayudarán a una persona a rehacer su vida. Recuerda, el objetivo no es no tener TDAH, sino poder ser feliz en tu vida y en la relación que elijas.

Habla con tu cónyuge con TDAH. Pregúntale cómo se siente con el TDAH. Es muy posible que te sorprenda enterarte de vergüenzas o ansiedades ocultas, de la sensación de agobio o de la vergüenza de ser criticado constantemente. Sus conversaciones sobre estas cosas podrían ayudarles a proceder de un modo que comunique su amor y sus necesidades de un modo que sea más satisfactorio para ambos.

Ejercicio: Escribe una carta sobre tu TDAH

Para el cónyuge con TDAH:

Toma tu computadora o un bloc de papel, y comienza a hacer una lluvia de ideas sobre tu TDAH y tus experiencias. No tiene que ser algo muy organizado. De hecho, me gusta pensar en este ejercicio como un "poema sonoro del TDAH", como si fuera música o los trazos de un pincel, que captura en palabras la experiencia y las imágenes de tu TDAH. Escribe una carta a tu pareja sobre lo que sientes al vivir con TDAH y, cuando estés listo o lista, compártela con tu cónyuge. Mantén este ejercicio centrado en ti y en tu experiencia, no en tu cónyuge ni en tu matrimonio. Más adelante, si descubres que esto inicia algunas conversaciones significativas, puedes concentrarte en tu relación.

Para el cónyuge sin TDAH:

Este puede ser el comienzo de algunas discusiones muy importantes. No ofrezcas "soluciones" a los problemas sobre los que tu cónyuge pueda escribir. Asume que tu cónyuge no está tratando de crear excusas, sino de compartir contigo su experiencia. No escribe para que le des consejos, sino para que le conozcas y le aprecies.

Mantente abierto, haz muchas preguntas y céntrate en tu cónyuge, no en ti ni en el estado de tu matrimonio. Cuando termines, asegúrate de decir "gracias". Puede ser difícil sincerarse con tu cónyuge.

Cariño,

Quiero contarte un poco sobre qué es lo del TDAH

Cómo es ser un cónyuge sin TDAH en situación de crisis matrimonial

¿Qué necesita entender el cónyuge con TDAH sobre las experiencias del cónyuge sin TDAH? Quizás lo más importante es que el TDAH afecta al cónyuge que no lo padece mucho más de lo que se puede imaginar. Los síntomas del TDAH son reales para ambos cónyuges, aunque de manera diferente. Incluso si no te diste cuenta de que tenías TDAH hasta hace poco, seguías lidiando con los síntomas antes del diagnóstico. No así el cónyuge que no padece TDAH. El impacto de los síntomas del TDAH es nuevo para la otra persona, lo que significa que asocia estas *nuevas* experiencias difíciles *contigo como persona*, ya que comenzaron cuando entraste en su vida.

Al igual que en el caso del cónyuge con TDAH, la experiencia del cónyuge sin TDAH abarca un espectro que va desde lo levemente problemático a lo inmanejable. En el extremo más leve del espectro se encuentra una esposa que se sorprende y se siente infeliz porque su esposo no le presta tanta atención como cuando eran novios. Ella está intentando conseguir que los dos estén más alineados emocionalmente, y puede sentirse frustrada. En el extremo inmanejable del espectro está la pareja que se siente completamente sobrecargada por las responsabilidades que ha asumido porque piensa que su cónyuge no puede hacerlas. Se disgusta cuando está con su esposo, y disgusta a su esposo. Puede estar furiosa, incapaz de mantener una conversación civilizada y ansiosa o resentida cada vez que se acerca al dormitorio. Esta es la etapa en la que yo me encontraba hace algunos años. Se *puede* volver de esta etapa a un matrimonio feliz y sano.

En general, la experiencia de un cónyuge sin TDAH es una *progresión* predecible de feliz a confuso, a enfadado y a desesperado. En resumen, el cónyuge que no padece TDAH suele experimentar los siguientes sentimientos:

- **Soledad.** El cónyuge con TDA/H está demasiado distraído para prestar atención.
- **No deseado o no amado.** La falta de atención se interpreta como falta de interés más que como distracción. Uno de los anhelos más comunes es el de ser "querido", y recibir la atención del cónyuge que esto implica.

- **Enfado y bloqueo emocional.** La ira y el resentimiento impregnan muchas interacciones con el cónyuge con TDAH. A veces, este enojo se expresa como desconexión. En un esfuerzo por controlar las interacciones de enojo, algunos cónyuges que no padecen TDAH intentan bloquear sus sentimientos embotellándolos en su interior.

- **Estrés extremo.** Los cónyuges que no padecen TDAH suelen cargar con la mayor parte de las responsabilidades familiares y nunca pueden bajar la guardia. La vida puede venirse abajo en cualquier momento debido a la incoherencia del cónyuge con TDAH.

- **Ignorados y ofendidos.** Para un cónyuge que no padece TDAH, *no tiene sentido* que el cónyuge con TDAH no actúe de acuerdo con la experiencia y los consejos del cónyuge que no lo padece más a menudo, cuando está "claro" lo que hay que hacer.

- **Miedo.** El cónyuge que no padece TDAH tiende a temer por los hijos de la pareja, preocupándose de que un cónyuge distraído haga daño de alguna manera a los niños; y para sí mismo, que la vida continúe por su actual y difícil camino. Algunos cónyuges que no padecen TDAH fantasean con marcharse porque el camino actual les parece insostenible.

- **Exhausto y debilitado.** El cónyuge sin TDAH carga con demasiadas responsabilidades, y ningún esfuerzo parece arreglar la relación. Parece haber una diferencia de género en este sentimiento: Es menos probable que los cónyuges varones sin TDAH intenten compensar la falta de organización de la mujer con TDAH y, por lo tanto, es menos probable que se sientan agotados. También parecen pasar antes al divorcio.

- **Frustración.** Un cónyuge sin TDAH puede sentir que los mismos problemas se repiten una y otra vez (una especie de efecto boomerang). Se trata de una experiencia nueva. En el pasado, los problemas generalmente se "solucionaban" y la pareja pasaba al siguiente problema.

- **Desesperanza y tristeza.** Se han dejado de lado muchos sueños, y una profunda tristeza invade las dificultades cotidianas de la vida.

La naturaleza progresiva de la experiencia del cónyuge sin TDAH explica por qué muchos cónyuges con TDAH sienten que la pareja que no padece el trastorno ha cambiado para peor. Sin embargo, si se observa la experiencia del cónyuge sin TDAH, se puede entender por qué el cónyuge es diferente ahora:

Cuando mi esposo empezó a "madurar" su TDA a finales de sus 30 años, inicialmente fue muy desconcertante. Antes siempre había sido reflexivo, y ahora parecía tan irreflexivo y egocéntrico. Cada vez era más incoherente. Yo no entendía lo que pasaba y me sentía angustiada y preocupada. A medida que su comportamiento se acentuaba, su creciente "despreocupación" e "irreflexión" empezaron a ser física y económicamente peligrosas para él y para nuestros hijos. Dejé de preocuparme por los motivos de su comportamiento, porque estaba demasiado ocupada temiendo por su seguridad y por nuestro futuro. Le contaba lo asustada que estaba, y su reacción era siempre que él nunca haría nada para hacernos daño; no veía en absoluto que pudiera hacernos daño por negligencia.

Del miedo pasé al enfado (me habían educado para enfadarme en lugar de llorar). Habíamos hablado tantas veces de los problemas de conducta y de lo disgustada que me ponían y del efecto que tenían en los niños, ¡y él seguía haciéndolos! Me parecía que no escuchaba, que no se preocupaba, que no pensaba, y eso me parecía realmente irresponsable y me enfadaba mucho. Y parecía que escuchaba mejor y pensaba más cuando yo gritaba. Así que yo gritaba más y más, lo que alimentaba aún más mi ira.

Por aquel entonces, a mi marido por fin le diagnosticaron TDA. Por varias razones, el progreso fue extremadamente lento, lo que me deprimió. Sabía que no era realista, pero quería una bala de plata. Pasé mucho tiempo desesperada pensando en si alguna vez tendríamos una vida familiar no disfuncional. También me sentía muy sola. Nadie entendía a lo que me enfrentaba: su familia lo negaba todo y la mía simplemente no "lo entendía". No tenía amigos que no fueran también amigos de mi esposo, y él es tan encantador en público (y tenía menos oportunidades de mostrar sus comportamientos más problemáticos) que nadie entendía a qué me estaba enfrentando.

Cuando por fin encontramos una solución, sentí que mi vida se había destrozado hasta quedar irreconocible, aunque entiendo que la vida no está obligada a cumplir nuestras expectativas. Lo que me entristece es que siempre creí que tenía habilidades especiales que podía poner al servicio de mucha gente mientras me ganaba la vida, y aunque he conseguido hacer cosas buenas por algunas personas a lo largo de mi vida, no siento que haya conseguido ni de lejos todo lo que podría haber conseguido. Hoy, con mucho trabajo y mejores medicamentos, mi matrimonio vuelve a ser feliz; soy una persona más fuerte y espero que más sabia; pero estoy marcada para siempre.

Los cónyuges que no padecen TDAH probablemente notarán lo familiar que parece esta progresión de emociones. La progresión se produce en respuesta a síntomas específicos del TDAH: la distracción de él inspiró la preocupación de ella, luego el miedo. La distracción y la desconexión continuas la llevaron a enfadarse y a gritar para llamar su atención. Este es un buen ejemplo del ciclo de acción–reacción cuando el TDAH no se diagnostica ni se trata. La buena noticia es que esta pareja vuelve a vivir felizmente junta. Su último paso, sin embargo, sería volver a conectar con sus sueños de estar al servicio de los demás para poder sentir una mayor realización personal y atesorar su vida en toda su amplitud y profundidad.

Mencioné la sensación de soledad como un componente clave de la experiencia sin TDAH. La soledad proviene de muchas cosas: la distracción del TDAH, que hace que la pareja que no lo padece sentirse ignorado y poco querido; la sensación de que el cónyuge que no padece el TDAH carga con una cantidad desproporcionada de responsabilidades, sin la aportación del cónyuge con TDAH; la sensación de no ser "escuchado" nunca, ya que se repiten muchos patrones; y el hecho de que pocas personas ajenas al matrimonio "ven" lo que está pasando. Las relaciones sexuales suelen ser tensas, lo que aumenta la desconexión:

> Me identifico totalmente con los problemas de ira y resentimiento. He visto a algunas personas decir que su cónyuge con TDA no tiene deseo sexual, pero ¿y si es al revés? Últimamente casi no tengo interés en el sexo. Me siento como si estuviera cuidando a un niño. Y sentirme madre (y resentida) no ayuda mucho a sentirme amorosa. Llevamos casados 5 años y medio y no recuerdo haberme sentido más sola que ahora.

La soledad también puede ser el resultado de estar casado con una persona que a menudo parece "autosuficiente". Una de las características del TDAH es que la persona está "en su propio mundo" la mayor parte del tiempo. Este comportamiento crea distancia entre los dos cónyuges, dejando al que no tiene TDAH sintiéndose solo.

> A veces me siento abrumada por la tristeza y el duelo por la relación que *podría* tener con mi cónyuge si él no tuviera TDAH. Le quiero mucho, pero pienso en lo mucho más fáciles que serían nuestras vidas, mi vida, si él no tuviera TDAH. Es solitario ser la única persona en una relación que recuerda y se ocupa de lo mundano, que construye objetivos para el futuro y que se autocontrola.

Un cónyuge sin TDAH puede ser lo suficientemente competente como para gestionar la logística del hogar, pero el estrés de hacerlo solo crea enfado, sentimientos heridos y desconexión. He aquí otra descripción conmovedora:

> Llevamos juntos 5 años, casados 4. Cuatro hijos – el mío (14 años), el suyo (TDAH – de 9) y el nuestro (3). Mi esposo es mi hijo de 42 años. Cuando le conocí yo tenía aficiones y cosas que me encantaba hacer. En su mayor parte, esas cosas han desaparecido.

Normalmente soy el principal sostén de la familia; ahora mismo soy el único. Hago el 95% de las tareas domésticas, el cuidado de los niños y los recados de la vida. He dejado mis aficiones porque no me queda tiempo para mí. Intenté mantener una afición durante un tiempo, que consistía en tomar clases de baile una noche a la semana. Tuve que renunciar a ello cuando mi esposo puso en peligro la relación con nuestra niñera porque no conseguía llegar a tiempo a recoger a los pequeños. Mi esposo mantiene sus aficiones y sobre todo juega con el ordenador.

Hay tantas cosas que podría decir para expresar lo que siento al estar en esta relación. De verdad, creo que podría escribir un libro. Tristeza, rabia, frustración absoluta, agotamiento absoluto. Todas parecen manifestarse en un profundo dolor. He luchado contra sentimientos suicidas, pero sencillamente nunca podría hacerles eso a mis hijos ni a mis padres, y no puedo imaginarme a mi esposo intentando criar solo a nuestros pequeños. La idea me asusta y me obliga a seguir adelante pase lo que pase.

Eso no quiere decir que no haya nada bueno. Mi esposo es un alma gentil, muy amable y tierno. Si no fuera así, no seguiríamos juntos. A veces seguimos divirtiéndonos juntos. A veces tengo destellos de la alegría y la pasión de nuestro primer año juntos. Mi vida con mi esposo TDA es como vivir en un clima lluvioso. La mayor parte del tiempo es gris y lúgubre, pero de vez en cuando sale el sol y el mundo es hermoso y brillante por un rato.

La inconsistencia de vivir con TDAH es un tema importante. Del mismo modo que la inconsistencia puede debilitar la fe del cónyuge con TDAH en su competencia, también afecta al cónyuge sin TDAH. Si no sabes si puedes confiar en que tu pareja recoja al bebé de la canguro, experimentas una buena dosis de estrés hasta que la cuestión se resuelve cada día. En cualquier momento, puede que sea a ti a quien le toque "limpiar" de algo que haya quedado inacabado u olvidado. Así, el cónyuge no TDAH nunca puede relajarse. Aprende a desconfiar de su cónyuge, porque aunque sus intenciones suelen ser buenas, su TDAH no tratado (o insuficientemente tratado) se interpone en su camino para convertir la intención en acción.

La necesidad de estar siempre alerta, combinada con el hecho de ser responsable de la mayoría de las tareas y del trabajo sucio, provoca agotamiento. Si eres un cónyuge con TDAH y tu cónyuge sin TDAH se queja por todo, probablemente haya dos razones: tu pareja está agotada y ha descubierto que gritar es una de las formas más efectivas de llamar tu atención.

Una de las razones por las que sufren las parejas que no padecen TDAH es que tienen muy poco control sobre lo que les ocurre. Sí, puede que sean capaces de moderar sus respuestas (y deberían), pero el esquema general de sus vidas no lo dictan ellos mismos, sino el TDAH de sus cónyuges y si éste se está gestionando eficazmente. Es un concepto agridulce, sobre todo si el cónyuge con TDAH sigue negando que el TDAH tenga importancia:

> Mi esposo es un tipo estupendo: maravilloso, dulce, romántico, generoso, cariñoso, trabajador, amable, compasivo. Pero todas estas cualidades desaparecen cuando nos enfrentamos a problemas en los que su TDAH se impone con fuerza. Un escenario general y común: Se presentaría la situación A (desde un pequeño problema hasta uno enorme), que requeriría una acción B por su parte y una acción C por la mía. Suponiendo que pudiera captar su atención durante unos instantes, llegaríamos a conclusiones sobre lo que había que hacer, yo realizaría la acción C... y él se iría pensando y haciendo otra cosa. Más tarde yo le señalaba B, y él decía que lo haría. Volvíamos al tema mucho después de este punto, y él me decía que todavía lo haría, me decía que "nunca dijo" que lo haría, se enfadaba conmigo, se cerraba, o amenazaba con irse (incluso por pequeñas cuestiones). El resultado sería que yo tendría que rendirme y dejar el asunto sin resolver, o hacer B yo misma (si pudiera), y sentirme muy infeliz por estar haciendo "mi" trabajo y "el suyo" en el matrimonio.

Repite esta situación a diario y podrás hacerte una idea de lo infeliz que me había vuelto la vida. Era como vivir con un perenne niño pequeño. Un niño maravilloso, dulce, generoso, cariñoso, trabajador, etc. que tenía una visión muy extraña de la realidad y de lo que era el matrimonio, y (de nuevo, debido a su trastorno) hacía exactamente lo que le apetecía en cada momento del día y se ocupaba de sí mismo a expensas de los que le rodeaban.

No puedo enfatizar lo suficiente que estas *no* son sus cualidades personales; en realidad son *lo contrario* de su verdadera naturaleza. Pero cuando se deja llevar por su TDA —lo que ha sido cada vez más frecuente con el paso del tiempo— es como si estuviera atrapado en alguna parte, y por fuera tengo que tratar con una persona totalmente diferente. Este "tipo con TDA" *no* es alguien con quien quiero estar casada. Él es quien me hizo tanto daño a mí y a nuestro matrimonio, y estoy furiosa por lo que le hizo a mi maravilloso esposo. Pero el "tipo del TDA" está al mando ahora, y no hay nada que yo pueda hacer al respecto.

Esta mujer es capaz de separar a su esposo de sus síntomas. Pero su experiencia es que los síntomas siguen teniendo el control. Fíjate en el papel que desempeñan las guerras de tareas domésticas en su vida. Es su incapacidad para confiar en su marido en sus interacciones diarias lo que ha iniciado una espiral que, sin duda, incluye tanto las características del TDAH de él como las "furiosas" respuestas negativas de ella a esos síntomas. Pero hay otros rasgos del TDAH que también la afectan: su falta de control de los impulsos (ataques de ira por cosas sin importancia), su incapacidad para organizar e iniciar tareas y para vivir el momento. Hay una nota triste y desesperanzada en su "y no hay nada que pueda hacer al respecto". El esposo debe tomar un mejor control de sus síntomas, o es probable que este matrimonio termine.

La falta de control es fundamental para la experiencia del cónyuge que no padece TDAH y, después de un tiempo, la agota por completo:

Cuando nos casamos por primera vez, soñaba con que los dos fuéramos un equipo… abordando los problemas juntos, construyendo una vida juntos, creciendo juntos, apoyándonos mutuamente, ser iguales… y así sucesivamente. Preveía los problemas conyugales pero no estaba preparada para los problemas derivados del TDAH de mi esposo. Al principio del matrimonio me di cuenta de que algo no iba bien, pero no podía entender qué estaba pasando. Mi esposo no me apoyaba, era distante y poco afectivo, se apoyaba mucho en el alcohol y una serie de otros problemas. Empecé a sentirme confusa, frustrada y muy decepcionada. No dejaba de pensar: "¿Cómo podía ser esta mi vida?". "¿Por qué trajo esto (sus problemas) a mi vida?". Cuando estás en un matrimonio con TDAH (especialmente con un cónyuge que no ha sido diagnosticado) todo se descontrola. Te esfuerzas por rodearlo todo, por recuperar el control, pero es inútil. Por muy fuerte que hayas empezado, te sientes más débil por el camino. En muchos sentidos, tus sueños iniciales se convierten en eso… sueños. Ya no tienes energía para perseguirlos.

La idea de "girar fuera de control" suena igual que la forma en que muchas personas con TDAH describen sus cerebros y sus vidas, ¿verdad?

He aquí otra descripción de lo mucho que desgasta vivir con TDAH:

A lo largo de los años, he llevado [a mi esposo con TDAH] a un tipo de terapia matrimonial tras otra. Nada ha cambiado. Le encanta sentarse con la gente y hablar, pero nada cambia cuando termina la reunión. Estoy muy dolida por todo esto. Y todavía me siento muy sola. Él no cambiará; no puede cambiar. En su interminable vida de "última hora", de "emergencia", de "nunca disponible para mí", apenas puedo captar su atención. Siempre está demasiado ocupado y nunca tiene tiempo para mí. No soy más que la esposa aguafiestas que siempre le estropea la diversión porque estoy pensando en las cosas prácticas que hay que hacer mientras él está pensando en todas las cosas divertidas que quiere hacer cuando no está trabajando. Sí, ya cansa. No, no sé qué hacer al respecto… Estoy cansada de que mis esperanzas se vean frustradas una y otra vez… En resumen, si todo depende de mí, entonces creo que no soy una persona lo suficientemente poderosa para hacerlo. Puedo hacer mucho, y quizá más que muchas otras personas, pero no puedo hacerlo todo.

La descripción de esta mujer abarca tantas cosas: la pérdida de la esperanza, sus intentos de "arreglar" su matrimonio que no han dado resultado, sus sentimientos de soledad, dolor y, sí, resentimiento. Su descripción está llena de los síntomas del TDAH de su cónyuge y refleja los conflictos que han soportado como pareja, ya que él ha estado siempre ocupado mientras que ella ha caído infelizmente en el papel de organizadora y "aguafiestas". Ha perdido la fe en sí misma y en su capacidad para cambiar su vida porque se siente rehén de los síntomas de él.

Para una persona con TDAH, una de las características que definen a su pareja sin TDAH es la ira, y mucha ira. Escribiré sobre la ira en profundidad en el próximo capítulo, así que no profundizaré aquí, pero la ira crónica es una de las experiencias que definen a muchos cónyuges sin TDAH. Y no se trata sólo de enfado hacia su cónyuge, sino también hacia ellos mismos.

He aquí cómo una mujer describe su propio odio hacia sí misma por aquello en lo que siente que se ha convertido:

> Estar casada con un esposo con TDAH te hace dudar de ti misma y odiarte por los pensamientos negativos que tienes hacia tu marido. Yo, por mi parte, estoy a punto de perder la cabeza. Aunque sé que mi esposo tiene TDA, siento que el problema soy YO… que no tengo suficiente paciencia, suficiente optimismo, suficiente creatividad. Siento que soy un jarrón chino mientras que mi esposo es el tipo divertido y despreocupado al que todo el mundo adora. Veo a la gente adorar a mi esposo y todo el tiempo pienso: "Sí, pero no tienes que vivir con él". Estar casada con alguien con TDA es como estar casada con un niño al que todo el mundo quiere pero del que estás harta… te pone en el papel de "madre". Y déjame decirte que ODIO eso.

El autodesprecio es un concepto importante de entender para el cónyuge que no padece TDAH, porque afrontarlo de forma constructiva recuperando el control de la propia vida es un elemento importante para cambiar las cosas.

> Sé que yo también he hecho cosas mal en este matrimonio. Le he permitido que me manipulara con su ira. He asumido el papel de madre para él. No me gusta quien soy cuando estoy con él... una persona llena de ira reprimida y muy poca alegría de vivir. En mi esfuerzo por no gritar y chillar ante sus comportamientos ADD he reprimido no sólo mi ira, sino también mis otras emociones. Cuando respondo a los demás en la familia, me doy cuenta de que no hay mucho entusiasmo por mi parte para hacer cosas o estar tan involucrada como me gustaría.

A esta mujer le vendría bien hablar con su médico sobre la posibilidad de estar sufriendo una depresión situacional que se beneficiaría de un tratamiento ("Me parece que no hay mucho entusiasmo por mi parte para hacer cosas"). En lugar de reprimir sus sentimientos, necesita una forma constructiva de expresarlos, quizá con la ayuda de un consejero.

A medida que la frustración y el enfado aumentan, los cónyuges que no padecen TDAH pueden empezar a tomar decisiones menos empáticas, a veces abdicando de la responsabilidad de ayudar a su cónyuge de forma práctica y fácil, mientras intentan presionarle en áreas más difíciles para que pueda "demostrar" su amor. Esto sirve al doble propósito de castigarle aún más y darse la razón a sí misma.

> Para mi 34 cumpleaños, hace un par de semanas, le pedí a mi esposo salir a cenar y al cine. No fue así. Se echó una siesta y cuando se despertó ya había pasado la hora de la reserva. Estoy harta de todas las decepciones. Incluso cuando pido cosas que me gustaría para ocasiones especiales, rara vez sucede.

No habría sido difícil para esta mujer despertar a su esposo de la siesta a tiempo para ir a cenar. Pero está cansada de ser responsable todo el tiempo.

Al no despertarle, puede seguir culpándole de sus decepciones. No se puede discutir que era su *responsabilidad* despertarle, pero si se sintiera caritativa podría haberlo hecho fácilmente. En lugar de eso, eligió el camino que le causaría más rencor a ambos. Es lamentable, pero a veces el cónyuge que no padece TDAH sabotea la relación de forma sutil y sin saberlo, al mismo tiempo que se queja de que su cónyuge no puede cambiar. Esto no es intencional, pero es un signo de frustración que se está volviendo inmanejable. Este comportamiento es el espejo del cónyuge con TDAH que sabotea la relación al negarse a emprender un tratamiento serio para el TDAH.

Además de desesperada y enfadada, otra buena palabra para describir al típico cónyuge sin TDAH es *agotada*.

> Nuestra hija tiene ahora casi cinco años. Nunca he podido pasar con ella el tiempo que creo que se merece. Va a la guardería 5 días a la semana, que yo pago con mi escaso sueldo, y que nos mantiene a los tres mientras mi esposo termina su doctorado. Ha tenido repetidos contratiempos para finalizarlo, pero ahora hay esperanza a la vista. Ahora estamos a punto de agotar todos nuestros ahorros de jubilación para poder vivir. Yo cocino, limpio, hago las tareas domésticas, planifico actividades de bienestar para nuestra hija, la llevo de un lado a otro, la baño, la visto y la llevo al colegio. Y mantengo mi trabajo a tiempo completo en un entorno laboral gravemente disfuncional que siento que debo conservar (francamente, me siento atrapada) debido a las condiciones económicas en las que todos vivimos en estos momentos. Por la noche, después de hacer la cena (si queremos comer sano TENGO que cocinar), preparo a nuestra hija para ir a la cama y la acuesto.

> Casi todas las noches tengo que recordarle a mi esposo que la hora de dormir NO es el momento de empezar a reír, bromear, hacer cosquillas o jugar bruscamente. No sólo parece que tengo la mayor parte de las tareas de crianza y del hogar, sino que me sabotean en el camino.

Quiero ser tolerante y comprensiva, de verdad, pero después de más de 5 años viviendo así, no puedo más emocionalmente. Mi esposo es un buen hombre, pero ya no me siento cálida ni cariñosa con él. Sólo paternal. O sierva de amo. Si no hago las tareas domésticas, se pone a despotricar porque la casa está sucia o porque los platos están tirados por ahí. Me siento condenada tanto si lo hago como si no.

Ya no disfruto de la vida. Mis momentos más felices son cuando él tiene clase por la tarde y yo puedo jugar con mi hija y acostarla después sin ningún drama adicional. A menudo me siento como si fuera madre soltera de 2 niños.

Como puedes ver, faltan muchas cosas que deberían estar presentes en una relación buena y sana. Se podría sugerir que esta mujer podría relajarse y jugar con su esposo y su hija, pero después de la intensidad de su día y con la carga de sentirse desconectada, simplemente no suena atractivo.

Muchos cónyuges sin TDAH no pueden creer lo mucho que ha cambiado su relación. Es intensamente frustrante ver cómo se producen los cambios y sentirse impotente a la hora de hacer algo para solucionar los cada vez peores problemas. Entonces comienza el tratamiento y se renueva la esperanza. Por fin hay un "nombre" para lo que ha estado ocurriendo. Pero el tratamiento del TDAH lleva tiempo, ya que incluye cambios tanto fisiológicos como de hábitos. Aunque es un alivio empezar el tratamiento, con demasiada frecuencia uno o ambos cónyuges creen que la medicación por sí sola actuará como una especie de píldora mágica. Si el tratamiento se limita a la medicación, los resultados suelen ser inferiores a los óptimos y decepcionantes. La medicación es sólo un elemento del tratamiento. He aquí a una mujer que describe la frustración de enfrentarse a un tratamiento incompleto:

Hace ocho años me casé con EL UNICO para mí. Un tipo increíble en todos los aspectos y centrado en nuestra relación (incluso cuando sólo era una amistad) en un grado muy halagador. Como muchos de ustedes han experimentado, este enfoque cambió un par de años después de nuestro matrimonio e hirió mucho mis sentimientos. Aparte de eso, que solucionamos mediante una comunicación sana y algunas peleas airadas (que a veces parecen la única forma de hacerle realmente consciente de una situación), las cosas fueron bastante bien hasta hace unos 3 años. Mi esposo describe las fases de nuestro matrimonio como "Hombre, esto es una maravilla" a "Algunas cosas en las que podríamos trabajar para ser una pareja más exitosa" a "cosas en las que NECESITAMOS trabajar ahora" a finalmente golpear "¡¿POR QUÉ ESTAS COSAS QUE HEMOS DISCUTIDO UNA Y OTRA VEZ NUNCA SE HACEN?!?????"

Mi enojo y decepción aumentaron constantemente, y me desahogué con él cuando una vez más no hizo lo que había acordado (posiblemente porque él está totalmente de acuerdo con todo lo que se le pide)… Su única respuesta después de las mismas discusiones y argumentos una y otra vez fue que tal vez algo estaba mal con él. Ahora bien, estoy casada con una persona con un TDA que funciona ALTAMENTE… así que no le di mucha importancia a que tal vez tuviera "algo malo". Simplemente parecía una persona que disfrutaba más de las cosas divertidas que de las que no lo eran. Bienvenido a la raza humana: aguántate. Al final le dije que estaba harta de oír el mismo "tal vez" de siempre y que si realmente pensaba que algo podía ir mal, fuera al médico, lo averiguara, pero por el amor de Dios HICIERA ALGO al respecto… le diagnosticaron TDA hace 2 años. Se sintió aliviado al descubrir que había una razón para tantas cosas que parecían inexplicables: es prácticamente un genio, pero suspendió la universidad porque no podía ni quería molestarse en ir a clase. No tiene ni la capacidad ni el deseo de organizarse. Naturalmente se casó con una mujer a la que le ENCANTA la organización…

juro que al principio ningún cónyuge que no padezca TDAH podría haber sido más comprensivo que yo, pero llevamos dos años en este proceso y siento que casi no se ha producido ningún cambio. Creo que él quería que las pastillas fueran una solución mágica y que y que no iba a tener que poner ningún esfuerzo por su cuenta. Mi paciencia se está agotando rápidamente. No espero que esto deje de formar parte de nuestras vidas y, sinceramente, a veces nos reímos mucho de ello, pero muchas veces parece que no lo está intentando en absoluto. Realmente cree que PENSAR en hacer un cambio cuenta como intentarlo. Vale, al principio pensar y organizarse cuenta como intentarlo, pero dos años después, ¿aún lo está PENSANDO? Aporto perfeccionismo a nuestra relación, lo cual sé que no es fácil para él, y rara vez se queja; pero creo que la diferencia es que yo estoy trabajando activamente en ello.

No es de extrañar que con todo este estrés, algunos cónyuges sin TDAH fantaseen con marcharse:

Sueño con la estabilidad, la madurez en la toma de decisiones, la asunción de la responsabilidad de los propios actos… un día en el que no haya llamadas telefónicas a nuestra casa por pagos atrasados de algún tipo… en el que resida la calma y haya algún tipo de estructura… en el que no se me culpe de las cosas, porque hay otra persona en el hogar… que… ¡asumirá la responsabilidad de sus propios comportamientos en lugar de echármela a mí!… Él está en su decimoprimera búsqueda de trabajo en nuestros 5 años de matrimonio. Sin embargo, afirma que si yo no estuviera tan disgustada por la pérdida de su trabajo… las cosas irían mejor…Por favor, perdóname, porque si sueno enfadada…lo estoy, no sé qué hacer y desearía estar lo suficientemente bien como para irme, desearía no sentir tanta lástima por él, o sentirme obligada, debido a los votos matrimoniales…porque realmente creo que lo haría… ¡irme!

Muchos cónyuges sin TDAH se encuentran desprovistos de ideas sobre cómo mejorar sus vidas. En esencia, bajo los patrones de síntoma–respuesta–respuesta del efecto TDAH, se encuentran atascados, siendo el abandono el único camino a seguir:

[Mi esposo está] convencido de que fui yo. Incluso le ha dicho a sus amigos y familiares que fui yo, y no puedo ni empezar a decirte cuánto me duele esto… No quiere ver a un especialista en TDA, creo que en parte porque no quiere que le digan que su trastorno mental causó la desintegración de nuestro matrimonio. No creo que pueda soportarlo, así que se queda con un terapeuta que no es especialista en TDA y que le dice lo que quiere oír.

Hace muy poco que he renunciado a él. No sólo al matrimonio, sino a mi esposo como persona. No es un hombre horrible, pero su enfermedad —y su forma de afrontarla (o, mejor dicho, de no afrontarla)— me va a matar —será mi muerte, y tengo que alejarme de él. Durante meses, pensé que era mi trabajo "salvarlo" a él y "salvar" mi matrimonio, pero la culpa fuera de lugar me estaba haciendo mucho daño… Él tiene una enfermedad, sabe que tiene una enfermedad, y ha aprendido lo suficiente como para saber que es lo que causó tantos estragos en nuestras vidas y me hirió (y a él) tan profundamente. Que me utilice como chivo expiatorio y se niegue a asumir su responsabilidad es más de lo que estoy dispuesta a soportar.

Un tratamiento eficaz, utilizado en el sentido más amplio de la palabra, puede cambiar la vida de un cónyuge con TDAH. También cambia radicalmente la vida del cónyuge sin TDAH. Para mí, la diferencia que suponen la medicación y los cambios de comportamiento de mi esposo es enorme. Ahora somos completamente estables y felices, porque hemos encontrado estrategias para adaptarnos al TDAH, hemos vuelto a aprender a confiar el uno en el otro para ser afectuosos y cariñosos, y nos hemos asegurado de sacar tiempo de nuestras ajetreadas vidas para centrarnos el uno en el otro. Pero me acordé del papel que desempeña la medicación en ese equilibrio cuando, dos años después de empezar el tratamiento, mi esposo decidió dejar de tomar su medicación durante una semana para ver si aún la necesitaba. Por suerte, me avisó de que iba a hacerlo. En un momento de la semana empezó a gritarme de repente. Empecé a defenderme, pero reconocí el viejo patrón. "Escúchate ahora mismo", le dije. "No me habías atacado así desde que empezaste a medicarte". Pudo reflexionar sobre mi comentario, en lugar de ponerse a la defensiva, y esa misma tarde volvió a tomar la medicación.

Lleva tiempo encontrar el equilibrio que mi esposo y yo hemos encontrado. Al igual que no es realista esperar que las personas con TDAH puedan simplemente "apagar" sus síntomas de TDAH, tampoco es realista esperar que los cónyuges sin TDAH puedan simplemente "apagar" su respuesta a sus propias experiencias con el TDAH.

> Llevo toda la semana leyendo sin parar sobre el TDAH en adultos y consejos o directrices sobre cómo solucionarlo en el matrimonio. Me parece que estoy teniendo un gran problema para cambiar mi forma de pensar a la de "esto es una discapacidad y hay que tratarlo como tal". Realmente creo en el diagnóstico, pero tengo tanta rabia y resentimiento que se ha acumulado durante los últimos 6 años y temo que nunca podré dejarlo ir. No pedí casarme con alguien con este trastorno, no esperaba que mi vida diera este giro. Sé que mi esposo me ama, pero siento resentimiento porque tengo que programar tiempo para que se acuerde de demostrármelo… Amo de verdad a mi esposo y SÍ quiero seguir casada con él. Estoy dispuesta a hacer lo que sea necesario para que eso suceda, ¡pero TODAVÍA ESTOY TAN ENOJADA!

Puedes conocer intelectualmente tu enfado y saber lo diferentes que son y aun así tener problemas para saber qué hacer a continuación. Voy a pedirles que salgan de sí mismos —o tal vez que profundicen en sí mismos, si prefieren verlo así— y les pediré que AMBOS salgan de su ciclo actual. ¿Será fácil? Creo que pueden ver que no será fácil para ninguno de los dos. Pero es fundamental que rompan con el círculo que refuerza lo negativo de su relación.

Paso 2:
Abordar las emociones obstaculizadoras

"Si nos sentimos amargados o enojados crónicamente en una relación importante: esto es una señal de que demasiado de uno mismo ha sido comprometido y no estamos seguros de qué nueva posición tomar o qué opciones tenemos disponibles para nosotros. Reconocer nuestra falta de claridad no es una debilidad, sino una oportunidad, un reto y una fortaleza".

Harriet Lerner, La danza de la ira

Los patrones comunes en las relaciones con TDAH llevan a los cónyuges a experimentar emociones específicas y predecibles. Por ejemplo, es probable que, en respuesta a la inconsistencia del cónyuge con TDAH, el cónyuge sin TDAH experimente decepción o pierda la fe. Es probable que un cónyuge con TDAH sienta resentimiento si es dirigido todo el tiempo por un frustrado cónyuge "padre" sin TDAH.

Hay cuatro emociones concretas que deben reconocerse al principio del proceso de reconstrucción. Yo las llamo *emociones obstaculizadoras*, porque si no se les presta atención, impiden que las parejas avancen en una dirección positiva. Son las siguientes:

- miedo al fracaso,
- ira crónica,
- negación y
- desesperanza.

El miedo al fracaso puede paralizar

Varias de las personas con TDAH citadas hasta ahora han hablado elocuentemente de su miedo al fracaso. Tratar el TDAH en su totalidad es una forma de empezar a superar este miedo. A medida que la proporción entre éxitos y fracasos empieza a mejorar, el miedo al fracaso puede empezar a disminuir.

A riesgo de enfurecer a los compañeros que no padecen TDAH, también diré que el tono de la relación es un factor fundamental para superar el miedo al fracaso, a menudo muy arraigado, de una pareja con TDAH. A menudo, en su frustración, el cónyuge que no padece TDAH señala cada fracaso del cónyuge con TDAH y lo utiliza como una prueba más de su incompetencia. Es mejor reconocer los fracasos como parte de la experimentación necesaria para avanzar. La primera opción produce parálisis; la segunda fomenta la experimentación. Esta sugerencia puede ser difícil de aceptar para el cónyuge que no padece TDAH. "He intentado dejar pasar las cosas y permanecer neutral, ¡pero entonces nada mejora! ¿Por qué tendría que bajar mis estándares?". El miedo a que la no interferencia signifique que no haya cambios es válido. Pero aquí estoy sugiriendo algo diferente: no ceder ni bajar los estándares, sino crear un tipo diferente de intervención con los síntomas del TDAH. Una que reconozca el TDAH, valide los problemas muy reales a los que se enfrenta la pareja con TDAH e incorpore estrategias de afrontamiento sensibles al TDAH para que ambos puedan negociar una relación mejor. Ya has leído sobre muchas de estas estrategias hasta ahora en este libro, y hay más por venir.

Volveré sobre la idea de cambiar el entorno de tu matrimonio sin renunciar a tus propias necesidades. Es un componente crítico para superar no sólo la emoción obstaculizadora miedo al fracaso, sino también las emociones asociadas ira y negación.

La inevitabilidad de la ira en las relaciones TDAH

Uno de los mejores recursos sobre el tema de la ira es el libro de Harriet Lerner *La danza de la ira: Guía de la mujer para cambiar los patrones de las relaciones íntimas*. Les recomiendo encarecidamente que lo lean. Pero primero, permítanme darles un poco de perspectiva sobre cómo poner lo que dice Lerner en el contexto de la relación TDAH.

Toda ira, escribe Lerner, debe ser respetada. La ira no es más que una señal de advertencia de que las cosas no van como deberían. Lo importante no es la ira en sí, sino cómo respondemos a ella. Desgraciadamente, como la ira a menudo proviene de problemas relacionados con síntomas de TDAH no tratados, es difícil responder adecuadamente para disminuir la ira hasta que se abordan los síntomas, porque el factor irritante subyacente permanece. El resultado es que en muchas relaciones afectadas por el TDAH, la ira prácticamente paraliza a uno o a ambos cónyuges.

Pero, ¿por qué es tan común la ira en las relaciones afectadas por el TDAH? Aunque no habla específicamente del TDAH, Lerner ofrece algunas ideas:

> La ira es inevitable cuando nuestras vidas consisten en ceder y seguir la corriente; cuando asumimos la responsabilidad de los sentimientos y reacciones de los demás; cuando renunciamos a nuestra responsabilidad primaria de proceder con nuestro propio crecimiento y asegurar la calidad de nuestras propias vidas; cuando nos comportamos como si tener una relación fuera más importante que tener un yo.[11]

¡Detente! quiero que vuelvas a leer esta cita y pienses en lo bien que refleja no sólo tu propia vida, sino también la de tu cónyuge con TDAH. Ambos están "cediendo y siguiendo la corriente" (aunque de maneras diferentes), ambos están manteniendo su relación a pesar de su infelicidad, y ambos han dejado de nutrirse de maneras que promuevan un crecimiento individual saludable. En estas condiciones, su enfado es inevitable y seguirá siéndolo hasta que tomen el control y cambien su forma de estar juntos.

Es tentador decir: "Si me esfuerzo más, podremos superarlo". De hecho, este es el camino que siguen la mayoría de los adultos. Los cónyuges con TDAH suelen vivir sus vidas como una campaña de buenas intenciones que no se cumplen. Pero esforzarse más no funciona muy bien hasta que se abordan los síntomas subyacentes. Los cónyuges que no padecen TDAH "se esfuerzan más" ajustándose y ajustándose, asumiendo más y más, hasta que están completamente agotados y desesperanzados. He aquí un ejemplo:

---

11. Lerner, Harriet, *The Dance of Anger: A Woman's Guide to Changing the Patterns of Intimate Relationships*, HarperCollins, 2005, página 6.

Este mes hace 8 años que estoy casada con mi esposo. Aunque tenemos 2 hijos de 4 y 2 años, a menudo me siento como si tuviera un tercer hijo de 35 años. No ha sido diagnosticado, pero todo encaja, todo. No he hablado con ninguno de nuestros amigos o familiares sobre esto porque no quiero hacerlo parecer un mal tipo (lo amo). Pero estoy tan agotada, en todos los aspectos de mi vida. Parece que vamos por ciclos. Pasan meses y meses y finalmente llego a mi punto de ruptura, y tenemos una gran pelea. Entonces él se enchufa, limpia y hace las cosas que debería estar haciendo, y eso dura unas semanas, luego poco a poco empieza a desvanecerse, yo empiezo a recoger su holgura y todo vuelve a empezar... Le pido y le ruego que haga más, me dice que le hago sentir culpable porque sólo trabaja 3 días. Intentar mantener una conversación con él es agotador, interrumpe constantemente o contesta antes de tiempo. Si salimos y ha bebido demasiado, se enfada y se pone nervioso, y yo soy la que lo sufre. Además de nuestros trabajos, tenemos nuestro propio negocio, él procrastina con llamar a la gente y hacer cosas. Estoy tan cansada de intentar controlar mi vida y la suya.

Siento que estoy en un estado constante de frustración y agotamiento, lo que está afectando directamente a nuestra relación íntima. Simplemente no quiero tener relaciones sexuales, siento que es otra tarea, u otra cosa que "él" necesita, ¿y qué pasa con mis necesidades? Fuera de los abrazos, sólo me toca cuando quiere sexo. Ahora es un punto en el que ni siquiera quiero que me toque porque sé a lo que me va a llevar. Estamos atrapados en un círculo vicioso. Está de acuerdo en que probablemente tiene TDA, pero aún no ha buscado ayuda u orientación al respecto. Ha dicho que lo hará, pero aún no lo ha hecho.

Lamento si este post es un desvarío, pero estoy llorando a mares mientras escribo esto. Amo a mi esposo y no puedo imaginar mi vida sin él, pero al mismo tiempo, no puedo verme a mí misma durante mucho más en el estado en el que me encuentro.

Este matrimonio muestra todos los signos clásicos de un matrimonio con TDAH: una dinámica padre–hijo; oleadas de frustración, ira y agotamiento; negación de que el TDAH sea un factor; problemas sexuales; y sentimientos de desesperanza a pesar del amor subyacente.

Si llevas años esforzándote y las cosas no han cambiado, escucha a tu experiencia. *Lo que has estado haciendo no está funcionando.* No necesitas esforzarte *más*, necesitas esforzarte de forma *diferente*. Voy a sugerirte que hagas un cambio radical en tu forma de pensar y de actuar. Una buena forma de empezar es pensar en crear una relación completamente nueva. Guarda la antigua relación en una caja y déjala a un lado. A continuación, crea una nueva relación en la que tú y tu cónyuge trabajen juntos en el "hoy" y en el "mañana". Haz que los progresos de hoy sean más importantes que los fracasos de ayer. Este método de volver a empezar, cuando se hace juntos, puede ser una forma eficaz de salir del ciclo de ceder y seguir la corriente que te impulsa hacia la ira y te aleja del amor.

Antes de llegar al cambio específico que recomiendo, quiero explorar más a fondo el tema de la ira.

Cómo soltar tu ira

Puedes desprenderte de la ira dejando a un lado el rencor y la rabia. Esto te permite tomar el control y responsabilizarte de tu propia felicidad. Al hacerlo, disminuirán las razones que pueda tener tu cónyuge para resistirse al cambio en su relación.

He aquí las palabras de una mujer que descubrió que perdonar a su cónyuge y dejar ir su propia ira resultó ser muy productivo:

> … tu ira y resentimiento es algo con lo que realmente me identifico. He estado en lugares muy, muy oscuros donde esos sentimientos me han consumido hasta el punto de enfermar. No sólo sentía que la relación estaba acabada, sino que sentía que mi resentimiento era tan profundo y estaba tan poco resuelto que nadie podía ayudarme. Las capas y capas de rabia y resentimiento eran tan envolventes, y luego me enojaba tanto porque el primer asunto nunca se resolvió adecuadamente y ahora el problema #3,456 ha sucedido. Un consejo que siempre me repetían era "déjalo estar…" y yo

sentía que la siguiente persona que me dijera eso iba a recibir un puñetazo en la cara porque ese "déjalo estar" sonaba más a "deja que te pisotee" o "tiene vía libre" o "tu conflicto no es tan importante" o "por qué le das tanta importancia" o "no te valida".

Creo firmemente que cada persona debe encontrar lo que funciona para ella; lo que funciona para una persona puede no funcionar para otra. Pero quiero compartir que, para mi total sorpresa y asombro, encontré una manera de dejar ir que funciona para mí, y ha hecho maravillas para mí. Incluye saber que si elijo dejar ir, puedo elegir volver atrás, y puedo volver atrás en cualquier momento, que tengo el control de esto de dejar ir, yo pongo las reglas. Y puedo decir que no a dejar ir ciertas cosas si así lo decido...

Puede ser contraintuitivo, pero soltar la rabia —perdonarte a ti mismo y a tu cónyuge por el pasado— es un regalo que te libera para seguir adelante. Como acaba de explicar la persona citada, "soltar" no es ceder el control, sino tomarlo. Ha vuelto a independizarse de su esposo y está descubriendo el placer de tener un mayor control de su propia vida.

Seis peligrosos mitos sobre la ira

Es posible que te cueste imaginar cómo podrías superar tu ira. Si es así, podría ser que estés siendo víctima de algunos mitos destructivos sobre la ira y el TDAH.

Mito 1: No puedo evitarlo: mi cónyuge me lleva a ello

¡Claro que puedes! No hay duda de que los síntomas del TDAH de tu cónyuge pueden suponer una gran carga. Pero la ira es el resultado de asumir demasiada responsabilidad por los sentimientos y reacciones de nuestro cónyuge y no suficiente responsabilidad por nuestra propia vida. Puedes abordar las causas profundas de la ira en tu relación regresando la responsabilidad de solucionar el TDAH a la pareja que lo padece y, al mismo tiempo, volver a hacerte cargo de tu propia felicidad. También puedes entrenarte para expresar tu rabia de forma positiva y útil.

Puede dar miedo devolver la responsabilidad del TDAH a una pareja de la que sospechas que es incapaz de asumir con éxito esa responsabilidad. Pero tal vez estás empezando a ver que el cónyuge que no padece TDAH no puede "arreglar" el TDAH de su pareja. Aunque asusta, la única opción real es dejar que tu cónyuge se responsabilice de sus problemas y aceptar la responsabilidad sólo de los tuyos. Puedes (y debes) ser cariñoso y comprensivo, y puedes dar el "regalo" de la ayuda cuando sea apropiado, siempre que no asumas la responsabilidad. En cuanto sientas que "debes" asumir ciertas cosas y en realidad no quieras hacerlo, aparecerán el resentimiento y la ira.

Mito 2: Mi ira obligará a mi pareja a cambiar
No, no lo hará. Aún no lo ha hecho. Las cosas por las que estás enojado o enojada son el resultado de lidiar con los síntomas del TDAH, cuyo manejo requiere tiempo, esfuerzo y apoyo. Puedes asustar a una persona con TDAH para que cambie temporalmente, pero no puedes obligarla a que este cambio dure. Se gana la batalla, pero se pierde la guerra. La respuesta natural a la ira es la actitud defensiva y más ira. El ambiente venenoso que crea la ira es justo lo contrario del ambiente de apoyo y seguridad que una persona con TDAH necesita para tener éxito. Tu ira no sólo no forzará un cambio, sino que prácticamente asegurará que no se produzca.

Mito 3: Mi pareja se lo merece
La ira es una señal de que las cosas están desequilibradas y esto, a su vez, puede indicar que las cosas deben cambiar. Por otro lado, el maltrato verbal, los gritos, el menosprecio, el cerrarse y el alejamiento son formas de castigo e intimidación. Nadie "merece" ser castigado por su cónyuge.

Mito 4: Desahogarme me hará sentir mejor
Liberar un breve estallido de ira *puede* ser una forma eficaz de liberar los malos sentimientos. Pero no estamos hablando de una breve explosión de ira. Estamos hablando de un enfado generalizado, "no puedo sacarlo de mi sistema". Y la razón por la que liberar la ira no te hace sentir mejor con el tiempo es que está causada por la forma en que ambos están reaccionando a los síntomas del TDAH e interactuando como pareja. Si no solucionan el problema (y por "problema" me refiero a su capacidad conjunta para lidiar

con los síntomas y entre ustedes), liberar la ira no hará que ninguno de los dos se sienta mejor; simplemente volverá una y otra vez y hará que ambos se sientan peor.

Mito 5: Si no tengo esperanzas, debo desconectarme
Puede que estés completamente agotada, pero la desconexión no es la solución. Aunque algunos afirman que es la única forma de soportar el dolor, lo malo es que el dolor sigue ahí. Y la desconexión nunca hace un buen matrimonio. No te desconectes; busca ayuda.

Mito 6: Si niego mi TDAH, los problemas desaparecerán
El TDAH está incorporado en el cuerpo y no se puede hacer que "desaparezca". Los síntomas persistirán hasta que los afrontes eficazmente con tratamiento, preferiblemente con un enfoque múltiple.

Los síntomas del TDAH y la ira

Algunas expresiones de ira en los cónyuges con TDAH son el resultado directo de los síntomas del TDAH, y tiene sentido exponerlas aquí. Cuando te encuentres con ellos, dite a ti mismo: "Es el TDAH el que habla", y no intensifiques la experiencia.

Discutir por pequeñeces
Tal vez porque sus cerebros no organizan fácilmente las cosas en una jerarquía, haciendo que todo parezca "igual", una persona con TDAH puede elegir cosas completamente triviales para discutir, o incluso discutir sobre *cómo* discutir. Sabes que la discusión no merece la pena, pero te dejas llevar por ella de todos modos. Mi esposo solía volverme *loca* cuando discutía sobre si yo había usado una palabra correctamente mientras discutía con él. Normalmente, el problema de fondo no es la "cosita" por la que crees que estás discutiendo. Se trata de quién tiene el control o de si ambos se sienten respetados:

> No es que no entienda la palabra que he usado o mi sentimiento, es que la palabra era INCORRECTA y debería haber sabido que le molestaría. Aunque la busque en el diccionario y vea que la usé correctamente, él sostiene que

yo sé cómo se lo tomaría, por lo tanto me equivoqué al usarla... Además, yo (puedo) reformular mi sentimiento de muchas maneras, pero siempre vuelve a un defecto de carácter en mí. Soy una engreída. Soy "más santa que tú". Soy "demasiado estúpida para entender la simple lógica...".

Saltarse los temas

Al igual que en otros aspectos de su vida, a las personas con TDAH les puede resultar difícil mantener la concentración en una discusión. A menudo, en lugar de discutir algo hasta resolverlo, saltan de un tema a otro. Un cónyuge sin TDAH escribe:

> Intentar no salirse del tema también es un ejercicio de frustración extrema. Me desafía, yo le respondo y, en lugar de abordar el desafío, trata mi respuesta como si fuera el desafío y hace una pregunta retórica o lanza un nuevo desafío.

Si entras en este tipo de discusión improductiva, simplemente sal del patrón y vuelve en otro momento en el que puedas volver a centrar la conversación en los problemas subyacentes.

A la defensiva y culpando

Las personas con TDAH suelen tener baja autoestima. Esto puede llevar a una actitud defensiva extrema con respecto a cualquier cosa relacionada con el TDAH, así como a culpar a los demás:

> He intentado el enfoque de "estamos en el mismo equipo" y me han respondido: "A mí no me pasa nada, es tu problema, resuélvelo tú", o "Si tan sólo tú... entonces yo no tendría que...".

Deficiente memoria a corto plazo

Muchas personas con TDAH tienen problemas de memoria a corto plazo debido a la estructura de su cerebro. Para contrarrestarlo, pon los acuerdos importantes por escrito, busca "entrenamiento cerebral" y utiliza medicación, si puedes. Demasiados cónyuges sin TDAH pueden solidarizarse con lo que dice esta mujer:

> ...en las pocas ocasiones que hemos alcanzado la solución, es totalmente posible que en una semana o en un mes o quién sabe cuánto, estaremos volviendo al principio porque él habrá olvidado la conversación.

Estimulación: buscar la ira y amar la pelea

La estimulación puede ser una forma de automedicación para las personas con TDAH. A veces, eso se traduce en buscar pelea porque se siente bien hacerlo, y a veces simplemente se traduce en disfrutar de la pelea mientras está ocurriendo. Si sospechas que el acto de pelear se ha convertido en la razón por la que pelean, puede ser mejor acordar respetuosamente estar en desacuerdo y alejarse. O, como dijo un hombre con TDAH:

> Ambos deberían acordar [que está bien] estar en desacuerdo... [porque] a los que padecemos TDAH nos encanta estar en desacuerdo...

Ira instantánea

Las personas con TDAH pueden tener un temperamento explosivo y les resulta difícil reconocer o controlar la ira. Esto tiene que ver con la química cerebral que crea una sobreabundancia de emociones fuertes combinada con "frenos" deficientes en el control de los impulsos.

> Siento que ya no puedo decirle nada sobre el TDAH a mi esposo; si lo hago, estallará. Peor aún, podría aventurar algo sobre un tema completamente ajeno —como lo que yo estuve haciendo ese día— y él podría saltarme encima. Me siento como si caminara sobre cáscaras de huevo todo el tiempo. ¡Es horrible!

¿Se puede tratar la ira con medicamentos?

Seré la primera en recordarte que no soy médica. Para responder cabalmente a esta pregunta en tu caso (o en el de tu cónyuge), debes visitar a tu propio médico, quien podrá decirte si la medicación puede ayudarte con tus problemas específicos de ira.

Dicho esto, la medicación puede ayudar a algunas personas a superar algunos tipos de ira. Cuando la impulsividad o la hiperexcitación emocional son factores que contribuyen a las expresiones nocivas de ira, como ocurría en el caso de mi esposo, la medicación puede ser de gran ayuda. En cuanto encontró una medicación para el TDAH con la que estaba contento, también noté que ya no explotaba contra mí en momentos inesperados. Habían sido episodios de ira muy desestabilizadores porque yo no los entendía y nunca sabía cuándo esperarlos. Podía mirarle mal o utilizar una palabra incorrecta y, de repente, me atacaba de lleno. O no. Nunca podía predecirlo. Me sentía como si caminara sobre cáscaras de huevo todo el tiempo. Todavía es capaz de enfadarse, pero ahora lo hace en momentos en los que yo esperaría que lo hiciera, y la mayoría de las veces simplemente controla el impulso por completo. En su caso, al menos, la medicación le ayudó a controlar la impulsividad (y esto se manifiesta en otras partes, no sólo con la ira), y por lo tanto ayudó a su ira.

Los medicamentos también pueden ayudar a un cónyuge sin TDAH, por ejemplo, en el caso de la ira provocada por una ansiedad grave o la ira derivada de la desesperanza extrema de la depresión. Yo experimenté esto durante un tiempo y descubrí que los antidepresivos me ayudaban a recuperar el equilibrio. Una vez más, los médicos de ambos pueden darles los mejores consejos globales en este ámbito.

La intersección entre la ira y la negación

Aunque muchos cónyuges que no padecen TDAH están dispuestos a notar la ira de su cónyuge, restan importancia al papel que la propia desempeña en sus problemas maritales. Pueden reconocer que están intensamente enojados, como yo lo hice durante muchos años en mi propia relación, pero aún así niegan que deben hacerse cargo de su ira para desactivarla, tanto para su propio beneficio *como para que el cónyuge con TDAH pueda progresar*. Esta negación es la imagen especular de la negación del cónyuge con TDAH de que el TDAH es un problema. No hay mucho que mejore hasta que estos dos muros de negación sean derribados.

He aquí una pareja, por ejemplo, cuya negación conjunta les ha dejado a ambos enfadados y poco dispuestos a considerar siquiera la posibilidad de negociar sus diferencias:

Llevo 20 años casada con mi esposo, a quien le diagnosticaron TDAH hace ya 16 . Ha tomado todos los medicamentos a lo largo de los años. Ahora ha decidido dejarlos porque cree que le suben la tensión. Acabamos de empezar terapia por tercera vez. Según él, todo es culpa mía. Le he arruinado la vida. No como los alimentos adecuados, no duermo lo suficiente, no hablo de la manera correcta, etc.

He leído libros, he probado varias técnicas, he hecho listas, etc., pero el 70–80% de las veces no consigo nada. Le pedí que fuera a terapia conductual durante los últimos 16 años, así como otros médicos se lo han recomendado para ayudarle con su TDA. Se negó, diciendo que los medicamentos funcionan pero que la terapia no. Cuando le pregunté el otro día por qué no había ido, me culpó a mí diciendo que era culpa mía…. Cree que si nunca se hace nada de lo que hay en la lista, no pasa nada y que es problema mío. No le doy la lata con eso. Sé que es el punto desencadenante. Sus rabietas están fuera de control.

Cuando fui a terapia [de pareja] con él el otro día, habló durante 40 [de nuestros 50] minutos sobre mi falta de apoyo, etc.

Fíjate en las palabras "He leído los libros… [pero] no se hace nada". Ella lee los libros y luego espera que *él* "haga". Ambos cónyuges están enfadados, y ambos niegan que su enfado sea parte del problema. El enfado y la negación se refuerzan mutuamente, aumentando lo que está en juego para cada persona.

Puede ser más fácil culpar al otro o retraerse mediante la negación que dar el difícil paso de intentar conectar o tratar con tu cónyuge cuando la ira crónica está presente. El miedo al fracaso puede complicar las cosas para los adultos con TDAH, que han aprendido por experiencia que "esforzarse más" no suele darles buenos resultados. Retirarse o negar puede parecer bastante atractivo.

Muchos años de rabia y negación pueden llevar a la desesperanza:

Hace años que dejé las rabietas. La ira no funciona y estoy cansada de "lidiar con ella". Tras un largo periodo de apatía, me he retraído y empiezo a pensar que estoy seriamente deprimida. Los problemas crónicos de comunicación me han dejado desesperanzada. Al parecer, mi esposo con déficit de atención piensa que su comportamiento no me afecta más de lo que el mío le afecta a él. Ha decidido que yo tenía problemas mucho antes de conocerme y últimamente ha estado más discreto, tal vez siente lástima por mí. Nunca es una lucha justa. No hay compromiso. Se asegurará de ganar esta guerra civil. Odio rendirme pero, ya no me importa.

Creemos que es fácil ver cómo nos afecta la ira. La ira se identifica con gritos o palabras duras, o cuando nos sentimos poco caritativos con nuestra pareja. Pero es más que esto. La ira infunde no sólo tus interacciones, sino también tu forma de pensar, incluso las suposiciones básicas que haces sobre tu relación y sobre el otro.

Por ejemplo, mi enfado con mi esposo influyó incluso en mis suposiciones más básicas sobre nuestros problemas. Tras años de lucha y frustración, mis suposiciones subyacentes sobre lo que iba mal en mi matrimonio eran las siguientes:

- El TDAH de mi esposo era la razón principal por la cual todo se estaba desmoronando.

- Mi esposo no era el esposo competente que yo había pensado que era. No podía o no quería cumplir su parte del "trato" matrimonial, no le importaba realmente mi dolor y estaba desconectado de mí y de nuestros hijos.

- Como él no quería asumir responsabilidades, me vi obligada a controlar prácticamente todo.

- Me había esforzado mucho por cambiar las cosas. Él no se había esforzado en absoluto, sólo se oponía a mis ideas.

Si eres el cónyuge que no padece TDAH en tu relación, es posible que albergues varias de estas suposiciones. Pero quiero que te fijes en algunos detalles. En primer lugar, todo giraba en torno a mi esposo o a su TDAH. Incluso mi afirmación de que yo tenía que tener el control se basaba en mi respuesta a uno de sus aspectos negativos, más que en un aspecto positivo mío. En segundo lugar, detrás de cada suposición había sentimientos negativos hacia él que envenenaban todas nuestras interacciones. Tercero, no había respeto ni afecto en ninguna de estas suposiciones; sólo autocompasión y aversión. No porque en teoría no *quisiera* que hubiera afecto, sino porque estaba tan enfadada que no había lugar para el respeto o el afecto, sólo para la ira, además de una buena dosis de negación de que yo tuviera algo que ver con nuestra situación. La ira lo teñía todo, aunque yo no fuera consciente de ello.

Descubrir que tenía una aventura con otra mujer me hizo replantearme *mi* papel en la relación y reconocer la inutilidad de utilizar la ira para definir mis sentimientos hacia él. Mis pensamientos se convirtieron en los siguientes:

- Mi esposo era lo suficientemente atractivo (y competente) como para ser un buen partido para otra persona. Su TDAH no causaba problemas en esa relación; de hecho, era una ventaja. Su apertura a la diversión les llevó a vivir muchas aventuras, que yo envidiaba y recordaba con cariño de nuestras propias citas.

- Él estaba *muy* interesado e involucrado con ella… en parte debido al enamoramiento y la hiperfocalización, pero también porque ella realmente le daba algo positivo y afectuoso en lo que interesarse. Su desconexión conmigo no *era sólo* por el TDAH.

- Mi sensación de que me obligaba a tener el control era falsa. Él no me obligaba a hacer nada, ni yo tenía el control —desde luego no de mi esposo, e incluso de mí misma—. Había cedido el control de mi propia vida a muchas negatividades y reactividad. Era hora de que tomara las riendas de mi vida —inmediatamente— y empezara a comportarme como la persona atenta, cariñosa, amable y *buena* que soy. Era probable que no permaneciera con mi esposo, pero siempre estaría conmigo misma, así que más me valía empezar a comportarme de un modo que me hiciera sentir orgullosa y que no incluyera maltratar verbalmente a nadie ni ser hipercrítica.

• Había estado intentando cambiar las cosas, pero sólo a mi manera y sin tener demasiado en cuenta las necesidades, sentimientos u opiniones reales de mi esposo. No me había esforzado mucho en ser creativa para resolver conjuntamente nuestros problemas como compañeros, ni en considerar sus problemas con respeto. Cuando él había señalado mi enfado y mi rechazo hacia él, yo había negado sus argumentos, igual que él había negado los problemas del TDAH. En lugar de escuchar, había pasado mucho tiempo dictándole posibles soluciones o proponiéndole ideas y esperando que le gustaran. Había llegado el momento de escuchar.

• Lo más probable era que mi matrimonio estuviera acabado. Era hora de dejar de preocuparme por salvar mi matrimonio. Era hora de empezar a preocuparme primero por mi felicidad y luego por reparar nuestra relación como dos iguales. Teníamos hijos juntos y, por lo tanto, estaríamos unidos para siempre. Era hora de empezar a respetar el hecho de que ambos somos individuos que tomamos nuestras propias decisiones.

La perspectiva me fue impuesta. Mi ira era al menos tan destructiva como su TDAH. No podía controlar a nadie más que a mí misma.

La idea de que no debemos, ni podemos, "controlar" a nuestro cónyuge es un concepto fundamental y universal para el éxito de un matrimonio. Sin embargo, las grandes diferencias entre cómo viven en el mundo los cónyuges con TDAH y los que no lo tienen, y la aparente incapacidad de algunos con TDAH para hacer las tareas rápidamente o tomar decisiones financieras, animan a los cónyuges sin TDAH a olvidar esta verdad universal. Nos metemos de lleno en el asunto, pensando que podemos "resolver" el problema, olvidando que no nos corresponde a nosotros resolverlo. En unas 24 horas, esta verdad "recién descubierta" me permitió encontrar la fuerza para ser yo misma, cuidarme y empezar a *ser* la persona cálida, amable, ética, cariñosa y atenta que había sido antes, en lugar de la persona enfadada en la que me había convertido. Con mi matrimonio en ruinas, por fin estaba preparada para centrarme en lo que debería haber estado haciendo desde el principio: ser la mejor persona que sabía ser y poner en práctica los cambios que podía hacer en mí misma. A partir de ese momento, no elegiría un curso de acción porque "cambiaría" a mi esposo o le daría una lección, sino porque era lo correcto para la persona en la que aspiraba a convertirme de nuevo.

Recordemos la frase de Lerner sobre la inevitabilidad de la ira:

> La ira es inevitable cuando nuestras vidas consisten en ceder y seguir la corriente; cuando asumimos la responsabilidad de los sentimientos y reacciones de los demás; cuando renunciamos a nuestra responsabilidad primordial de proceder con nuestro propio crecimiento y asegurar la calidad de nuestras propias vidas; cuando nos comportamos como si tener una relación fuera más importante que tener un yo.

No es casualidad que cuando volví a tomar las riendas de mi propia vida reconociendo que no tenía ni responsabilidad ni control sobre la vida de mi esposo, y jurando actuar de otra manera, también pude dejar ir mi ira. Los requisitos para la ira ya no existían en mi vida. Este cambio radical en mi forma de pensar me permitió ser yo misma.

En un tiempo, había amado profundamente a mi esposo, y él me había amado a mí. Habíamos tenido una buena base para una relación sana. Pero la ira, la negación y los malentendidos del TDAH habían distorsionado nuestra relación —y a cada uno de nosotros— hasta hacerla irreconocible. La crisis y el cambio de paradigma que propició me permitieron volver a ser yo. La consecuencia involuntaria de volver a ser yo fue que mi esposo se volvió a enamorar de mí, sorprendiéndonos a ambos. Por fin tenía algo, y alguien, por lo que valía la pena esforzarse.

El cambio radical para las parejas que luchan contra el efecto TDAH

No te esfuerces más, inténtalo de forma diferente. Es un mensaje clave que quiero que recuerdes. Pero, ¿qué significa "de forma diferente"? Los gráficos de las páginas siguientes exponen las ideas básicas. Giran en torno a los siguientes principios:

- Respetar sus necesidades y diferencias individuales
- Responsabilizarte de ti mismo, y sólo de ti mismo
- Encontrar tu propia voz, es decir, comportarte de un modo coherente con la persona que aspiras a ser y que es exactamente "tú".
- Crear interacciones y tomar decisiones "adaptadas al TDAH".

Asumiendo que en el fondo realmente se gustan, si *ambos* adoptan con entusiasmo estos cambios, aumentarán enormemente sus posibilidades de aprender a prosperar de nuevo.

Tal vez puedan cambiar radicalmente de dirección de una sola vez, como hice yo. O pueden adoptar un enfoque más gradual. En cualquier caso, los cónyuges que no padecen TDAH pueden utilizar el cuadro de la página siguiente como plantilla para pensar en su relación de una forma nueva y más saludable.

Cambio de paradigma del efecto TDAH
Cónyuge sin TDAH

La manera antigua	La manera nueva
El TDAH tiene la culpa o mi cónyuge tiene la culpa.	Ninguno de los dos tiene la culpa y ambos somos responsables de crear el cambio.
La medicación cambiará nuestras vidas.	Un buen tratamiento tiene "tres patas" y requiere tiempo y esfuerzo. Seré comprensivo(a) y paciente.
Debo enseñar a mi cónyuge con TDAH a hacerlo mejor y/o compensar todo lo que no puede hacer.	Nunca soy el guardián de mi cónyuge. Negociaremos respetuosamente cómo puede contribuir cada uno.
La incompetencia de mi cónyuge me obliga a hacerme cargo de todo y ha ahogado mi vida.	Sólo soy responsable de mi propio crecimiento personal y de decidir qué hacer con mi vida.
Estoy agotada, con exceso de trabajo, sin amor, menospreciada. No es de extrañar que esté enfadada y de mal humor.	Viviré y me comportaré de forma coherente con la mejor persona que aspiro a ser.
Mucha estructura nos beneficiará a todos.	La estructura ayuda, pero la paciencia, la empatía, la creatividad y una buena carcajada son al menos igual de importantes.
No respeto a mi cónyuge.	Respeto el derecho inherente de mi cónyuge a tomar sus propias decisiones y atenerse a las consecuencias, me guste o no lo que hace.
Mi cónyuge tiene poco que ofrecer.	Mi cónyuge tiene tanto que ofrecer como cuando nos casamos, pero ahora está oculto.

Veamos cómo podría ser el cambio de paradigma para el cónyuge con TDAH.

El cambio de paradigma del efecto TDAH
Cónyuge con TDAH

La manera antigua	La manera nueva
No entiendo muy bien cuándo puedo tener éxito o fracasar. No estoy seguro de querer asumir retos.	Mi incoherencia en el pasado tiene una explicación: TDAH. El tratamiento completo del TDAH permitirá una mayor constancia y éxito.
El TDAH puede o no ser un factor y estoy tomando medicamentos, así que me estoy ocupando de ello.	Los síntomas del TDAH no tratados e insuficientemente tratados perjudicaron mi relación mucho más de lo que creía. Buscaré con determinación todas las vías de tratamiento responsables. Me comprometo a convertirme en el mejor compañero que pueda ser.
Siempre tomo la vida como se me presenta.	Me gusta la flexibilidad y puedo elegir tomarme la vida como viene, pero un mejor control sobre el TDAH me permite elegir también moldear mi destino.
No me quieren/no soy querido y no me aprecian. Mi pareja quiere que cambie mi forma de ser.	Soy amado/amable, pero algunos de mis síntomas de TDAH no lo son. Soy responsable de controlar mis síntomas negativos.
Si me esfuerzo más, quizá esta vez lo consiga.	No te esfuerces más, esfuérzate de otra manera. Utiliza estrategias que tengan en cuenta el TDAH para hacerte la vida más fácil.
¡Odio que mi pareja siempre me regañe!	Los regaños de mi pareja indican incoherencia. ¡Podemos cambiarlo!
Mi pareja es la única persona organizada de la casa. Ella puede ocuparse de las cosas difíciles.	Yo puedo crear estructuras externas para organizarme lo suficientemente bien como para que los dos estemos contentos.

Ambos pueden empezar a trabajar en estas cosas inmediatamente. El cónyuge con TDAH, por ejemplo, puede seguir un tratamiento completo *hoy* mismo. Ambos cónyuges pueden decidir *hoy* que es hora de ser responsable sólo de sí mismo. *Hoy* puedes empezar a crear una serie de interacciones divertidas que te recuerden lo mucho que tu cónyuge puede ofrecerte.

¿Te levantarás mañana con una mentalidad completamente nueva, como hice yo? Probablemente no, y francamente no le desearía a nadie el dolor de esa experiencia en particular. Pero mantén en tu mente el cambio de paradigma del efecto TDAH como un plan específico para "intentarlo de otra manera".

Alejarse de la ira

Es posible que *comprendas* los complejos problemas que subyacen bajo tu ira, y aún así te *sientas* enojada. Necesitas algunas herramientas que te ayuden a dejar pasar y superar tu ira.

> Me da la impresión de que utiliza su TDAH como excusa, dice que quiere buscar ayuda, pero no llega a ninguna parte, porque no sabe qué paso dar a continuación. Él, por supuesto, me echa la culpa a mí y dice que si yo fuera más amable, no tendría una actitud tan desagradable... y que quizá yo tendría que medicarme. Bueno, si he soportado esta vida durante tantos años con poca o ninguna medicación, entonces no creo que la necesite ahora.

Esta pareja se culpa mutuamente de sus problemas matrimoniales en una combinación común. Ella cree que el TDAH de él es el problema, y él cree que ella es demasiado mala para tolerarlo. Ambos están a la defensiva. Ninguno parece dispuesto a asumir la responsabilidad del cambio. Esta espiral descendente sólo empeorará si no la interrumpen.

Como señala Lerner, lo bueno de un círculo o espiral es que si una persona sale del círculo, el ciclo se altera *por definición*. Puesto que tú eres el único que puede cambiar tu propio comportamiento, es tu responsabilidad salir del círculo de la ira.

Probablemente ya sepas que esto no es fácil. Intenté muchas veces salir de los círculos de ira que había desarrollado con mi esposo. "Simplemente me comportaré de forma diferente y no dejaré que me haga enfadar. Si lo hago, él también cambiará su comportamiento", pensaba. Este enfoque funcionaba durante un tiempo, pero luego me enfadaba aún *más* porque mi esposo no respondía mucho. Dejaba de discutir conmigo —no solía iniciar las discusiones, sólo me respondía cuando yo me ponía agresiva—. Pero no cambiaba. Yo, por otro lado, había estado subordinando mi comportamiento al suyo, con la expectativa de que eso le haría cambiar. En otras palabras, ¡estaba saliendo del círculo por la razón equivocada! Seguía completamente conectada al comportamiento TDAH de mi esposo e intentaba manipularlo, en lugar de defenderme por mis propios motivos.

Tardé mucho tiempo en entender que dejas de lado tu ira porque es lo que más te conviene, no porque pueda inducir una respuesta determinada en tu cónyuge.

Para que no tengas que pasar por este proceso tan a ciegas como yo, aquí tienes algunas formas de empezar a tomar el control de tu ira. Algunas de estas son ideas adaptadas de La danza de la ira, y le agradezco a la señora Lerner que me haya permitido adaptarlas para las parejas que luchan contra el TDAH. Una vez más, les insto a que lean su libro. Está muy bien escrito y proporciona una visión más profunda de lo que yo puedo hacer aquí. Sin duda, te ayudará a bajarle intensidad a las interacciones con tu cónyuge.

◈ TIPS
Alejarse de la ira

- **Prepárense para el duelo.** Una etapa importante y a menudo pasada por alto en la sanación de la ira es el duelo. Han vivido juntos muchos momentos dolorosos. Para seguir adelante, tienen que aceptar que ambos hicieron lo mejor que pudieron en ese momento y lamentar lo que podría haber sido (pero no fue). Es muy probable que ambos tengan sentimientos de tristeza sobre esto, aunque no lo hayan admitido. Perdónense a sí mismos y prométanse hacerlo mejor ahora que saben que deben hacerlo de otra manera en lugar de esforzarse más.

- **Distingan entre sentir rabia y desahogarse**. Si piensan en sus comunicaciones, es muy probable que uno o ambos expresen su ira con afirmaciones como éstas (del cónyuge que no padece TDAH):

  "¡¿Por qué nunca terminas lo que empiezas?! Esas estanterías llevan tres meses en construcción!".

  "¡Te pedí que te ocuparas de los niños hoy, pero no han dormido la siesta, tienen helado por toda la camisa y ahora están hechos un desastre! Los niños tienen que seguir una rutina".

  "¡Vamos a llegar tarde otra vez! ¿Por qué no puedes vestirte en menos de 60 minutos?".

  "¡Yo hago cosas por ti todo el tiempo y tú nunca haces nada por mí!"

  "¿Olvidaste pagar las facturas otra vez? Eres un irresponsable".

  O afirmaciones como estas del cónyuge con TDAH:

  "¡Déjame en paz! No haces más que darme la lata".

  "¡Eres demasiado quisquilloso! ¿Por qué no te tranquilizas y consigues otra cosa qué hacer?"

  "¿A quién le *importa* si llegamos a tiempo?"

  Estos comentarios no son una expresión productiva de la ira. Sólo sirven para descargar la frustración, degradar el comportamiento del otro cónyuge y ponerle a la defensiva.

- **Traduce tu ira en enunciados claros, no culpabilizadores, centrados en los problemas subyacentes y en la validación.** Aprende formas constructivas de expresar tus ideas y necesidades, como las conversaciones de aprendizaje, la negociación de valores fundamentales y hablar en positivo (las trataré en el paso 4). Profundiza. Es muy probable que lo que estén discutiendo tenga que ver con la autonomía, el miedo al fracaso y la validación.

Para subrayar las ventajas de hablar de tu ira de forma clara y sin culpar a nadie, me gustaría señalar que expresarla de otras formas (culpando a otro, cambiando el punto central de la discusión sobre la marcha, gritando) también te perjudica, porque permite que se descarte fácilmente tu punto de vista. Obviamente, esto no te beneficia.

- **Deja de diagnosticar el TDAH de tu cónyuge.** No sabes cuántos cónyuges me dicen: "Estoy segura de que mi esposo tiene TDAH. Muestra todos los signos". Puede ser. Pero incluso si estás en lo cierto, hay muchas probabilidades de que haya otros problemas diagnosticables, como depresión o ansiedad. Y el TDAH comparte síntomas con otros trastornos, como el bipolar e incluso el de seguimiento ocular. Lo mejor para ambos es dejar de "diagnosticar" a tu cónyuge e instarle a que se someta a una evaluación completa. (Si se resiste, dile que una evaluación no le compromete a un tratamiento específico, como la medicación. Sólo les ayuda a ambos a comprender qué opciones podrían estar disponibles para abordar los problemas).

El comentario "Debes tener TDAH" también envía un mensaje negativo no intencionado de indignidad a tu cónyuge que puede desencadenar resentimiento y actitud defensiva.

En lugar de centrarse en "creo que tienes TDAH", céntrate en los problemas específicos que tienen en su relación. Si te sientes solo porque tu cónyuge no te presta suficiente atención, céntrate en eso. Una vez que hables constructivamente de tus propias necesidades, en lugar de desahogarte sobre ellas, podrás plantar la semilla sobre el TDAH. No insistas en ello, porque es probable que te perjudique. Y puede que te equivoques.

Cuando haya un diagnóstico, presta atención a la sensibilidad de tu pareja a la hora de hablar del TDAH. Con el tiempo, querrás llegar a un punto en el que el hecho del TDAH en su relación sea neutral para ambos. Hasta ese momento, es respetuoso tratar el tema con la sensibilidad que sugiera la pareja con TDAH.

- **Asume la responsabilidad de tu propia ira y comportamiento, pero no te sientas responsable por los de tu pareja.** Es importante reiterar esto: no puedes controlar las reacciones de tu cónyuge ante ti o sus acciones, incluida la ira o la negación. El mejor camino es intentar comprender mejor el fundamento emocional de la respuesta y validar esos sentimientos como coherentes con la lógica interna y la experiencia de la persona, y luego negociar para ver si pueden encontrar una tregua que satisfaga sus respectivas necesidades.

- **Obsérvate con atención.** Exígete a ti mismo unos niveles de conducta elevados, independientemente del comportamiento de tu cónyuge. Aunque "llevar la cuenta" es común en la relación TDAH, no lleva a ninguna parte. Actuar de manera coherente, ética y reflexiva te ayudará a ganar confianza y a sentirte bien contigo mismo, incluso dentro de una relación difícil. Llevar un diario puede ayudarle a reforzar los comportamientos reflexivos, sobre todo en momentos de estrés.

- **Declara autonomía sin declarar la guerra.** Con demasiada frecuencia, las personas asumen que al volverse autónomas dejarán de estar conectadas con su cónyuge. "Al diablo con todo, ¡no le necesito!" o "En vez de eso, me apoyaré en mis amigos, porque no puedo apoyarme en él". Pero autonomía no tiene por qué significar desconexión. Lo que quieres cambiar con tu autonomía es aquello con lo que te conectas. En tu estado de ira, sin duda estás conectado, pero con cosas destructivas: descontento, problemas, rabia, incompetencia y discusiones. Uno de tus objetivos debería ser ser autónomo pero estar conectado, especialmente en torno a cosas que construyan tu relación: sentimientos y actividades positivas y significativas.

- **Adopta una postura firme pero cariñosa.** Esto es muy difícil para la mayoría de los cónyuges sin TDAH que conozco. Es más fácil, sobre todo cuando el TDAH no está diagnosticado, consentir y compensar los comportamientos del TDAH que mantenerse firme e insistir en que el cónyuge con TDAH aborde los síntomas del TDAH. A las mujeres, en particular, se les enseña a ponerse en segundo lugar y a "cuidar" de los demás en lugar de mantenerse firmes. Además, muchas mujeres temen lo que pueda ocurrir si se mantienen firmes: ¿acabarán divorciándose? Pero compensar repetidamente y sacrificar sus propias necesidades para mantener la paz u organizar las cosas no aborda los problemas subyacentes entre ustedes y sólo consigue crear frustración y enfado.

También es difícil para un cónyuge con TDAH adoptar una postura razonable y firme. Es más fácil aceptar la ira de la pareja retrayéndose o poniéndose a la defensiva que pensar detenidamente en las prioridades y necesidades y expresarlas de forma coherente y cariñosa. La dificultad para controlar los impulsos y el pensamiento jerárquico agravan esta situación. Pero lo más fácil no suele ser lo mejor. El cónyuge con TDAH necesita aprender a aclarar y expresar sus necesidades, *incluida la necesidad de ser valorado y respetado por su cónyuge*. Esto requiere esfuerzo y la voluntad de comprometerse de maneras a veces incómodas, algo que puede ser difícil de hacer para una persona que puede tener baja autoestima o estar centrada en lo que le hace sentir bien en el momento en lugar de en lo que es mejor a largo plazo.

Encontrar las raíces de la ira, el miedo y la negación

Superar la ira, el miedo y la negación supondrá algunos de los mayores retos a los que ambos se enfrentarán. Puede ser útil comprender más profundamente qué se esconde detrás de estos sentimientos. La actitud defensiva de un cónyuge con TDAH puede reflejar sentimientos de inseguridad sobre su posición en la familia, por ejemplo. La frustración de una pareja sin TDAH por la incapacidad de su esposo para completar las tareas que él inicia puede indicar que a ella le preocupa que esto signifique que él no se preocupa por ella.

Un buen consejero *que conozca el TDAH* puede ayudarles a explorar estos temas. Además, pueden hacer una lluvia de ideas constructiva ustedes mismos, lo que dará pie a algunas conversaciones interesantes e importantes sobre sus necesidades mutuas. He incluido una descripción detallada sobre cómo hacer una lluvia de ideas para llegar a los motivadores ocultos en la sección Hojas de trabajo y herramientas, al final del libro.

No permitas que los desencadenantes te hagan volver a los malos tiempos

Lleva tiempo vencer la ira crónica y el miedo al fracaso. Incluso después de haber mejorado, puede resultar más fácil de lo esperado volver a caer en los viejos patrones de ira. A menudo hay un desencadenante específico que te hace regresar a "los viejos malos tiempos". Considera este ejemplo.

Durante aproximadamente un año, después de haber recuperado nuestro matrimonio, mi esposo se ponía a la defensiva si yo levantaba la voz. Gritar le recordaba todo el dolor que había experimentado cuando yo le menospreciaba. El dolor de esos recuerdos era tan intenso que su única defensa era "esconderse". Yo también podía ser "enviada de vuelta", sobre todo si él hacía algo que pareciera indicar que simplemente no le importaba o no estaba escuchando. Una vez me prometió que se encargaría de cambiar el servicio telefónico de mi empresa. Tuvimos una serie de malentendidos sobre el tema: él quería conservar mi número ante la oposición de la compañía telefónica, pero mi prioridad era que no me cortaran el servicio. Era importante y no veía ningún avance, así que le insistí, con el resultado de que no quería hablar conmigo sobre el proyecto, de ahí los malentendidos. Mientras luchaba por lo que creía que yo debía tener, ignoró lo que yo consideraba más necesario para mi negocio, y mi servicio se desconectó durante una semana sin previo aviso. Me asaltaron los malos recuerdos de todas las veces que me había ignorado.

Por suerte, puedes controlar tus respuestas a los acontecimientos desencadenantes. Lo primero que debes hacer es recordarte a ti mismo que los malos sentimientos que tienes no reflejan tu situación actual, sino que representan una respuesta emocional a tu pasado. Recuerda que los humanos a veces cometemos errores y que ambos están mejorando. A continuación, haz lo siguiente:

- **Visualiza** el evento desencadenante como un objeto que está delante de ti. "Agárralo" con las manos y empújalo hacia un lado.

- **Habla** con tu cónyuge sobre el evento desencadenante. "Ahora mismo estoy muy enfadada porque no has cambiado el servicio telefónico. Pero lo que realmente me enfada es que me recuerda a los 'viejos malos tiempos' y me hace nudos en el estómago". (Sugerencia para el cónyuge: reconozca la legitimidad del acontecimiento desencadenante y consuele a su pareja. Sé empático. Es difícil revivir este dolor).

- **Reconoce** la legitimidad de tu dolor pasado, pero reconoce también que experimentar ese dolor hoy no significa que estés volviendo al pasado, sólo que tu pasado te está "persiguiendo" actualmente. Hoy controlas tus respuestas y dispones de mejores técnicas para afrontar el problema "desencadenante" específico.

- **No cedas** al deseo de culpar a tu cónyuge por tu respuesta al desencadenante. En su lugar, toma medidas que te ayuden a mejorar la situación. Cuando me cortaron el servicio telefónico, envié un correo electrónico a amigos y socios para decirles que me llamaran al móvil.

Cuando se desaten malos sentimientos, ten fe en que puedes elegir tus respuestas. Nunca te librarás de la ira (sería antinatural), pero puedes estar seguro de que, como pareja, han encontrado la mejor manera de reconocerla y manejarla.

Paso 3:
Conseguir tratamiento
para ambos

*"Si no recibes ayuda, el TDA puede condenarte y
hacerte desgraciado. Pero si lo trabajas bien, el TDA puede
mejorar tu vida y hacerte brillar".*

Ned Hallowell

No revisaré aquí tipos específicos de tratamientos para el TDAH, pero hay muchos y el número de opciones validadas por la investigación sigue creciendo. Consulta www.ADHDmarriage.com para conocer opciones precisas y científicamente sólidas sobre las que puedes hablar con tu médico. En este capítulo me centraré en lo siguiente:

- Por qué el tratamiento eficaz del TDAH es como un taburete de tres patas.

- Por qué es fundamental algún tipo de tratamiento dentro del matrimonio.

- Por qué el tratamiento es casi siempre necesario para ambos cónyuges

- Cuáles son los patrones que puede esperar ver en su relación una vez que el tratamiento esté en marcha

En pocas palabras, si tu relación tiene problemas, el cónyuge con TDAH debe buscar *algún tipo* de tratamiento. Cuando las personas con TDAH son solteras, los resultados de un TDAH no tratado recaen principalmente sobre ellas: pueden perder su trabajo, fracasar en una relación, o luchan por mantenerse organizados. Pero el estrés creado es principalmente personal.

No es así en una relación de compromiso. La disminución de la calificación crediticia se refleja en ambos, la tensión de las responsabilidades desiguales puede crear un enorme estrés mental y físico para el cónyuge que no padece TDAH, y la relación destrozada afecta a ambos miembros de la pareja y a sus hijos. Ignorar la necesidad de que el TDAH sea evaluado y tratado de una forma u otra es un acto de irresponsabilidad. Tener TDAH no es el fin del mundo. Un diagnóstico de TDAH es en realidad una buena noticia en cierto sentido, porque hay muchas formas eficaces de controlar los síntomas del TDAH. No tratarlo, sin embargo, puede dejar un camino de destrucción demasiado ancho para que otros miembros de la familia lo eviten.

El TDAH no desaparecerá sin más

Aunque la evasión puede ser una forma excelente de manejar muchos problemas difíciles, no sirve de nada para el TDAH, que tiene sus raíces en características fisiológicas del cerebro, igual que la mala visión tiene sus raíces en la estructura fisiológica de los ojos. Es imposible "evitar" el TDAH si se padece. Todo lo que puede hacer una persona con TDAH es crear una vida en la que el TDAH sea positivo en lugar de negativo o, al menos, en la que el TDAH sea neutro.

Si tienes mala visión, te pones lentes. Si tienes TDAH, te tratas. (¡Sería estupendo que el *tratamiento* del TDAH fuera tan sencillo como ponerse anteojos!) El tratamiento *no* significa simplemente "esforzarse más", tomar una pastilla o esperar que las cosas cambien por arte de magia si tu implacable cónyuge sin TDAH se convierte de repente en un ángel. Sin un tratamiento honesto, el TDAH no cambiará *aunque* el cónyuge sin TDAH se convierta de repente en un ángel; el cerebro sigue conectado como estaba, y los comportamientos resultantes de este cableado siguen siendo los mismos.

Decidir no tratar el TDAH no es un acto neutral

Decidir si tratar o no el TDAH es responsabilidad exclusiva de la persona que lo padece, (tal como *responder* a la decisión de un cónyuge sobre el tratamiento depende de la pareja que no tiene TDAH). Desgraciadamente, como parece una cuestión de supervivencia (conyugal), es tentador para el cónyuge que no padece TDAH presionar y presionar para que se inicie el tratamiento. Esta presión casi siempre agrava el problema en lugar de mejorarlo, ya que pone al cónyuge con TDAH a la defensiva.

Pero el cónyuge con TDAH debe ser consciente de que decidir no tratar el TDAH no es un acto neutral. Al decidir no tratar el TDAH, el cónyuge decide que el statu quo está bien. Al cónyuge sin TDAH, que ya ha decidido que la situación actual no está bien (de ahí las conversaciones sobre el tratamiento), sólo le quedan opciones desagradables:

- Intentar obligar al cónyuge a tratar el TDAH (generalmente no es posible),

- Intentar obligar al cónyuge a cambiar sin tratamiento (por lo general, tampoco es posible),

- Abandonar unilateralmente cuestiones que son importantes sin beneficiarse de la potencial ganancia para ambos producto de la negociación, lo que a menudo provoca depresión e ira,

- Abandonar la relación.

El tercer punto es especialmente importante, ya que es el camino que toma la mayoría de los cónyuges y explica el declive gradual (y a veces no tan gradual) del cónyuge sin TDAH hacia la ira y el resentimiento crónicos. Cuando un cónyuge con TDAH decide explorar un tratamiento serio, envía un mensaje de esperanza y demuestra que está lo suficientemente interesado en el éxito de la relación como para arriesgarse a mejorarla, animando a su cónyuge a hacer lo mismo. También indica que sabe lo suficiente sobre el TDAH como para comprender que, con trabajo, puede conseguir mejoras específicas en el funcionamiento con TDAH. Si descubre que el tratamiento es ineficaz (aunque algún tipo de tratamiento mejora las cosas para casi todas las personas con TDAH), no se compromete a continuar. No obstante, ten en cuenta que *decidir* someterse a tratamiento no es lo mismo *que conseguir un tratamiento eficaz* hasta obtener un alivio medible de los síntomas. El tratamiento del TDAH es un proceso muy activo. No te limitas a tomar una pastilla y esperar a que mejore. Experimentas, mides y experimentas una y otra vez hasta que encuentras una amplia variedad de estrategias que mejoran tu vida y contrarrestan eficazmente los síntomas del TDAH.

Por qué ambos necesitan tratamiento

Aunque a estas alturas puede resultar obvio que el cónyuge con TDAH necesita tratamiento, es un error suponer que el cónyuge sin TDAH no lo necesita. El tratamiento ayuda al cónyuge sin TDAH a reconocer los esfuerzos del cónyuge con TDAH por cambiar y a crear un ambiente de apoyo para él o ella, de modo que el matrimonio pueda prosperar. Imagine que eres un cónyuge con TDAH acosado por las incesantes peticiones de tu pareja. Tratas tu TDAH para poder gestionar una parte de las tareas domésticas en un tiempo satisfactorio. Sin embargo, tu cónyuge sigue guardándote rencor; no has cambiado "lo suficiente", o la forma en que eliges hacer las cosas no es "correcta". ¿Has ganado algo? ¿Ha mejorado el matrimonio? La verdad es que no. Te esfuerzas más y te siguen acosando. O imagina que eres el cónyuge sin TDAH, y decides ser feliz y amable con tu cónyuge con TDAH todo el tiempo. El cónyuge con TDAH no cambia nada, sigue distraído, enfadado o desconectado. ¿Serás capaz de mantener tu felicidad? Obviamente, no.

En cualquier matrimonio afectado por el TDAH, el cónyuge sin TDAH tiene problemas muy reales que deben ser abordados para que el matrimonio salga de sus patrones negativos. Éstas son sólo algunas de las afecciones que pueden afectar al cónyuge que no padece TDAH:

- Depresión
- Ansiedad y miedo
- Estrés crónico y los problemas físicos relacionados
- Ira
- Problemas de comportamiento, como el acoso escolar
- Resentimiento crónico
- Patrones de comunicación negativos e ineficaces
- Desesperanza o pensamientos suicidas
- Odio de sí mismo

La conclusión es que ambos cónyuges necesitan tratamiento. No lo "aguanten". Busquen la ayuda de un profesional que entienda el TDAH.

El taburete de tres patas

El tratamiento óptimo para un adulto con TDAH en una relación con compromiso tiene tres partes específicas, de las cuales las dos primeras son válidas para tratar el TDAH en todo momento, y la tercera es específica para que esa relación sea exitosa. Dado que se necesitan las tres patas para tratar el TDAH de manera óptima, me gusta pensar en ello como un taburete de tres patas.

Pata 1: Hacer cambios físicos en tu cuerpo. El TDAH es el resultado de características físicas específicas de tu cerebro que a menudo se abordan más eficazmente a nivel físico. Un tratamiento adecuado de la pata 1 facilita enormemente el cambio de hábitos.

Pata 2: Realizar cambios conductuales (hábitos). Las diferencias físicas se manifiestan como síntomas y comportamientos. Las estrategias de afrontamiento desarrolladas a lo largo de los años sin el beneficio de los cambios físicos no suelen ser óptimas. Sin embargo, los cambios de comportamiento, como crear sistemas para ser más fiable o recordar mejor, son los que ayudan a que tu relación crezca.

Pata 3: Desarrollar estrategias para interactuar con tu cónyuge. Esto incluye estrategias de comunicación y la creación de una jerarquía de temas a tratar. No se puede hacer todo a la vez, por lo que elegir los síntomas y hábitos más significativos a tratar es un paso importante.

Que yo sepa, nadie ha estudiado los aspectos específicos de la pata tres, pero numerosas investigaciones han demostrado que la combinación de cambios físicos y conductuales es mejor que cualquiera de los dos por separado. Cambiar el funcionamiento del cerebro con los tratamientos de la pata 1 es un buen comienzo, pero lo que más notarán tú y tu cónyuge es *cómo usarán* ese cerebro cambiado, es decir, su comportamiento. Es un error común pensar que una persona con TDAH puede lograr los cambios conductuales sin los cambios de la pata 1 "simplemente esforzándose más". Pero eso supone que la persona con TDAH no se ha estado esforzando todos estos años. No es así. En general, las personas con TDAH se esfuerzan muchísimo, pero algo en su forma de funcionar (falta de concentración, incapacidad para crear una jerarquía, impulsividad, etc.) se ha interpuesto en su camino. Para tener éxito, necesitan eliminar el síntoma del TDAH para poder realizar el cambio de comportamiento.

Las siguientes tablas proporcionan sólo algunos de los tratamientos que pueden ayudar con el TDAH en cada ámbito.

Tratamientos típicos de la "Pata 1" Cambios físicos

Qué	Cómo Funciona
Medicación	Cambia los equilibrios químicos en el cerebro mientras dura la medicación (incluye el aumento de los niveles de dopamina).
Ejercicio aeróbico	Cambia el equilibrio químico del cerebro durante varias horas después del ejercicio. Induce la creación de nuevas vías neuronales.
Aceite de pescado	Mejora la atención en personas con bajos niveles de Omega3
Mejoras en la dieta / hábitos de sueño	Optimiza la capacidad de funcionamiento del cuerpo en todas sus dimensiones, incluidas las que afectan al TDAH. Las mejoras en el sueño disminuyen la gravedad de los síntomas de TDAH.
Entrenamiento en Atención plena	Capacita para ser más consciente en el momento. Ayuda a controlar los impulsos.

Tratamientos típicos de la "Pata 2"
Cambios de comportamiento y hábitos

Qué	Cómo Funciona
Crea una lista maestra de equipaje para viajes e imprímela para utilizarla como hoja de recordatorio para hacer el equipaje de cualquier viaje.	Ahorra tiempo "reinventando la rueda" y disminuye significativamente la posibilidad de que una persona con TDAH se distraiga y olvide algo importante.
Crear recordatorios físicos, como poner alarmas y dejar notas.	Saca la tarea del "ahora no" y la devuelve al "ahora", por lo que es más probable que se realice.
Captura ideas y cosas por hacer en tu teléfono celular. Transfiérelas a un sistema de recordatorios al final del día.	Captura ideas al azar (como sea y cuando sea que vengan) antes de que puedan ser olvidadas de nuevo. El sistema de recordatorios ayuda a recuperar las cosas cuando se necesitan.
Contrata a una persona que limpie la casa.	Compensa la desorganización del TDAH contratando "expertos".
Separe las cuentas bancarias.	Limita los fondos disponibles para el cónyuge con TDAH que tiene hábitos de gasto impulsivos. Reduce las preocupaciones económicas del cónyuge que no padece TDAH, disminuyendo el estrés en el hogar.

Tratamientos típicos de la "Pata 3"
Interacciones con el cónyuge

Qué	Cómo Funciona
Destina un momento cada semana para organizar, asignar y realizar un seguimiento conjunto de las tareas domésticas	El cónyuge con TDAH se beneficia de la experiencia en planificación de su pareja, ambos aclaran las expectativas y los horarios. Sirve de recordatorio.
Señales verbales	Se utilizan para detener la escalada de desacuerdos. Ambas partes han acordado de antemano qué significa la señal y por qué es importante. Esto mantiene la señal "neutral".
Programar tiempo para estar juntos	La programación gestiona las distracciones para la importante actividad de permanecer conectados.

Seguir adelante con el tratamiento parece tan obviamente beneficioso para un cónyuge sin TDAH, pero a menudo se complica para la pareja con TDAH por los años de fracasos repetidos. Una mujer con TDAH lo expresó así:

> Tengo cierta aversión a la medicación, lo cual es un problema para mí. Pero el mayor problema es que tengo la sensación de que debería ser capaz de hacerlo por mí misma, sin la ayuda de la medicación. Además, tengo que admitir que cuando tomo los medicamentos (de forma intermitente) es un doloroso recordatorio de lo incompetente que soy sin la muleta. Demasiado doloroso, en realidad.

La lógica aquí, en realidad, es internamente coherente y tiene que ver con una pobre autoimagen desarrollada a lo largo de muchos años de fracaso. Le sugerí que pensara en este desequilibrio químico como si fuera un desequilibrio químico hormonal. Si un médico le dijera, por ejemplo, que no está produciendo suficiente estrógeno, se sentiría bien tomando medicación para corregir el problema y nunca se plantearía decirse a sí misma que debería ser capaz de producir más por sí misma. El TDAH es, entre otras cosas, un desequilibrio químico. También se beneficia de "corregir" ese desequilibrio con tratamientos fisiológicos.

Priorizar las opciones de tratamiento estableciendo los síntomas a abordar primero

Por definición, una persona con TDAH tiene muchos síntomas, de lo contrario no tendría ese diagnóstico. Es imposible trabajar en todos ellos a la vez, por lo que tiene sentido identificar los más destructivos y establecerlos como síntomas objetivo. Al identificar cuáles podrían ser esos síntomas, lo que se busca es una palanca. ¿Qué síntoma, si se abordase, mejoraría más su vida en común? Por ejemplo, podría elegir la distracción como síntoma objetivo, lo que permitiría una mayor atención. O quizá la impulsividad, si los gastos o las acciones impulsivas provocan estrés financiero.

En nuestro hogar, era la ira impulsiva, ahora reconocida como desregulación emocional. Por suerte, hablamos de cuáles podrían ser las áreas más importantes a mejorar, ¡y menos mal que lo hicimos! Porque mi esposo habría dicho que mejorar su concentración era su principal objetivo porque mejoraría tanto el trabajo como el hogar. Pero para mí, el andar sobre cáscaras de huevo y la ira inesperada eran mucho más desestabilizadores. No podía imaginarme cómo continuar con la relación a largo plazo si no se abordaba ese problema. Como su trabajo no estaba en peligro, pero sí su matrimonio, decidió fijar la ira impulsiva como síntoma objetivo y, con la ayuda de medicación, pudo controlarla. Esto proporcionó una base estable sobre la que pudimos reconstruir nuestra relación.

Contribuir a una conversación sobre qué síntomas debe abordar primero la pareja con TDAH puede ser complicado, sobre todo si se trata de una dinámica padre-hijo. Por lo tanto, recomiendo que los miembros de la pareja con y sin TDAH tengan en cuenta estas cosas:

- **El tratamiento del TDAH es responsabilidad exclusiva del cónyuge con TDAH.** Si ese cónyuge te "invita" a participar, estupendo, pero evalúa si esa invitación de alguna manera te pone en "control". Si es así, aléjate y piensa en formas de apoyar sin controlar.

- **Aplaude todos los progresos que logren ambos.** Encuentra una salida positiva para tus preocupaciones negativas a través de mejores técnicas de comunicación con tu cónyuge o llevándolas a otra parte, al menos al principio. Los comentarios negativos suelen ser desencadenantes de regresiones en las primeras fases del tratamiento.

- **Se necesita que ambos cónyuges midan el éxito del tratamiento.** A menudo, una persona con TDAH no sabe si el tratamiento está funcionando, sobre todo en el ámbito conductual. Por ejemplo, un cónyuge con TDAH puede sentirse más concentrado y tener más éxito en el trabajo, y por lo tanto pensar que el tratamiento está "funcionando". Pero a menos que esa concentración también se traduzca en atención prestada al cónyuge sin TDAH (o en algún otro comportamiento positivo importante en casa), entonces el tratamiento no está funcionando en casa. Y a veces el cónyuge con TDAH no puede sentir que los medicamentos funcionan, mientras que otros notan cambios importantes. (Esto ocurre en mi propia casa).

- **La orientación profesional puede ayudar.** Asegúrate de recurrir a un consejero o entrenador que conozca bien el TDAH.

- **Recuerda que la pareja con TDAH también puede tener asuntos** que se beneficiarían de ser priorizados de manera similar.

Cómo medir el progreso del tratamiento

No importa qué sistema uses para medir el progreso, pero *sí es* importante lo que elijas medir y *cómo definas el éxito*. Hay algunas trampas comunes en las que caen las parejas, sobre todo después de haber estado luchando durante muchos años y el resentimiento en ambos lados es alto.

Los "objetivos" que hay que evitar son los que sugieren que el miembro con TDAH debe convertirse en alguien sin TDAH:

- Ser capaz de realizar las tareas domésticas en el mismo tiempo o de la misma forma que el cónyuge sin TDAH.

- Criar a los hijos de la misma manera que el cónyuge sin TDAH.

- No actuar de forma espontánea; planificar siempre con antelación

Los objetivos que toman en cuenta la presencia del TDAH podrían incluir lo siguiente:

- Crear un sistema que garantice que el cónyuge con TDAH haga *suficientes* tareas domésticas sin recordatorios del cónyuge sin TDAH, fuera de la reunión de tareas recurrente.

- Criar a los hijos de maneras que sean seguras para ellos y que demuestren suficiente atención para que sepan que cada cónyuge se preocupa por ellos.

- Establecer estructuras que permitan cumplir lo prometido el 90% de las veces. Informar a la pareja cuando cambien los planes, para que no haya sorpresas en las cosas que no se van a completar según lo prometido.

Independientemente de los objetivos específicos en los que decidan centrarse, el éxito se alcanza cuando cada cónyuge vuelve a sentirse empático, cariñoso y seguro para expresar sus sentimientos al otro. En ese entorno, pueden resolverse cuestiones logísticas específicas, incluso con el TDAH de por medio.

Recurrir a un consejero, terapeuta u orientador matrimonial

Priorizar los problemas y pensar en sus objetivos conjuntos para el tratamiento puede ser un buen momento para buscar ayuda externa. Asegúrense de elegir libros, consejeros, terapeutas y orientadores que conozcan bien el TDAH, o podrían encontrarse de nuevo en el juego de las culpas cuando el terapeuta desestime la importancia del TDAH y, efectivamente, las causas profundas de sus problemas.

Un buen consejero les ayudará a centrarse en los problemas de hoy en lugar de en el pasado. Esto ahorra mucho tiempo y agonía. Créeme cuando te digo que explorar todo el dolor de tu pasado para entender lo que estaba pasando no tiene sentido. El TDAH ya existía. Simplemente no lo sabías entonces, pero ahora sí. Sí, necesitan entender los patrones que los síntomas y las respuestas del TDAH han traído a sus vidas para que puedan perdonarse mutuamente por seguir los caminos que siguieron, pero ahora su trabajo es determinar cómo seguir adelante en una dirección completamente nueva.

Un buen consejero trabajará con ustedes en cuestiones como éstas:

- Ahora que comprenden mejor el TDAH, ¿cómo empezará el cónyuge con TDAH a controlar los síntomas de forma eficaz?

- ¿Cómo manejará el cónyuge que no padece TDAH las respuestas a esos síntomas de manera efectiva?

- ¿Cómo superarán las barreras naturales de comunicación que existen porque sus cerebros funcionan de forma diferente?

- ¿Cómo organizarán sus vidas de forma más eficaz para tener en cuenta los puntos fuertes y las necesidades de cada cónyuge?

- ¿Cómo fortalecerán las conexiones y recuperarán el amor que solían sentir?

- ¿Dónde estarán sus puntos de equilibrio como individuos y como pareja?

Si ya tienen una comprensión decente del TDAH y de cómo les afecta como pareja, y han pasado a intentar cambiar hábitos específicos, un coach especializado en TDAH puede ser una buena elección. Un buen coach se centra en proporcionar tácticas específicas sensibles al TDAH que se pueden usar para manejar mejor el TDAH. Muchos coaches les ofrecerán una breve sesión de muestra para que se hagan una idea de cómo sería la relación de trabajo. Además, algunos evalúan la disposición al cambio. Si la pareja con TDAH no está preparada para comprometerse a hacer cambios sustanciales, puede que no merezca la pena contratar a un coach.

Cuando se trata del TDAH, el asesoramiento sobre las tácticas específicas a utilizar siempre está justificado, incluso por parte de los terapeutas. Cada vez hay más conocimientos sobre lo que funciona para las personas (y parejas) afectadas por el TDAH. No necesitas reinventar la rueda o descubrir estas cosas por tu cuenta. Como parte de tu terapia, utiliza los conocimientos de tu coach o consejero sobre lo que ya existe.

Entonces, ¿cómo encontrar a alguien que pueda ayudarte? En última instancia, se trata de un ajuste personal, pero aquí hay algunas cosas que puedes hacer para encontrar un consejero que pueda ayudarte mejor. Un buen consejero matrimonial te ayudará a darle la vuelta a tu matrimonio, o al menos te ayudará a sentirte seguro de que has explorado todas las vías posibles. Un buen coach te ayudará a hacer cambios de hábitos constantes y medibles.

TIPS
Encontrar ayuda profesional

- **Busca a alguien que sepa de TDAH** pidiendo referencias a otras personas de la zona que estén vinculadas a la red de TDAH. A veces, los profesionales de la escuela pueden ofrecerte sugerencias, al igual que tu médico de cabecera. También mantengo una lista de profesionales expertos en TDAH en ADHDmarriage.com y puedo ayudarte a orientarte en la dirección correcta. Una vez que hayas encontrado uno o dos candidatos, pregúntales qué proporción de su práctica se dedica al TDAH para hacerte una idea de la experiencia que pueden tener. Si decides trabajar con un coach de parejas con TDAH, en lugar de un terapeuta, a menudo te dejarán entrevistarlos por teléfono para asegurarse de que te sientes cómodo o cómoda con su enfoque.

- **Insiste en que tu terapeuta les proporcione como pareja dirección, estructura y directrices.** Aunque pueden pasarse horas "aclarando" sus sentimientos y ésta es una parte del proceso, debe hacerse para hacer algo mejor, en lugar de sólo para comprender mejor. Los hombres, en particular, acuden a terapia para salvar su matrimonio y resolver problemas, no para buscar una visión de sí mismos. Un buen terapeuta matrimonial tendrá en cuenta esta necesidad.

- **No continúes con un terapeuta que parece machacar repetidamente a uno de los miembros de la pareja, o con un coach que no les agrada.** El objetivo puede ser el compañero con TDAH ("¿Por qué no has cambiado todavía después de haberte comprometido a hacerlo? Tienes tendencias narcisistas") o el compañero sin TDAH ("Tienes que dejar de estar tan tenso y darle un respiro a tu compañero"). Si su terapeuta parece estar constantemente tomando partido por uno de los miembros de la pareja, o si su coach parece desorganizado o difícil de trabajar con él, es hora de buscar una nueva persona.

- **Desconfía de los consejeros deseosos de juzgar o socavar tu matrimonio.** Si tu terapeuta te dice cosas como "La mayoría de la gente con tus problemas no seguiría casada" o "Serías más feliz con otra persona", eso augura problemas. Puede que tú mismo tengas esas dudas, pero el trabajo de tu terapeuta es ayudarte a superarlas, no reforzarlas. La Asociación Americana de Terapia Matrimonial y Familiar tiene un código ético que prohíbe expresamente decir a la gente si debe seguir casada o divorciarse. Sin embargo, muchos terapeutas lo hacen, sobre todo con el pretexto de ayudarte a ser más feliz.

- **Lo más importante de todo es buscar un terapeuta que se sienta cómodo trabajando en el presente.** Mi esposo y yo conocimos muchos tipos de terapeutas cuando buscábamos una respuesta a nuestros problemas matrimoniales. Pasé un año "explorando mis sentimientos" con un terapeuta, con poco o ningún efecto en mi relación o en mi vida. (¡Pero costó mucho dinero!) Mi esposo y yo probamos un consejero con el que no hicimos ningún progreso porque mi esposo simplemente no confiaba en su competencia. Él habló con otro consejero (individual) que le instó a divorciarse de mí y a irse a vivir con su novia para poder ser feliz. Finalmente, encontramos a una consejera lo suficientemente sabia como para ayudarnos a centrarnos sólo en lo que realmente necesitábamos para nuestra relación. Nos ayudó a centrarnos en el presente, bajo la idea de que el mejor camino a seguir era dejar atrás nuestro pasado y crear una nueva relación entre nosotros basada en las acciones de hoy y en el mañana que deseábamos compartir.

Encontrar un consejero que les ayude a centrarse en el presente es especialmente importante para las parejas que se enfrentan al TDAH por estas razones:

- Las personas con TDAH viven principalmente en el presente (recuerde sus zonas horarias de "ahora y no ahora"). La terapia centrada en el presente aprovecha este punto fuerte.

- Pensar en mejoras para hoy saca a ambos cónyuges del fango de su pasado. Proporciona una base positiva para el cambio en lugar de un punto de partida negativo.

- El terapeuta refuerza el mensaje de que "ayer hicieron lo mejor que pudieron; ahora es el momento de dejarlo ir". La única "solución" a los problemas creados por el TDAH se encuentran en el tratamiento **actual** del propio TDAH (y en el tratamiento de los otros problemas derivados de lidiar con el TDAH). El TDAH del pasado no puede tratarse, sólo aceptarse. Hoy es cuando tiene lugar el tratamiento; hoy y mañana es cuando tu vida avanza.

Cómo ayudar a un cónyuge reacio a aceptar y tratar el TDAH

Puede ser que tu cónyuge (con o sin TDAH) simplemente no quiera participar en tus esfuerzos por "arreglar" tu matrimonio. Los cónyuges sin TDAH preguntan con frecuencia: "¿Cómo consigo que mi pareja me escuche sobre nuestros problemas?". La respuesta corta es que no se puede si tu cónyuge no quiere, pero permíteme que lo explique, ya que se trata de un problema evidente en muchos matrimonios con problemas.

Le pedí a mi esposo que me diera su opinión al respecto, ya que entablar conversaciones serias solía ser uno de nuestros mayores problemas. Recuerdo que yo quería desesperadamente hablar de los problemas que teníamos y trabajar en ellos. Él no quería. No había entendido por qué hasta que le pregunté: "¿Por qué crees que las personas con TDAH se resisten tanto a hablar de su TDAH?". ¿Su respuesta? "Creo que la persona que hace la pregunta necesita analizar cómo, y qué, está preguntando realmente".

Puede parecer que no sea un buen consejo, pero piensa en esto: Cuando más quería entablar conversación con mi esposo, insistía en mis puntos de vista. Cuanto más desesperada estaba, más insistía. Estaba obsesionada por resolver, o al menos discutir, los problemas que tanto dolor nos causaban a ambos. Como creía que me había desenvuelto tan bien antes de que empezaran nuestras luchas, pensaba que tenía muchas ideas geniales sobre cómo arreglar las cosas, incluso a él. Intenté ser "útil" en todo momento. Cuando eso no funcionaba, lo regañaba y lo molestaba. Finalmente, le rogué que se implicara. Pero incluso ante mi evidente desdicha seguía sin querer hablar de "nosotros". Cada vez que se negaba a hablar conmigo, me sentía más frustrada y disgustada.

Mi frustración era evidente en la forma en que hablaba con él sobre conversar: "¡Mira, aquí tenemos problemas que tenemos que arreglar!". Como si TÚ tuvieras problemas que hay que arreglar. Él sabía muy bien que si yo pensara que eran MIS problemas ya los habría arreglado. De todos modos, intentó portarse bien y experimentamos a rachas. Intentamos "ser más amables" el uno con el otro para ver si las cosas se suavizaban, pero como no habíamos abordado nuestro enfado subyacente ni sus síntomas de TDAH, nuestras palabras eran mejores pero nuestras acciones subyacentes respaldaban nuestra ira en cualquier circunstancia. Puede que yo fuera más amable con él, pero seguía intentando "arreglarlo". Se me notaba.

Intentamos dejarnos en paz. Como puedes imaginar, separarse no es una forma eficaz de retomar el contacto.

El cambio a largo plazo sólo puede venir del interior de cada miembro de la pareja. Sin embargo, a veces se puede ser inteligente a la hora de animar a un cónyuge con TDAH a pensar en cambiar. Aquí, un hombre con TDAH describe cómo su esposa consiguió que admitiera que tiene TDAH:

Permítanme que comience subrayando que yo pensaba que el TDA era una enfermedad de moda de los profesores de primaria. De ninguna manera habría cooperado con alguien que evaluara a mis hijos, y mucho menos a mí. Entonces, un día, hace 13 años (yo tenía 44 en ese momento), mi esposa me dijo que pensaba que uno de mis empleados tenía TDA y me sugirió que leyera *"Driven to Distraction"* ("Impulsado a la distracción", N. de la T.) para ayudarme a entender mejor la situación, por supuesto, ella tenía una copia a mano. Para quienes no lo hayan leído, hay una lista de 100 preguntas en la mitad del libro. Si respondes "Sí" a un número significativo de ellas, sugiere que sería conveniente que te evaluaran para detectar el TDA. Cuando leí las preguntas me di cuenta de que había respondido "Sí" o "Tal vez" al 85% de ellas y me di cuenta de que debía averiguar más sobre mí y el TDA. No sugiero darle SÓLO las preguntas a alguien porque cuando llegué a las preguntas ya había leído cosas en el libro que hacían que el TDA fuera mucho menos amenazante para mí.

Creo que uno de los principales obstáculos para que un hombre acepte que tiene TDA es que lo perciba como un defecto. Dos cosas que dijo el Dr. Hallowell que me ayudaron a ablandarme fueron: "No hay cerebros con TDA y cerebros normales; hay cerebros con TDA y cerebros sin TDA" y: "Las personas con TDA no tienen necesariamente un déficit de atención; el resto tiene un exceso de atención". Yo trabajo en un campo creativo y, mirando hacia atrás, ahora sé que definitivamente no sería ni de lejos tan bueno como soy si no tuviera déficit de atención.

Postdata: Nunca se trató del empleado

Me encanta esta historia porque muestra un gran cambio de mentalidad. También refuerza lo que decía mi esposo: El "entorno" es fundamental para que alguien se comprometa a pensar en el TDAH. Mientras a una persona con TDAH se le diga, inconscientemente o no, que necesita un diagnóstico porque es defectuosa, no se llegará a ninguna parte. La esposa de este hombre respetaba su sensibilidad lo suficiente como para ayudarle a "descubrir" el TDAH por sí mismo.

He aquí la perspectiva de otro hombre con TDAH que señala que trabajar desde lo positivo es mucho más fácil que empezar desde lo negativo. Fíjate en su referencia a lo que ocurre cuando empieza a discutir con su mujer:

> Yo soy el cónyuge con TDAH. Tardé mucho tiempo en afrontarlo, aceptarlo y empezar a lidiar con ello, y soy un tipo que iba a terapia por voluntad propia. (Conozco a un montón de hombres que son totalmente escépticos acerca de las cosas delicadas como la terapia y el TDA, así que me doy cuenta de que sería aún más difícil para ellos).

> Creo que a los que estamos a la defensiva nos ayuda empezar a escuchar los mensajes positivos sobre el TDA, el trabajo que defiende el Dr. Hallowell. Además, el cuestionario es muy aleccionador para cualquiera que se encuentre marcando la mayoría de las casillas…

> Puedes intentar abordar este tema con tu cónyuge como lo harías con un niño: ofreciéndole recompensas positivas y mencionando suavemente las consecuencias negativas, mostrándole lo importante que es para ti que abra su mente y lea un poco. Puede sonar a mimo, pero enfrentarse a nuestras debilidades es tan aterrador que reaccionamos desde un estado mental infantil o adolescente, y el adulto racional no aparece por ninguna parte una vez que se inicia esa lucha. (¡Y ni se te ocurra decirle a la persona que sólo está asustada!) Todos tenemos nuestros temas con carga emocional en los que no podemos ser totalmente racionales.

> Imagina cómo reaccionaría un adolescente malhumorado y a la defensiva, y prueba con un poco de seducción aterciopelada (con un puño de acero en su interior) para que la persona se sienta realmente atendida, ya que se trata de un tema tan cargado de vergüenza que, por lo general, los TDA no nos atendemos a nosotros mismos en absoluto: sólo nos sentimos mal. Y a la defensiva.

A veces, cuando está claro que la situación es insostenible para el cónyuge sin TDAH y el cónyuge con TDAH sigue sin darse cuenta, lo único que queda es expresar muy claramente las propias necesidades en forma de ultimátum:

Aunque puedo mirar atrás, cuando mi mujer y yo éramos novios, y ver indicios de lo que me deparaba el futuro, el impacto del TDA no tratado de mi esposa no quedó claro hasta que perdió su primer gran trabajo.

En ese momento yo había estado esperando a que cayera el piano —el trabajo se había vuelto poco a poco más y más difícil de mantener, y con ello nuestra casa, nuestros hijos y nuestra relación se resintieron. Y yo sabía que ella estaba "arruinando las cosas" en la oficina al igual que en casa.

Así que, a pesar del impacto financiero, me sentí muy esperanzado cuando dejó de trabajar y acepté un año sabático para ayudarla a "reagruparse".

¿Alguien con TDA no tratado se ha reagrupado alguna vez por sí mismo? Lo dudo, y después del año en casa sola (con los niños en el colegio o en preescolar) el desorden era mayor y todo el estrés seguía ahí.

De esto hace ya varios años, y a pesar de que volvió a trabajar en un empleo mucho más manejable, y de que los niños eran ya mayores y podían hacer más cosas por su cuenta, las cosas seguían sin cambiar. Así que finalmente le hice saber a mi mujer que ya estaba harto de llevar la carga, y aunque sabía que cualquier matrimonio que estuviera bien en más de un 50% era un buen matrimonio, bueno, yo ya estaba más allá de la mitad. Y le dije que era porque seguía pensando que tenía déficit de atención (le habían diagnosticado TDA de niña, lo que hizo que esta afirmación fuera más fácil de hacer) y le dije que su negativa a hacer nada al respecto me iba a empujar a la puerta un día, si no era pronto.

Por suerte, finalmente escuchó el mensaje y aceptó someterse a las pruebas y a un posible tratamiento. No creo que entendiera lo mal que estaba, porque no tenía que vivir con ella misma. Sus sentimientos hacia mí eran tan intensos como cuando éramos novios. Cuando le decía que no era feliz, era como una noticia demoledora, y así (reaccionó).

Así que fue... no se podía negar que tenía TDA. Aceptó probar Adderall.

Tres meses después: Guau.

Aunque todavía tenemos algunos desastres que arreglar, y aunque a veces se salta su pastilla y me vuelve loco durante un día, hemos vuelto al camino en el que nos imaginábamos hace tantos años....

Recapitulando, hay muchos problemas a los que se enfrentan las parejas que luchan contra el TDAH. Si los atacas todos a la vez no avanzarás porque será demasiado abrumador para ambos, pero especialmente para el cónyuge con TDAH. En lugar de eso, necesitan establecer prioridades, expectativas razonables de cambio y un entorno en el que, como dice el hombre citado más arriba, "la persona pueda sentirse realmente atendida, ya que se trata de un tema tan cargado de vergüenza".

Yo sugeriría que la forma más productiva de desarrollar estas prioridades y efectuar el cambio en tu relación es mirar en lo más profundo de ti mismo y encontrar tus propios límites y valores personales. Puede sonar contraintuitivo fomentar la resolución cuidando de uno mismo, pero funciona cuando se hace con empatía.

Historias exitosas en el tratamiento del TDAH

Existen muchísimas historias exitosas del tratamiento del TDAH. Éstas son sólo algunas. Cuando las leas, recuerda que cada una de estas personas podría haber elegido no tratar su TDAH y *no* habría experimentado los beneficios que el tratamiento le proporcionó.

> No es que los medicamentos lo solucionen todo, pero como dice mi novio con TDAH, los medicamentos le dan la cabeza despejada para poder centrarse en lo que los que no tenemos TDAH percibimos como comportamientos normales, fáciles y cotidianos…. Notamos una GRAN diferencia cuando no está medicado…. De hecho, en las pocas ocasiones en las que se ha dejado la medicación en casa o cuando perdimos una receta hace unos meses, dice que se siente perdido y atontado y que no le gusta nada esa falta de control. Es consciente de que sus pensamientos y su concentración pueden descontrolarse y puede ver lo que ocurre, pero se siente impotente para evitarlo…. Ahora tenemos una serie de sistemas que, junto con su medicación, nos funcionan muy bien.

> Tomar la medicación es como pasar de Grand Central Station (terminal de trenes de la ciudad de Nueva York, en pleno centro de Manhattan. N de la T.) a una oficina en la que reina la calma. Elimina el ruido.

> Yo soy el cónyuge con TDAH y… fue un comienzo/despertar totalmente nuevo para mí darme cuenta de lo que todo esto (el TDAH) implicaba. Me han puesto en medicación y veo a un terapeuta semanalmente para trabajar en mi TDAH, y ahora estoy viendo una mejora. Estoy bastante sorprendido conmigo mismo (no es por alardear, pero bueno). Siempre fue algo que todo el mundo decía en broma, pero resulta que estaba perjudicando mi matrimonio, muy lentamente.

Paso 4:
Mejorar la comunicación

*"[Las parejas] no están desconectadas porque tengan mala comunicación;
tienen mala comunicación porque están desconectadas".*

Patricia Love and Steven Stosny,
Cómo mejorar tu matrimonio sin hablar de ello.

Aunque el título de este capítulo contiene la palabra *comunicación*, se trata de un capítulo sobre la *conexión*; concretamente, sobre las tácticas que pueden utilizar para mejorar su conexión mientras se comunican. Me gusta pensar en las conexiones entre ambos cónyuges como si fueran miles de hilos invisibles que los mantienen unidos. Con el tiempo, muchos hilos crean la "tela" de sus vínculos especiales. Cada interacción, cada día, es una oportunidad de añadir un hilo a la tela para fortalecerla, o de romper un hilo y debilitarla.

La conexión consiste en escuchar, comprender y empatizar. Se trata de compartir. Y, en la comunicación, se trata de respetar los límites, las ideas y el flujo lógico propios y de tu pareja. Los consejos y técnicas de comunicación de este capítulo te ayudarán a crear más hilos con una pareja que es intrínsecamente muy diferente a ti.

Conversaciones de aprendizaje

Una *conversación de aprendizaje* es una conversación estructurada, diseñada para comprender las ideas o necesidades de uno o ambos interlocutores. El objetivo de una conversación de aprendizaje no es "resolver" un problema concreto, sino comprender las razones subyacentes de los problemas. Un buen momento para utilizar una conversación de aprendizaje es cuando se tiene un problema constante que parece que no se puede resolver. Con una comprensión y empatía más profundas, será más fácil negociar soluciones que satisfagan las necesidades de ambos.

Las conversaciones de aprendizaje son conversaciones de reflejo y validación. Uno de los cónyuges, digamos la mujer con TDAH, habla durante un rato, el equivalente a un párrafo. A continuación, su esposo repite lo que cree haber oído con sus propias palabras, sin añadir comentarios. Si lo ha entendido bien, le toca hablar a él. Si no lo ha entendido del todo bien, ella explica lo que se le ha pasado por alto y él lo repite hasta que haya entendido lo que ella ha dicho. Luego es el turno del esposo. Habla brevemente en respuesta a la idea o pregunta original de su mujer e invierten los papeles.

Aquí tienes algunas "reglas" de la conversación de aprendizaje que debes tener en cuenta:

- Sé breve y directo. Demasiada información ralentiza el proceso y corre el riesgo de perder la atención de tu interlocutor.
- Cuando repitas lo que ha dicho tu interlocutor, no te limites a repetirlo como un loro; piensa lo suficiente en lo que ha dicho para que puedas verbalizarlo de otra manera.
- Cuando escuches a tu interlocutor repetir lo que has dicho, asegúrate de que sus palabras reflejan tus pensamientos en toda su sutileza. Lo que buscas es una comprensión profunda, no una reformulación superficial de tus palabras.
- No interrumpas al interlocutor.
- No rebatas hasta que sea el momento de hacerlo.
- Muestra respeto validando el derecho de tu interlocutor a tener una opinión, aunque no estés de acuerdo con ella, y siendo civilizado. Si estalla la ira, pide un tiempo fuera y vuelve a intentarlo más tarde.
- Recuerda que el objetivo de esta técnica es compartir tus ideas, no defender una postura.

He aquí un ejemplo de cómo funciona, a partir de una conversación que escuché hace poco:

John: Estoy muy disgustado con el último comentario que me has hecho. Parece que siempre dices cosas hirientes sin venir a cuento.

Mike (que está viendo la televisión): Estoy viendo el partido ahora mismo. ¿No puede esperar?

J: Me haces esto a menudo, y no puedo dejar de pensar en el comentario de esta mañana, que ha sido especialmente hiriente. Me gustaría afrontarlo cuanto antes.

M: Entonces, ¿no debería hablarte?

J: ¡Ves! Eso es exactamente lo que quiero decir. Esto no es una broma, y por supuesto que quiero que me hables. Sólo quiero que no sueltes cosas hirientes.

M (oye el enfado en la voz de John y siente la necesidad de volver a centrar su atención): Oh. Bueno, está bien. ¿Quizás podríamos intentar una conversación de aprendizaje?

J: (se sienta junto a Mike): Sería estupendo. No me gusta cuando sueltas cosas que me hacen daño, que es de lo que quería hablar en un principio, pero me gustaría aún menos que dejaras de hablar conmigo. *(Espera.)*

M: (replicando con sus propias palabras): No te gusta que diga algo sin pensar, pero prefieres que diga las cosas de sopetón a que no hable.

J: Sí. (Ahora que ha entendido la idea, es su turno.)

M: ¿Pero no te das cuenta de que estoy bromeando cuando digo esas cosas? Te las tomas demasiado en serio y luego me siento mal porque sales de la habitación y estoy pensando que has oído algo mal.

J: Te escucho decir que te duele hacerme daño y que no debería preocuparme tanto ya que son bromas.

M: Sí. (John entiende el concepto, así que vuelven a cambiar los roles).

J: No me gusta que digas que no debería preocuparme. No creo que "intención" e "impacto" sean lo mismo. No me duele menos porque no hayas tenido la "intención" de hacerme daño. Si dices algo hiriente, duele. Y tus disculpas a posteriori suelen ser huecas. Parece que te disculpas porque crees que quiero oírlo, no porque lo sientas.

M: Estás diciendo, primero, que no te escucho. Segundo, que tengo que intentar no decir cosas que están mal, que debería pensármelo dos veces. Y crees que mis disculpas no son sinceras.

J: No del todo. Estoy diciendo que no deberías decir cosas que hieran, no que estén mal.

M: Vale, estás diciendo que, sea broma o no, lo que es hiriente duele. Pero tengo que decirte que mis disculpas no son insinceras. De verdad que estoy triste por haberte hecho daño otra vez. Creo que sólo intento enmascarar mi incapacidad para filtrarme, así que lo disimulo y digo que es una broma.

J: Sí a lo primero; ¿podemos seguir con la idea del filtro?

M: Sí; ahora que lo pienso, parece como si dijera que lo que se me escapa son bromas, cuando en realidad la idea de la broma es encubrir el hecho de que se me escapó algo y no lo controlé bien. Así que si pudiera filtrar mejor….

J: Te estoy oyendo decir que quieres filtrar mejor.

M: Sí.

J: Pero eso me devuelve a mi preocupación original: si te esfuerzas por filtrar mejor, ¿cómo evitas filtrar demasiado? Si pudieras filtrar selectivamente, estoy seguro de que ya lo habrías hecho porque sé que me quieres y no querrías herirme con esos comentarios.

M: Tienes razón, ya lo habría hecho. Hmm. Bueno, lo primero que puedo hacer es no usar más las bromas como "tapadera" nunca más. Intentaré desarrollar el hábito de decir "Eso ha sido mi TDAH, me disculpo" y simplemente asumir la responsabilidad por ello. Necesito pensar en esto un rato, ¿podemos volver a hablarlo dentro de una semana más o menos?

La conversación continuará en el futuro, pero John y Mike han llegado a comprender algunas cosas nuevas sobre ser compañeros y cómo interactúan. Después de que Mike tenga tiempo para pensar, podrán aplicar sus nuevos conocimientos para encontrar la mejor manera de responder al hábito de Mike de soltar las cosas. También empezarán a buscar el origen de los pensamientos hirientes; puede que haya interacciones que inspiren los sentimientos que está soltando. Puede que pienses que una conversación de este tipo sería muy lenta, y tendrías razón. De eso se trata. Al ralentizar las cosas de forma estructurada, despejas el camino para un mejor entendimiento. Dicho de otro modo: ¿Qué es peor? ¿Ralentizar o discutir sobre los mismos temas una y otra vez porque no se ha llegado a la raíz del conflicto?

Si eres un cónyuge con TDAH y mala memoria, probablemente te ayude adquirir el hábito de escribir notas rápidas sobre tus descubrimientos o acuerdos en un diario y dejarlo en algún lugar obvio, como la mesilla de noche. De vez en cuando, cuando "lo encuentres por casualidad", tómalo para recordar en qué estás trabajando en este momento.

Conversaciones sobre la intimidad en situaciones de conflicto

Las conversaciones de aprendizaje pueden desempeñar un papel específico en tu comunicación. Ralentizan la conversación para que puedas escuchar mejor y explorar problemas repetitivos que son emocionales y que se resisten a resolverse porque lo que está "oculto entre líneas" se interpone en el camino. Utiliza esta conversación de forma intermitente para abordar los problemas que persisten sin resolverse.

Un segundo tipo de conversación, la conversación sobre la intimidad en el conflicto, puede ser útil como una forma cotidiana y mejor de comunicarse. Adaptado del trabajo realizado por The Relationship Institute[12] (el Instituto de relaciones, en inglés) este tipo de interacción forma parte de un modelo conceptual más amplio sobre cómo las parejas pueden 1.) conectar mejor comprendiendo sus propios sentimientos y 2.) practicar cómo expresar sus sentimientos de forma respetuosa. El afecto aumenta a medida que estas dos habilidades se refuerzan.

La conversación sobre la intimidad en situaciones de conflicto forma

12. therelationshipinstitute.org

parte de todo esto. Se trata de un conjunto de habilidades que ambos practican y en las que el interlocutor se centra en compartir sus pensamientos de forma no agresiva, mientras que el otro escucha sin ponerse a la defensiva.

No es tan fácil cuando ambos están frustrados. Pero desarrollar estas habilidades es de vital importancia porque el acto de hablar sin agresividad, incluso cuando uno está muy emocionado, es un acto de compañerismo y respeto. El acto de permanecer lo suficientemente abierto como para escuchar lo que dice la pareja también demuestra respeto y deseo de comprometerse. Y lo que es más importante, escuchar a tu pareja y creer lo que dice es una de las formas más concretas de demostrar que ambos tienen el mismo estatus en la relación. ¡Eso es muy importante para salir de la dinámica padre–hijo!

Para desarrollar buenas habilidades de intimidad en el conflicto es útil tener en cuenta estas ideas:

- **Las ideas de tu pareja merecen respeto, simplemente porque tu pareja las tiene.** Puede que no entiendas por qué tu pareja piensa así, y puede que no estés de acuerdo con la idea. Ninguna de las dos cosas importa. Lo importante es que tu pareja piensa así y trata de comunicártelo. Escucha bien. Haz preguntas para aclarar las cosas.

- **La opinión de tu pareja es tan legítima como la tuya.** Además, tu pareja es la experta en su opinión. Tú no lo eres.

- **Cuando tu pareja habla de ti, puedes ponerte a la defensiva.** Es natural… pero la idea es mantenerse abierto. Así que establece una señal verbal que diga "Espera, estoy empezando a sentirme a la defensiva", y la respuesta a esa señal será que tu pareja deje de hablar un poco y que tú te calmes y vuelvas a abrirte.

- **Créele a tu pareja.** A veces mi esposo dice cosas que me parecen tan inverosímiles que no sé qué pensar de ellas. Lo mejor enfoque es que sabe de lo que habla porque es su experiencia. Mi trabajo es escuchar, no juzgar. Puedo hacer preguntas si tengo curiosidad por saber más.

- **No puedes controlar la opinión de tu pareja.** Y es posible que tampoco puedas cambiarla. Pero al menos puedes entenderla, y eso puede servir de base para encontrar una solución que les permita salir del "atasco" mutuo.

- **Sé muy, muy consciente de tu tono de voz.** Lo más difícil de este tipo de conversación es mantener a raya la frustración, la ira y las ganas de golpear a tu interlocutor en la cabeza con la sartén más cercana. Bromas aparte, la mejor manera de que te escuchen es hablar en un tono de voz que tu interlocutor sea capaz de oír. Cuantas menos respuestas defensivas haya que calmar, mejor.

- **Las disculpas por acciones pasadas no son necesarias.** La consideración de las opiniones sí lo es.

Llevará tiempo desarrollar esta habilidad en particular, y un buen terapeuta puede ayudarte haciendo de árbitro al principio. La rápida emocionalidad de muchas personas con TDAH es otro de los retos. Dicho esto, es uno de los conjuntos de habilidades más importantes que las parejas pueden desarrollar y que respaldarán una relación feliz en la que ambos se sientan seguros y escuchados.

La importancia de la validación

Una de las razones por las que las conversaciones de aprendizaje funcionan bien es que te dan la oportunidad de tener algunos momentos "¡eureka!" sobre la vida de tu cónyuge y tus propias motivaciones. Las bromas de Mike tienen mucho más sentido ahora que Johnn entiende su lógica, y la preocupación de John de que Mike se retire de la conversación queda más clara. Reconocer que la lógica es coherente internamente, aunque no estés de acuerdo con la conclusión a la que conduce, es una forma de apoyar a tu cónyuge y a la relación que se llama *validación*. Es importante para ambos cónyuges, sobre todo cuando la relación está en crisis. La validación es una forma de compartir el poder. Si respetas a los demás lo suficiente como para ser capaz de ver su lógica y "creer" en sus sentimientos, les estás otorgando poder en tu relación. A la inversa, si descartas sus ideas, las disminuyes. Aprender a validar los sentimientos de tu pareja, a reconocer su realidad, puede contribuir en gran medida a mantener la calma en casa y a contener las discusiones.

Cuando surge un conflicto, hay varias formas de responder: Puedes desescalar el conflicto, igualarlo o intensificarlo. Una forma segura de intensificar el conflicto es invalidar la idea de tu pareja. Por ejemplo, si Susan dice: "No me gusta nada que nunca ayudes en casa", una respuesta defensiva como "¿De qué estás hablando? Siempre ayudo", un "Sí, cariño" sarcástico o incluso un "No puedo ocuparme de esto" y salir de la habitación agravarán el conflicto. En lugar de reconocer sus sentimientos con un simple "siento que te sientas así, hablemos de ello", el compañero de Susan ha intentado invalidar su punto de vista. Esto conduce directamente al resentimiento y al rencor. Susan puede o no tener razón, pero su percepción es que su pareja no está ayudando y no le importa su opinión. La única forma de afrontarlo eficazmente es averiguar qué está pasando (incluida la identificación de las emociones ocultas) y luego crear un plan para tratar sus sentimientos y la situación. De lo contrario, se queda en el limbo, sin resolver y frustrada.

Las parejas que no padecen TDAH también invalidan a sus parejas todo el tiempo. Cuando Bill dice: "No puedo hacer X" y Linda responde: "Por supuesto que puedes hacer X, es muy sencillo", ella está ignorando lo que Bill le está diciendo. Es difícil para un cónyuge sin TDAH ser empático con la sensación total de estar abrumado que experimentan muchos con TDAH. Esto lleva a una sensación general de que "si yo puedo hacerlo, tú también puedes", en lugar de reconocer que la experiencia del cónyuge con TDAH es única y digna de validación. Una mejor respuesta hubiera sido: "Entiendo que no puedes hacer X ahora mismo de la forma en que lo has estado intentando, pero ¿quizá hay un enfoque diferente que podrías adoptar?".

Cuando hablo con los clientes sobre la validación, a menudo oigo: "Pero, ¿y si no estoy de acuerdo con lo que dice mi cónyuge? ¿Por qué debería decirle que sí?". La validación no consiste en estar de acuerdo, ni en decir las palabras "correctas" para que la pareja se calme. Se trata de expresar que entiendes la lógica de tu compañero, aunque no estés de acuerdo con ella, y que cada uno tiene derecho a mantener su propia opinión. Y si no entiendes la lógica del otro, es hora de entablar una conversación de aprendizaje para poder hacerlo.

La necesidad de mejorar la forma en que cada uno valida el derecho del otro a ser diferente, a tener patrones lógicos distintos y a ser único es tan importante que sugiero a todas las parejas que hagan la Hoja de trabajo de seguimiento de la validación de dos días de la sección Hojas de trabajo y herramientas al final del libro. No tienen por qué estar de acuerdo, pero validar las ideas del otro es imprescindible.

Cinco valores fundamentales que pueden reforzar tus negociaciones

La negociación forma parte de cualquier matrimonio. Un enfoque especialmente bueno para quienes tienen problemas de TDAH en su matrimonio es el que proponen Roger Fisher y Daniel Shapiro en su libro *Beyond Reason: Using Emotions as You Negotiate* (*Más allá de la razón: Cómo utilizar las emociones al negociar*, en inglés). Ambos autores son expertos en negociación, que han enseñado en la Facultad de Derecho de Harvard. En *Más allá de la razón,* escriben sobre cómo negociar teniendo en cuenta que las emociones son poderosas, están siempre presentes y son difíciles de manejar, todos ellos factores muy relevantes en las relaciones TDAH.

Las emociones que sientes en tu relación pueden ser obstáculos o ventajas en las negociaciones con tu cónyuge, dependiendo de si esas emociones son generalmente negativas (obstáculos) o positivas (ventajas). Pero los autores señalan que decirse a uno mismo que debe cambiar sus emociones de negativas a positivas, o intentar ignorar las emociones, son estrategias ineficaces para el cambio. Esas emociones están ahí; no puedes ignorarlas. Otro enfoque podría ser "tratar directamente con todas tus emociones", que es probablemente lo que has estado intentando hacer durante bastante tiempo. Pero eso es difícil, lleva mucho tiempo y es agotador. En su lugar, te sugieren que te centres en algunos "intereses fundamentales" que subyacen muchas emociones humanas y la mayoría de las negociaciones matrimoniales. Son necesidades humanas básicas, importantes para todos nosotros, que estimulan las emociones que sientes durante las negociaciones.

El marco de negociación de Fisher y Shapiro funciona bien con lo que has estado aprendiendo sobre el TDAH. Dale un vistazo a este cuadro:

Cinco intereses fundamentales[13]

Intereses fundamentales	Se ignora el interés Cuando...	Se satisface el interés Cuando...
Apreciación	Se menosprecian tus pensamientos, sentimientos o acciones.	Se reconoce el mérito de tus pensamientos, sentimientos y acciones.
Afiliación	Se te trata como a un adversario y se te mantiene a distancia.	Se te trata como a un colega.
Autonomía	Se atenta contra tu libertad para tomar decisiones.	Los demás respetan tu libertad para decidir sobre asuntos importantes.
Estatus	Tu posición relativa se considera inferior a la de los demás.	Se reconoce plenamente tu posición cuando la mereces.
Rol	Tu rol actual y tus actividades no te satisfacen personalmente.	Defines tu papel y tus actividades de tal modo que te resultan satisfactorias.

Apreciación es otra palabra para validación o empatía. La *autonomía* es otra forma de entender el establecimiento y el respeto de los límites personales. La dinámica padre–hijo es una forma de desequilibrio de *estatus*. Y, si quieres pensar en un *rol* insatisfactorio, piensa en "esclava doméstica". Sé que cuando me encontré por primera vez con este gráfico me horroricé al darme cuenta de que estaba ignorando *los cinco intereses fundamentales* de mi esposo, y él la mayoría de los míos. ¡No me extrañaba que no pudiéramos relacionarnos!

Puedes utilizar los intereses fundamentales para reflexionar sobre tu relación y sobre cómo te comunicas con tu pareja. ¿Dices cosas o haces peticiones que afectan estos intereses? ¿Buscas activamente formas de reforzar y apoyar los intereses fundamentales de tu cónyuge?

13. Fisher, Roger y Shapiro, Daniel, *Beyond Reason: Using Emotions as You Negotiate*, Penguin Books, 2005, página 17.

Entrevisté a Shapiro, quien sugiere que sería útil para las parejas que luchan contra el TDAH pensar en los intereses fundamentales como una lente y una palanca. En el modo de lente, puedes usar tu conocimiento de los intereses fundamentales como una forma de comprender, pensar y aprender sobre tus propias necesidades y las de tu pareja. Como palanca, puedes utilizar los intereses fundamentales como un sistema para crear el cambio. En otras palabras, podrías decir: "Si quiero lograr X, ¿cómo podría usar mi conocimiento de los intereses fundamentales (y el TDAH) como una forma de lograrlo?".

Señaló que es difícil recordar y pensar en cinco áreas diferentes, sobre todo en el fragor de la negociación. Así que si hay que elegir una en medio de una conversación, sugiere que las parejas que luchan contra el TDAH se centren en la apreciación: es decir, comprender, encontrar mérito y apoyar el punto de vista de tu cónyuge. Utilizar conversaciones de aprendizaje o conversaciones de intimidad en situaciones de conflicto puede ser una buena forma de comprender un punto de vista que suele ser bastante ajeno.

Cuando no se está en medio de una conversación, Shapiro sugiere pensar en la autonomía, o en quién es responsable de decidir qué cuestiones. Una forma sencilla de evitar conflictos en torno a cuestiones de autonomía podría ser utilizar una regla sencilla: SCAD —siempre consultar antes de decidir (acrónimo en inglés ABCD: Always Consult Before Deciding. N. de la T.)

Shapiro también señala que los rasgos del TDAH pueden afectar la manera en que una persona aborda los intereses fundamentales. Rasgos como vivir en el ahora y la dificultad para anticipar el futuro afectarían, sin duda, la forma de crear vínculos. Esto no cambia la necesidad de crearlos, sólo la forma específica en que se pueden lograr.

Los cinco intereses fundamentales proporcionan una estructura sólida para negociar eficazmente en beneficio mutuo. Para saber más, lee *Más allá de la razón*. Los autores dedican capítulos enteros a cómo crear vínculos, respetar adecuadamente la autonomía, etc. El hecho de que el libro se haya escrito pensando en un público empresarial es otro punto a favor, ya que puede resultar una lectura más atractiva para algunos que el típico libro de autoayuda.

Señales verbales

Las señales verbales son una gran herramienta si tienes conversaciones repetitivas sobre temas delicados que siempre parecen intensificarse o desviarse de su curso. Sabes que se avecinan, pero no sabes cómo detenerlas. Desarrollar juntos señales verbales puede cambiar esa situación.

He aquí un ejemplo de una situación en la que sería eficaz utilizar una señal verbal. Esta pareja todavía no se ha casado:

> *Ella:* Sé que queríamos ir hoy al concierto, pero es al aire
> libre y va a llover, así que prefiero no ir.

> *Él:* Pero tenía muchas ganas de ir.

> *Ella:* Lo sé, pero voy a pasar frío y me voy a sentir fatal y,
> en cualquier caso, no me encuentro del todo bien.

> *Él:* Deberíamos ir. Dijimos que iríamos al concierto.

Cuando esta conversación se produjo en la realidad, él siguió insistiendo. Al final fueron al concierto bajo la lluvia. Ella acabó llorando porque se sentía muy mal, y él por fin comprendió que ella *realmente* no quería ir y se sintió mal por presionarla tanto.

Este patrón se repite con cierta frecuencia en esta pareja. Ella dice "no" de una forma u otra, y él sigue presionando para conseguir lo que quiere. Ella describe su comportamiento como "una aplanadora".

Cuando nos detuvimos a tratar de entender el comportamiento, quedó claro que sus empujones eran en realidad el resultado de que él tenía muchas ganas de pasar tiempo con ella y temía que un cambio de planes lo arruinara. Si no iban juntos al concierto, ¿seguirían pasando tiempo juntos? Así que la pareja ha acordado utilizar una señal verbal. Si él sigue insistiendo después de que ella diga "no" dos veces, ella dirá algo así como: "Estamos entrando en un mal ciclo. Vamos a dar un paso atrás para ver si podemos averiguar qué está pasando por debajo". Esta señal significa "Vamos a dejar de discutir ahora e investigar". Como ahora son conscientes del miedo de él a no poder pasar tiempo juntos, eso es lo primero que evaluarán. ¿Quizás haya otra actividad que puedan hacer que sea más apropiada para un día lluvioso? Si no pueden identificar lo que hay debajo de su obstinada negativa a escuchar la petición de ella, han acordado que errarán por el lado de hacer lo que ella desea. Llegaron a este acuerdo porque él dice que ella "suele tener razón a la larga" en este tipo de cuestiones y por eso cree que es una buena manera de sortear un punto muerto.

He aquí otro ejemplo de una señal verbal tonta pero eficaz: "¡La mamá malvada ha salido de la guantera!". Esta es una señal que mis hijos utilizaron conmigo durante un tiempo. Me ponía de mal humor y agresiva si tenía demasiadas cosas que hacer, cosa que me ocurría con frecuencia. Un día, mientras íbamos de viaje en coche, los niños me pidieron: "Por favor, mete a Mamá Malvada en la guantera". Inmediatamente me di cuenta de que estaba teniendo un mal día y pensé que la petición era graciosísima. Así que saqué la parte "mala" de mí e hice justo lo que me pedían, haciendo además de meterla en la guantera del coche. A partir de entonces, si George o los niños creían que podía decir lo que pensaba de una forma más amable, me lo decían de buen grado (siempre con una sonrisa).

Las señales verbales son una forma muy eficaz de reducir la tensión en las interacciones. Funcionan porque los dos miembros de la pareja están de acuerdo en darlas y están especialmente pensadas para abordar situaciones repetitivas y evitar las actitudes defensivas. Funcionan porque ambos interlocutores acuerdan de antemano que invocarlas es un acto neutro, incluso positivo. Utilizar una señal verbal acordada es como levantar una bandera de advertencia: "Siento que se está desarrollando una mala situación y me gustaría alejarme de ella ahora". Ambos saben que detener las interacciones negativas antes de que se produzcan favorece su relación.

Las señales son estupendas para neutralizar temas delicados. Por ejemplo, a veces, cuando estoy hablando con mi esposo y siento que no me está prestando toda su atención, le digo: "No estoy segura de que me estés escuchando. ¿Te importaría mirarme?". Una vez que ha establecido contacto visual conmigo en lugar de con la página web que estaba consultando, sé que tengo su atención. Si no hubiéramos acordado antes que este tipo de petición se refería a la atención plena, podría haber interpretado la petición como degradante o un ejemplo de mandonería entre padres e hijos. En lugar de eso, entiende que significa: "Estoy diciendo algo importante y necesito toda tu atención, sin ánimo de ofender".

Las señales ayudan a eliminar el estigma de los síntomas del TDAH. La atención de mi esposo a veces está fracturada por causa de su TDAH. Es un hecho. Nosotros podemos o ignorar el hecho o aceptarlo y trabajar en él; creando señales neutrales como esas discutidas arriba, así como también crear estrategias de afrontamiento que enfoquen su atención sobre mí cuando más lo necesito. No estoy diciendo que él está roto; solamente que necesito su completa atención por un momento antes de que el regrese a lo que él estaba haciendo.

Combatir las "vocecitas" y aumentar la seguridad emocional

Muchas personas con TDAH tienen una vocecita en su interior que les sugiere que podrían fracasar en la próxima cosa que intenten hacer. Yo personifico esta voz como un diablillo sentado en el hombro que pregunta: "¿Estás seguro de que quieres intentarlo?" y "¿Qué te hace pensar que puedes hacerlo *esta vez* cuando ya has fracasado antes?".

A medida que aumenta lo que está en juego en la relación, y que los patrones de comunicación empeoran porque los vínculos son más débiles, esa voz se hace más fuerte: "No lo estropees ahora, hay mucho en juego", o "Si lo intentas y fracasas, puede que acabes divorciándote".

La pareja que no padece TDAH tiene un diablillo similar susurrándole al oído. Para ellos, el mensaje destructivo es: "Si no te ocupas de esto, no se hará. Tienes que encargarte de arreglarlo, de lo contrario todo se vendrá abajo y te quedarás solo".

Estas voces sobreviven como resultado de la inconsistencia de la tasa de éxito del compañero con TDAH. Ambos miembros de la pareja necesitan ser conscientes de que estas voces existen para poder contraatacar, espantando a ese diablillo una y otra vez hasta que su fuerza quede mermada. La mejor defensa contra estas voces es tratar eficazmente el TDAH y crear un entorno en el que sea seguro comunicarse, incluso en torno a ideas difíciles. Las técnicas de conversación de este capítulo proporcionan estructuras dentro de las cuales puedes comunicarte de forma segura y respetuosa, incluso sobre temas difíciles. Aquí tienes otras formas de crear un entorno seguro para ambos:

TIPS
Crear un entorno seguro de comunicación

- **Di "no" a todos los regaños e intimidaciones.** Simplemente no lo hagas. Encuentra otra forma de comunicar tu necesidad.

- **Refuercen los aspectos positivos.** Las personas con TDAH suelen atribuir su éxito a la casualidad y no a la intención. Recuerden las ocasiones en las que la intención y la acción, de hecho, condujeron al éxito.

- **Refuercen la conexión programando un tiempo juntos en el que su único objetivo sea prestarse atención el uno al otro.** De este modo, tendrán tiempo para estar juntos aunque estén demasiado ocupados o distraídos.

- **Lo primero es reforzar los vínculos y lo segundo hacer las cosas.** Cuanto más fuertes y numerosos sean los hilos que les unen, más fácilmente podrán compartir sus sentimientos e ideas. Su matrimonio puede o no desmoronarse si no se hacen las cosas. Lo más seguro es que se desmorone si ya no están conectados el uno con el otro.

- **Respeten la necesidad de espacio** de cualquiera de los dos sin renunciar a tus conexiones subyacentes. Tanto las parejas con TDAH como las que no lo tienen me han dicho que de vez en cuando necesitan alejarse de todo para reagruparse. Algunos se retiran con un libro; otros crean un espacio privado especial en su casa sólo para relajarse. Esto es saludable y da fuerzas para futuras interacciones, siempre y cuando la escapada sea temporal y los problemas acaben resolviéndose.

- **Organicen sus conversaciones** de modo que haya momentos específicos en los que se discutan temas difíciles. Esto aligerará el ambiente durante el resto de la semana, ya que el tema difícil no estará presente todo el tiempo. Por ejemplo, puedes reservar el domingo por la noche para decidir qué tareas vas a hacer esa semana y reservar tiempo para una conversación de aprendizaje sobre algo que le preocupa a uno de los dos.

- **Reserven tiempo para divertirte y conectar.** Esto aumentará su red de seguridad.

- **Utilicen señales verbales** siempre que sea necesario para redirigir las conversaciones antes de que se vuelvan destructivas. Esfuércense por que el TDAH sea lo más neutral posible en sus interacciones: algo con lo que hay que lidiar y sobre lo que hay que trabajar, pero no algo criminal ni una indicación de que la pareja está "rota".

- **Establezcan prioridades** para determinar si un tema es lo suficientemente importante para su bienestar como para tratarlo en ese momento. No todas las crisis deben abordarse de inmediato.

- **Acepten que está bien no "resolver" todos los problemas.** No todos los problemas tienen solución; algunos conflictos provienen de sus diferencias inherentes. Cuando se encuentren con un problema irresoluble, pasen al siguiente paso: crear una buena solución.

- **Dense las gracias.** No siempre acabarán estando de acuerdo, pero muestren su agradecimiento por participar en el proceso de solucionar las cosas.

Reconocer la ira y el dolor

La ira, como sabes, puede ser un factor importante en tus conversaciones. Aunque la ira es legítima, a menudo se expresa de forma improductiva que bloquea a ambos cónyuges.

El dolor desempeña un papel menos obvio, pero también importante, en el remolino de emociones que rodea a las parejas que se enfrentan al TDAH. Ambos cónyuges se afligen por lo que podría haber sido, pero no fue, debido al efecto no reconocido del TDAH en sus vidas. Aunque conozcas el TDAH desde hace mucho tiempo, es probable que no te hayas dado cuenta de que estaba afectando tu matrimonio hasta hace poco.

Es muy importante que, a medida que establezcan nuevos patrones de comunicación, ambos reconozcan la validez de su dolor y su ira. Es triste que hayas tenido problemas en tu relación que podrían haberse evitado si hubieras sabido más sobre el TDAH. Es triste que tu cónyuge haya luchado contra el TDAH desde la infancia y le diagnosticaron hace poco. Es fácil enfadarse porque la vida ha sido mucho más dura de lo que esperabas porque el TDAH está ahí.

Mi esposo y yo aprendimos que un momento importante para guardar silencio o mostrar signos físicos de empatía, como dar un abrazo, es inmediatamente después de una expresión de dolor. Cuando digo "permanecer en silencio" no quiero decir "ignorar". Quiero decir que permanezcas involucrado en la interacción, simplemente que no refutes la afirmación. Mi esposo, una vez que se dio cuenta de lo terapéutico que es para mí "simplemente hablar de ello", se enseñó a sí mismo a escuchar sin interrumpir, a veces incluso bromeando: "¡Lo sé, lo sé, las mujeres se sienten mejor simplemente hablando!". Los hombres, en particular, se beneficiarán si resisten el impulso de "resolver problemas" o decir a sus cónyuges cómo superar la pena que sienten. No se puede resolver el dolor de nadie. Sólo hay que reconocerlo y empatizar con él; no descartarlo. Con el tiempo, el dolor que se reconoce y valida, se cura.

El respeto que demuestres a través del reconocimiento y la verdadera empatía puede ser muy útil para mejorar la comunicación. También puede desactivar una discusión antes de que se produzca. Imagina cómo se sentiría un cónyuge que no padece TDAH en este breve intercambio:

Zena (cónyuge sin TDAH): Es como si no estuviera casada, ¡nunca me prestas atención!

Bruce (cónyuge con TDAH): Lamento que te sientas sola. Te quiero y quiero intentar pasar más tiempo contigo. (Le da un cálido abrazo y un beso en la cabeza).

Zena (enfadada, pero también un poco aturdida): Entonces, ¿por qué no pasas más tiempo conmigo?

Bruce: ¡Eres muy importante para mí! Supongo que aún no he controlado mi distracción. Te quiero y quiero hacerlo mejor porque esto nos hace daño a ambos.

Zena: Siempre dices que quieres hacerlo mejor, pero no lo haces. ¡Odio eso!

Bruce: A mí tampoco me gusta mucho. Quiero poder complacerte mejor y comunicarte mejor mis sentimientos. Me entristece no haberlo hecho.

Fíjate en que Bruce no ha sugerido ninguna solución. Pero como ha reconocido la ira de su mujer (y su dolor subyacente) es poco probable que esta conversación se convierta en una pelea. Más bien, su abrazo y la aceptación del dolor de ella les ayuda a conectar de una manera que puede servir como punto de partida para que ambos cónyuges exploren sus problemas (más tarde, en un momento menos emocional) y empiecen a averiguar cómo gestionar tanto sus expectativas como su experiencia mutua.

Las guerras de género y la comunicación

Tiendo a resistirme a la idea de que hombres y mujeres deben ser tratados de forma diferente, porque he sido víctima de ese pensamiento con demasiada frecuencia. No obstante, existen diferencias legítimas en la forma de comunicarse de hombres y mujeres que, en todo caso, son exageradas en las relaciones afectadas por el TDAH. En concreto, hay dos a tener en cuenta:

1. Las mujeres suelen encontrar terapéutico "arreglar algo hablando", elaborando sus ideas en voz alta. A los hombres, en cambio, les suele gustar "resolver problemas" y pueden sentirse físicamente incómodos al hablar de algo. Hablar ayuda a las mujeres a estar menos alteradas y a sentirse mejor. Hablar hace que los hombres se sientan peor.

2. Hay quien piensa que los hombres sufren más vergüenza de lo que la mayoría de las mujeres creen, y que a las mujeres les mueve el miedo al abandono o a la desconexión. Por eso, cuando una mujer expresa su insatisfacción, un hombre puede ponerse a la defensiva o no querer hablar de ello porque se siente avergonzado por la insatisfacción de ella. Las mujeres que temen la desconexión y el abandono suelen responder a este comportamiento "persiguiendo" mucho más al hombre.

En su libro *How to Improve Your Marriage Without Talking About It* (*Cómo mejorar su matrimonio sin hablar de ello*), los autores Patricia Love y Steven Stosny exploran estos temas y llegan a la conclusión de que la vergüenza y el miedo impulsan el comportamiento y la comunicación más de lo que muchos creen, sobre todo en función del sexo. Instan a los lectores a evitar desencadenar estas emociones.

Se puede ver cómo la vergüenza y el miedo al abandono serían exagerados en las relaciones afectadas por el TDAH. Un hombre con TDAH suele ser un hombre distraído, es decir, que deja sola a su mujer. Él no hace esto intencionalmente; simplemente sucede, pero la ansiedad (miedo al abandono) y la desdicha resultantes para ella no son menos reales. Como he señalado antes, para contrarrestar la destructividad de la distracción de un esposo con TDAH, ambos deben dedicar conscientemente tiempo a prestar atención y divertirse juntos. La conexión es la "cura" para este miedo.

De manera similar, una pareja sin TDAH enojada, "servicial" o desesperanzada es aquella que con frecuencia avergüenza a su cónyuge, intencionalmente o no. "¿Por qué no puedes hacer esto?" o incluso "¿Puedo ayudarte con eso?" son preguntas que refuerzan los sentimientos de vergüenza sobre las luchas de él contra el TDAH y lo hacen retraerse.

No estoy sugiriendo que no hablen entre ustedes, a pesar del ingenioso título de Love y Stosny. Tampoco estoy sugiriendo que estas cuestiones siempre se alineen sólidamente en torno a las líneas de género. Pero hay que tener en cuenta el papel que desempeñan el género, la vergüenza y el miedo. Recuerda que "hablar las cosas" puede ser un enfoque especialmente femenino para resolver los problemas y que provocar vergüenza es más fácil de lo que crees, y además contraproducente.

TIPS
Cómo evitar desencadenar la vergüenza y el miedo en las conversaciones

- **Separen las conversaciones difíciles.** Si tienen mucho que trabajar, reserven un tiempo específico durante la semana para "hablar de las cosas serias". Esto hace que todo el "dolor" de la conversación se concentre en una sola sesión, en lugar de alargarlo, lo que puede suponer un alivio para ambos.

- **Estén alerta.** Si un miembro de la pareja se retrae, el otro debe preguntarse: "¿Acabo de avergonzarle?" y "¿Se siente abrumado?". Si uno de los miembros de la pareja se siente especialmente abandonado, hay que reconocer que esos sentimientos son reales y programar algo de tiempo para hacer algo divertido o significativo juntos. No se trata sólo del TDAH y la distracción; también puede haber una cuestión de género.

- **Escuchen.** A la mayoría de las mujeres les gusta "hablar de las cosas" al menos alguna vez. Una buena forma de abordarlo es resistirse a profundizar, sino más bien "advertir" a su cónyuge de su necesidad de resolver verbalmente un asunto. Esta advertencia sirve como señal verbal para "Por favor, escúchame y déjame hablar un rato". Valide sus sentimientos y su derecho a mantener esas opiniones, y demuestre que entiende lo que ha dicho reproduciendo algunas de sus ideas (conversaciones de aprendizaje).

- **Resístanse a la resolución de problemas.** "Hablar las cosas" es terapéutico para la mayoría de las mujeres. No resuelva el problema hasta que haya escuchado los detalles. Utilice una conversación de aprendizaje para profundizar en cuestiones especialmente espinosas si es necesario.

Temas conversacionales relacionados con los síntomas del TDAH

Ciertos aspectos de la forma en la que el cónyuge con TDAH conversa son directamente el resultado de síntomas de TDAH no tratados. Por lo general, estos problemas pueden resolverse con el tratamiento adecuado.

Se le escapan las cosas

Las personas con TDAH no tratado tienden a hablar antes de pensar y, a menudo, dicen cosas que se consideran groseras, ya sea por cómo las dijeron o por su contenido. Esto está relacionado con la falta de control de los impulsos y puede mejorarse.

Conversaciones dispersas

Uno cree que está hablando de una cosa y, de repente, la persona con TDAH se desvía del tema. Esto es un resultado frustrante de la distracción. Las personas con TDAH reciben constantemente información proveniente de todas partes; sus cerebros son "ruidosos". Esto significa que es probable que tengas muchas conversaciones inconexas con alguien con TDAH. También puede significar que tengas conversaciones inacabadas, porque puede ser difícil volver a encarrilarlas. Un tratamiento que mejore la concentración puede ayudar en este sentido.

Monólogos

Mientras que otros podrían dejar de hablar, las personas con TDAH no suelen hacerlo. Algunas de ellas tienen dificultades para leer las señales emocionales que les envían los demás si están aburridas o preocupadas por una conversación. Además, tienden a ser muy buenos juntando muchos hechos dispares, pero no tan buenos editándolos. Esto puede dar lugar a conversaciones incoherentes (aunque a veces interesantes). La terapia conductual puede ayudar a controlar este síntoma. (Pero hay que tener en cuenta que los cónyuges que no padecen TDAH tienen su propia versión del monólogo: el monólogo "No me has respondido adecuadamente, así que te lo diré otra vez, un poco más alto y con más insistencia para que prestes atención").

Afición a discutir o incapacidad para hacerlo

El amor por la estimulación lleva a algunas personas con TDAH a disfrutar de las peleas. En el otro extremo del espectro, algunas personas con TDAH no pueden manejar la tensión del conflicto y, por lo tanto, se retraen emocional o físicamente cuando se las coloca en una conversación estresante. El tratamiento del TDAH en general, y a veces el tratamiento de los problemas de ira en particular, pueden ayudar a mitigar estas respuestas.

Defensividad extrema

Demasiados años en los que la gente te dice que no has alcanzado tu potencial o que estás haciendo algo mal pasan factura. Algunos lo manejan anticipándose a las críticas y respondiendo negativamente a cuestiones delicadas incluso antes de oír lo que se dice. El tratamiento general del TDAH y el asesoramiento pueden ayudar. Establecer señales verbales interrumpe las conversaciones que se sabe que conducen a la actitud defensiva.

Mala memoria de acuerdos o incidentes

Los problemas de memoria a corto plazo pueden afectar a las personas con TDAH. Ambos cónyuges deben aprender que no sólo está bien, sino que es deseable, anotar los acuerdos y dejarlos en un lugar bien visible. La ventaja real de la mala memoria a corto plazo es que las personas con TDAH son rápidas para "perdonar y olvidar".

Relación vs. matrimonio

Para mí, las interacciones logísticas suelen ser parte fundamental del "matrimonio". ¿Quién debe levantarse con el bebé? ¿Quién paga las facturas? ¿Quién limpia la cocina? ¿Quién cuida de los niños? Pero para negociar exitosamente los detalles del *matrimonio*, primero es necesario que la *relación* subyacente sea fuerte.

Demasiadas parejas TDAH en crisis se centran en los detalles del matrimonio y pierden de vista su relación como personas. Se centran en ver quién quita la nieve del camino, quién ayuda a los niños con los deberes o quién cocina y limpia. Todas estas cosas son importantes a largo plazo, pero no pueden ser el objetivo principal de la pareja. Son aspectos logísticos. Y sí, la logística es fundamental para evitar que la familia se separe, sobre todo cuando hay niños pequeños. Pero el corazón de su éxito es la relación especial entre ambos conyuges. Todo se basa en esa conexión.

Te insto a que dejes de pensar en salvar tu matrimonio y empieces a pensar en mejorar su relación. Si lo haces, el resto llegará más fácilmente.

 TIPS
Mejorar la comunicación

- **Piensen en relación, no en matrimonio.** Si lo hacen así, es más probable que tomen las decisiones correctas en sus conversaciones. La "relación" se centra en el otro como persona. "Matrimonio" es más probable que se centre en la logística, en quién tiene el "control" y, quizás, en sueños insatisfechos.

- **Protejan sus identidades únicas.** A ninguno de los cónyuges se le debe pedir que renuncie a los elementos más importantes de su identidad por su pareja. Si renuncian a las mejores partes de lo que desean ser, acabarán disminuidos y resentidos, y la relación no prosperará.

- **Practiquen la validación.** Es importante en todas las relaciones, pero es especialmente importante en las relaciones con TDAH. Puesto que son tan diferentes, es importante dedicar tiempo a comprender de verdad la lógica de la pareja y reconocer que ésta tiene derecho a tener una opinión concreta, aunque no se esté de acuerdo con ella. (Utiliza una conversación de aprendizaje si están en un callejón sin salida y el tema es importante).

- **Desconfíen de los desequilibrios continuos en el control de la conversación.** Si en sus comunicaciones uno de los cónyuges siempre está "instruyendo" y el otro siempre está "aprendiendo", ya no están actuando como compañeros. Esta dinámica desigual disminuye a ambos cónyuges.

- **Recuerden tener en cuenta la vergüenza y el miedo al fracaso.** Si estas emociones están presentes, traten de no desencadenarlas, pues cerrarán la conversación. Busquen ayuda profesional para superarlas.

- **No dar por sentado que se conocen las motivaciones o suposiciones de la pareja.** Ambos tienen puntos de vista muy diferentes, así que hagan preguntas y entablen conversaciones de aprendizaje.

- **Háganse responsables de sí mismos.** Si pides cambios en el comportamiento de tu pareja, asegúrate de no traspasar sus límites y hacerte responsable de ese cambio. Además, no eres responsable —ni puedes controlar— la respuesta de tu pareja a cualquier petición que le hagas.

- **Practiquen la negociación utilizando los cinco intereses fundamentales.** Les ayudará a mantener la empatía y la conexión, así como a controlar mejor las emociones durante las negociaciones.

- **Gestionen la impulsividad y la distracción,** ya que son dos rasgos del TDAH que con frecuencia se entrometen en una comunicación satisfactoria. Trátelos con cambios conductuales (impulsividad) y señales conversacionales (distracción).

- **Utilicen conversaciones de aprendizaje:** ¡muchas! Practiquen la técnica hasta que se sientan cómodos iniciando una sobre cualquier tema.

- **Practiquen el desarrollo de habilidades para la intimidad en situaciones de conflicto.** La capacidad de hablar sin agresividad y de escuchar sin actitud defensiva es una gran ventaja en una relación sana.

- **Procuren crear un entorno seguro para expresar opiniones e ideas.** Eso significa estar abierto a considerar cualquier idea, aunque ya se haya oído antes, y validar el derecho de su cónyuge a tener esa opinión. Esfuércense por comprender los problemas emocionales que subyacen tras los patrones de comportamiento más superficiales.

- **Escúchense.** En las interacciones, la respuesta es tan importante como la salva inicial. No se centren sólo en cómo iniciar la conversación; concéntrense también en escuchar e interiorizar la respuesta de su pareja.

Paso 5:
Establecer límites
y encontrar
sus propias voces

"El éxito es fracaso transformado desde adentro.".

Proverbio

No necesitas que te digan que tu cónyuge a veces interviene en tu vida de un modo que te resulta doloroso o difícil. En las relaciones TDAH problemáticas, esto sucede todo el tiempo. Un cónyuge con TDAH puede hacer cosas como las siguientes:

- Asumir sin preguntar que un cónyuge sin TDAH se hará cargo de responsabilidades clave, como las tareas domésticas, los quehaceres, las finanzas y la crianza de los hijos.

- Negarse a tratar los síntomas del TDAH y, en esencia, controlar al cónyuge sin TDAH obligándolo a "tomarlo o dejarlo".

- Usar la propiedad personal de otros de forma destructiva, desconsiderada o desordenada.

Un cónyuge sin TDAH podría

- Asumir las responsabilidades del cónyuge con TDAH, a menudo suponiendo que es incompetente o que es la única manera de hacer las cosas.

- Decirle cómo tiene que vivir o intentar controlarle.

- Intentar cambiarle repetidamente (a veces para que no sea una persona con TDAH).

- Interferir en asuntos laborales, personales y de salud.

Imponerte a ti mismo o tus hábitos sobre un cónyuge sin su consentimiento es lo que yo llamo *ignorar los límites personales*. Si esto se hace con poca frecuencia o temporalmente, entonces puede tolerarse o perdonarse como un lapsus de juicio. Pero en las relaciones afectadas por el TDAH, ignorar los límites personales no es algo que ocurre a veces; puede ser una forma de vida. Se hace en un esfuerzo por crear un cambio o resistirse al cambio, pero como ya sabes, no puedes cambiar a otra persona. Entonces, ¿cómo *inspirar* el cambio en una relación? ¿Sólo tienes que sentarte y esperar?

Es común tener miedo de que si intentas cambiar, tu cónyuge no haga lo mismo. Para el cónyuge que no padece TDAH, la pesadilla es que si "se deja llevar" su cónyuge perderá todo interés en abordar los síntomas del TDAH y, sin darse cuenta, seguirá causando estragos en la relación. Este temor no es infundado; esto ocurre todo el tiempo.

Para el cónyuge con TDAH, la pesadilla es que se arme de valor para intentar hacer cambios, sólo para recibir mensajes de decepción, desesperanza y críticas de su cónyuge al primer signo de flaqueza. Este temor también está bien fundado.

Sólo hay unas pocas maneras de salir de este dilema, y la que parece funcionar mejor es dejar de hacer cosas para cambiar al *cónyuge* y empezar a hacer cosas para cambiar uno *mismo*, guiado por un conjunto bien pensado de razones para comportarse de una determinada manera. Es decir, tienes que establecer límites personales basados en tus valores fundamentales.

Así es como yo defino formalmente un límite personal:

> Un límite personal es un valor, una característica o un comportamiento que debemos tener para vivir nuestra vida, en cualquier situación, como la persona que queremos ser.

La expresión óptima de un límite personal significa que puedes expresarte plenamente y que esta expresión contribuye a hacer de ser la mejor persona posible. Eres muy apreciado por esta característica y es esencial para lo que eres. En las relaciones, a menudo moderamos o negociamos nuestra forma de expresarnos, incluso en aspectos fundamentales, para poder vivir con éxito con la persona a la que queremos. Esta es una parte saludable de cualquier relación. Pero hay un punto en el que la expresión modificada de esa característica se vuelve tan diferente de quién eres que te ves disminuido o confinado de un modo que te deja en un estado poco saludable. Yo llamo a ese punto el umbral inferior del límite personal, y en las relaciones TDAH con dificultades ese umbral se traspasa con frecuencia, lo que resulta en luchas por el control, agotamiento y disminución de ambos miembros de la pareja. Una imagen puede demostrar cómo varía la expresión de los límites personales.

Expresión de límites personales

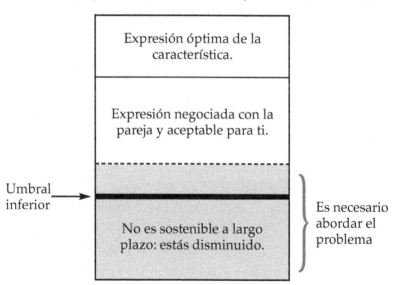

El punto aquí es que necesitas entender dos cosas sobre tus propios límites personales:

1. Cuáles son los más importantes para ti como persona.

2. Dónde se encuentra tu umbral inferior para cada límite.

Los límites protegen lo más esencial de la persona. Cuando vives de forma coherente con tus límites y por encima de tu umbral inferior, tienes más probabilidades de tener una relación feliz y sana. Por el contrario, si tienes que suprimir constantemente partes esenciales de ti mismo y vives por debajo de umbrales de límites importantes, te sientes vacío, insatisfecho e infeliz.

Una idea fundamental para mejorar tu relación es definir tus límites personales y tomar las riendas de tu vida de forma que puedas vivir según esos límites como la persona que estás destinada a ser. A medida que aprendas a respetar y defender tus límites personales más importantes, espero que también aprendas a respetar los de tu pareja. Cuando las parejas pasan juntas por este proceso, avanzan por un camino de autodescubrimiento y autodefinición que aporta energía y fuerza a su unión.

Una advertencia. Encontrar tus límites no significa encontrar razones para ser inflexible o egocéntrico. Todo lo contrario: significa descubrir qué es lo verdaderamente importante para saber exactamente dónde debes cambiar o negociar y dónde simplemente no puedes hacerlo. Definir claramente tus propios límites te da la fuerza necesaria para tender la mano a los que más te importan sin temer que hacerlo suponga tu propia disminución. Para la mayoría de la gente, definir los límites significa ser más flexible y más atento, no menos. Unos límites bien definidos te permiten relativizar los asuntos menores y en muchos casos dejarlos ir.

Lluvia de ideas para definir tus límites

Definir tus límites es un ejercicio para volver a ponerte en contacto con los valores que te hacen ser quien eres y determinar cómo quieres actuar. Los límites sirven para tres cosas importantes:

1. Definen un conjunto de valores o prioridades.

2. Permiten que los demás entiendan claramente tus expectativas.

3. Con el tiempo, la coherencia de unos buenos límites permite adaptar la forma de interactuar con los demás.

Unos límites coherentes pueden crear un entorno en el que puedes vivir como la persona que realmente quieres ser y tener una relación más productiva y feliz.

¿Cómo puedes identificar tus límites más importantes? Lo que sigue es un ejercicio excelente para hacer con un consejero que pueda ser una buena caja de resonancia para tu exploración, pero también puedes hacerlo por tu cuenta. Tu cónyuge también puede darte su opinión. La lectura inspiradora, aprender más sobre el TDAH (en especial si eres el cónyuge con TDAH) y luego usar un diario o un bloc de notas pueden ayudarte a organizar tus pensamientos.

Plantéate estas preguntas y haz una lluvia de ideas. Puedes centrarte en los conceptos clave y tachar las ideas menos importantes más adelante.

1. Piensa en tus valores y en lo que era importante para ti cuando te sentías más feliz. ¿Cómo te comportabas? ¿Qué era único en ti? ¿Qué te enorgullecía más? ¿Hubo consistencias importantes en tu pensamiento o comportamiento que puedas nombrar?

2. Piensa en cuáles son tus límites o normas personales en la actualidad. ¿Qué ha cambiado? ¿Qué límites desearías tener establecidos pero crees que actualmente faltan o son ignorados por ti o por los demás?

3. Hazle preguntas a tu cónyuge: *¿Qué partes de mí te enamoraron? ¿En qué era única? ¿Cuáles son mis cualidades especiales a tus ojos? ¿Qué cualidades te hacen sentir más orgulloso?*

4. ¿Dónde quieres estar en el futuro?

De todo el material que has ido recopilando y las notas de tu diario, ¿puedes marcar con un círculo sólo algunas cosas realmente importantes? Si no, ¿puedes crear niveles de importancia? (El Nivel 1 podría ser "absolutamente necesario", mientras que el Nivel 2 podría ser "importante" y el Nivel 3 podría ser "podría renunciar si tuviera que hacerlo" o alguna otra designación que funcione para ti).

Una forma eficaz de hacerlo con la ayuda del cónyuge es mantener algunas conversaciones de aprendizaje sobre esos temas, en las que reflejar ideas al cónyuge que está explorando puede ayudarle a profundizar, así como a conocer mejor a su pareja. Recuerda, sin embargo, que el papel del cónyuge espejo no es comentar ni "calificar" el mérito de las distintas ideas.

Límites y valores frente a la lista de deseos

Una vez que tengas una posible lista de valores, límites y características únicas, debes examinarlos para determinar si serán normas duraderas y eficaces que te lleven de vuelta a ti mismo: quién quieres ser y cómo quieres vivir tu vida en el futuro. Idealmente, esto significa separar los límites reales de una lista de deseos de cosas que te gustaría que cambiaran. Haciéndote cuatro preguntas, y siendo brutalmente honesto contigo mismo al responderlas, puedes dejar de lado los elementos de la "lista de deseos" o determinar si caen más ampliamente en un área de límites.

1. **¿La idea apunta a otra persona?** Los límites se refieren a tu propio comportamiento y necesidades, no a los de otras personas. "Necesito vivir en un hogar ordenado" *podría* ser un aspecto de un límite real que tiene que ver con calmarse uno mismo y mantener el control sobre los pensamientos y sentimientos. O puede reflejar simplemente el deseo de que el cónyuge colabore más a menudo. Esto último es un elemento de la lista de deseos.

2. **Comprueba la coherencia del concepto con situaciones de la vida real.** ¿Es una idea que te parece "adecuada" en todas las circunstancias? ¿Es algo lo suficientemente importante como para que puedas utilizarlo para tomar decisiones difíciles?

3. **Comparte la idea con otras personas.** ¿Qué preguntas tienen al respecto? ¿Se les encienden los indicadores de "tonterías"?

4. **¿Te hace mejor persona?** El objetivo de este ejercicio es encontrar los elementos que te convierten en la mejor persona posible. Si un límite no conecta con un valor fundamental y no te hace mejor persona, plantéate si es necesario.

En mi opinión, los mejores límites:

- protegen y respetan la autonomía y singularidad (buena y mala) de cada miembro de la pareja,

- permiten el crecimiento positivo para quien lo busca,

- reconocen que una relación de pareja es intrínsecamente diferente a la de un individuo que vive solo, y se centran en las personas más que en las "cosas".

Los límites menos eficaces parecen ser aquellos que:

- se crean como respuesta a una discusión,
- pretenden castigar o herir a otra persona,
- inhiben el crecimiento de cualquiera de los miembros de la pareja,
- no reconocen la autonomía de la pareja, o
- son temas vinculados a "cosas", como hacer más tareas domésticas.

Si te das cuenta de que los temas en los que estás pensando siguen cayendo en la categoría "débil", intenta buscar más profundamente. Por ejemplo, bajo el "tema cosa" de la dejadez de tu cónyuge, puede haber un "tema persona" de respeto.

Tu objetivo es definir abiertamente algunas ideas *realmente* importantes por las que te regirás *independientemente de la respuesta de tu cónyuge*. Pensar en ellas debería ayudarte a evaluar la coherencia de tu comportamiento y a determinar en qué casos es importante decir "No" o "Esto no es aceptable" a tu pareja. En mi caso, me ayudaron a identificar dónde había estado dejando que los síntomas del TDAH dominaran mi vida, así como las áreas que podía dejar de lado porque no eran importantes en el contexto más amplio.

Cuando por fin me puse a hacer este ejercicio, determiné que mis "reglas para vivir" (o límites) personales serían:

1. **Tratarnos con respeto**, incluso en los momentos más difíciles.

2. **Asumir la responsabilidad** de vivir una vida que me permita expresar mi verdadero yo, con relación al optimismo, disposición a experimentar cosas nuevas, inteligencia, felicidad y honestidad (las cosas que son más importantes para mí personalmente).

3. **Dejar que mi esposo exprese su verdadero** yo sin tratar de cambiarlo.

4. **Estar dispuesta a hablar, escuchar, negociar y comprometerme.**

5. **Crear vínculos confiables:** ser capaz de mostrar y recibir amor y afecto sin cuestionar ni engañar.

Los límites de cada uno serán diferentes, aunque sospecho que muchos incluirán el concepto de respeto en alguna parte, ya que es fundamental para las buenas relaciones. Pero no todo el mundo dará tanta importancia al "optimismo". Sin embargo, estos límites funcionan para mí. Es a través de su expresión como siento que muestro quién soy como individuo único. Vivir según ellos me da mi "voz" única. Con estas ideas como marco de trabajo, tengo una gran libertad para ser yo misma, al tiempo que comunico claramente a los demás mis mayores prioridades.

Sé crítico cuando intentes redescubrir tus límites más importantes. Todos tenemos muchas cosas en nuestra lista de deseos. La diferencia entre una lista de deseos y unos verdaderos límites es que una lista de deseos es lo que nos gustaría tener, pero un límite es lo que debemos tener absolutamente para *vivir nuestra vida, en cualquier situación, como la persona que queremos ser.*

Los límites de tu pareja

Mientras piensas en tus propios límites, espero que también empieces a pensar en los de tu pareja. Intenta iniciar una conversación sobre el tema. A medida que seas más consciente de los valores y límites de tu pareja, lleva un diario en el que registres tus cambios de pensamiento sobre cómo podrías estar violando los límites de tu cónyuge, así como cualquier otro pensamiento que puedas tener sobre su comportamiento mutuo con relación a sus límites.

Una vez que hayas empezado a pensar en los límites, puede que te vuelvas más sensible a la importancia de las acciones. Un enfoque proactivo consiste en asegurarte de que tus acciones son coherentes con tus propios límites. Esto te ayudará a reforzar la importancia de tus límites (imagina el mensaje contradictorio que darías si exigieras respeto a tu cónyuge pero luego no respetaras sus necesidades u opiniones). Aunque esta idea parece muy simple puede ser más difícil de poner en práctica de lo que crees, sobre todo si tu relación tiene problemas. En mi caso, incluir el respeto en mi lista de límites significaba que ya no podía regañar a mi esposo y sentirme bien por ello. Así que dejé de hacerlo en seco. Él se sorprendió, pero fue el principio de la reconstrucción de nuestra relación. Establecer esta norma me obligó a encontrar formas más constructivas de expresar mis preocupaciones y le dio a él la libertad de empezar a resolver sus propios problemas sin preocuparse de cuándo atacaría yo de nuevo.

Crear un plan de acción de límites

Del mismo modo que conocer el TDAH es sólo el primer paso para tomar el control y cambiar tu vida, también lo es saber cuáles son tus límites. Luego hay que *actuar* en consecuencia.

Considero que identificar tus valores más importantes y crear límites para tu propio comportamiento es un punto de referencia importante en un proceso de cambio, más que un llamado a cambiar radicalmente tu vida. Así, por ejemplo, decidir que no puedes permanecer en una relación en la que te faltan el respeto significa que una de tus principales prioridades debe ser reconstruir el respeto porque es fundamental para ti. No significa que deba pedir el divorcio mañana mismo porque en ese momento no haya respeto (a largo plazo, si no hay respeto, la relación se puede romper).

Ya has definido tus límites personales, ¿qué haces con ellos? Crea un plan de cambio y actúa en consecuencia. Recuerda, estos límites son *tus* límites, así que las acciones de tu plan serán tus acciones, no las de tu cónyuge. De nuevo, te recuerdo que esto no significa que te desconectes de tu cónyuge, sino que empieces a comportarte de forma coherente con la persona que deseas ser (y soy lo suficientemente optimista como para creer que la mayoría de ustedes quieren demostrar que se preocupan por su cónyuge).

Permítanme darles un ejemplo de plan de acción compartiendo con ustedes parte del mío, en torno al límite del respeto ("Trátense con respeto, incluso en los momentos más difíciles"). Hasta cierto punto lo hice mentalmente, porque una vez que volví a conectar con lo que realmente era, muchas de estas acciones surgieron de forma natural. Sin embargo, sí consideré seriamente cómo hacerlo, y esto es lo que habría hecho si lo hubiera escrito en papel. Ten en cuenta que hablé abiertamente con mi esposo sobre los cambios que estaba haciendo y por qué los estaba haciendo. No vi ninguna razón para ocultarlos, y pensé que sería más probable que entendiera mi compromiso con estos cambios si era explícita, en lugar de dejarle suponer que se trataba de "sólo una fase". Esto también sirvió para reforzar mi determinación de mantener mis ideas. Teníamos muchos años de conflicto a cuestas, así que aún le costó un poco confiar en que el cambio era permanente. Tuve que ganarme su respeto y su confianza, y tú también lo harás.

Plan de acción de Melissa

Tema de respeto 1: Mejorar mi forma de comunicarme

- ¡¡¡No regañes!!!

- Escucha mejor, presta atención y repite para asegurarte de que lo has entendido. Ralentizar nuestras conversaciones.

- No interrumpas.

- No sermonees; comparte la conversación.

- Sé paciente.

- Cambia los patrones de comunicación. (¡Busca buenos libros sobre este tema!)

- Nunca expresar mi ira o frustración gritando; encontrar una forma mejor.

- Presta atención al momento del día en que abordo los temas difíciles (la noche es mala para mí, la mañana es mala para él, así que los fines de semana pudiesen ser los más adecuados).

- Estar atenta al lugar; no en el dormitorio, ya que esto parece intensificar los cambios de humor.

- No menospreciar. Vigila el tono de voz.

- Intenta comprender y apreciar su lógica y su enfoque. Haz preguntas.

Tema de respeto 2: Pasar de intentar controlarlo a interacciones positivas.

Reduce las negativas:

- Dejarlo ser él mismo, hacer las cosas a su manera. Aceptarlo como una persona única y dejar de intentar controlarlo o cambiarlo.

- No preocuparme ni quejarme cuando se acueste más tarde; aceptar que ese es su horario, que es diferente al mío (¡darle una linterna para que las luces no se enciendan!).

- Dejar de gritar y menospreciar: ¡no es productivo y no es lo que quiero ser!

Encontrar cosas positivas para compartir:

- Buscar los aspectos positivos; reforzarlos en mi propia mente y verbalmente a él. Decir "te quiero" con frecuencia.

- Buscar aficiones que compartir y con las cuales divertirnos para compartir más momentos felices juntos (más paseos en bicicleta juntos).

- Hacer tiempo para estar juntos y volver a ser amigos (citas, paseos, cenas con amigos).

- Escribir notas a mí misma sobre cosas positivas y colocarlas como "recordatorios".

- Pedir su opinión.

- Comenzar una práctica diaria de gratitud.

Tema de respeto 3: Respetarme más a mí misma para mejorar la salud y el bienestar.

- Hacer más ejercicio (hacer que el iPod disfrute más del gimnasio).

- Trabajar en una mejor nutrición (menos alimentos procesados, más verduras).

- Reducir el estrés diario; probar distintas técnicas —horario más flexible, meditación, ejercicio— hasta encontrar la combinación adecuada.

- Empezar a decir "no" más a menudo a la gente que quiere que haga cosas que no me interesan.

- Comunicar más claramente mis necesidades a mi esposo para tener más posibilidades de satisfacerlas.

- Implicarme más en mejorar nuestra vida sexual.

Fíjate en que, incluso cuando estos puntos se refieren a mi esposo, siguen hablando de cuidar de *mí*. No es que no pensara en él, pero establecer tus propios límites significa inherentemente pensar en ti misma. Sabía que si podía hacer muchas de estas cosas, empezaría a sentirme mejor conmigo misma y a comportarme de un modo más coherente con mi necesidad básica de dar y recibir respeto. Al hacerlo, empezaría a gustarme más, sería más feliz y las cosas mejorarían de forma natural. Al menos tendría la satisfacción de saber que estaba viviendo mi vida de acuerdo con mis valores más básicos.

Pensar en "mí" no significa olvidarse de "nosotros"

Algunos libros sobre matrimonios insisten en que las parejas que mejor funcionan son las que piensan en sí mismas como un *equipo*. Estoy de acuerdo con esta opinión en general, pero cuando el TDAH se entromete, pensar en uno mismo como equipo es imposible hasta que no se haya definido claramente quién es uno como individuo. Antes de poder formar un equipo, cada uno debe saber no sólo quién es, sino también quién es su cónyuge. Son tan diferentes que las suposiciones sobre el otro suelen ser erróneas.

Así que aconsejo a las parejas que encuentren sus límites y empiecen a vivir como las personas que desean ser, pero que se aseguren de que esto no significa abandonar a su cónyuge. De hecho, espero que si vives de un modo que te haga sentir orgulloso, te sientas movido a actuar con generosidad, amabilidad y empatía hacia todos los que te rodean, incluido tu cónyuge, aunque sólo sea porque eso te hace más feliz.

Paso 6:
Reavivar el romance
y divertirse un poco

*"La prudencia mantiene la vida a salvo,
pero no suele hacerla feliz".*

Proverbio

¡Cuántas cosas en las que pensar! Después de todo lo que has leído, ¡ahora es el momento de DIVERTIRSE! Sí, quieres ser capaz de negociar mejor tus tareas domésticas, asegurarte de que tus hijos estén a salvo y sentirte seguro económicamente. Pero, sobre todo, *¡quieres divertirte y volver a enamorarte!*

Cuando las cosas no iban tan bien, pero al menos seguíamos hablando, mi esposo solía decirme que me amaba, pero que ya no estaba "enamorado" de mí. Esto me volvía loca hasta que descifré lo que estaba diciendo. Alguien que ama a otra persona puede tener fuertes sentimientos positivos pero no querer vivir con ella. Alguien que está "enamorado" de otro siente un tirón romántico que le atrae hacia esa persona con fuerza y satisfacción.

No hablo de enamoramiento. Hablo de sentir como si la persona con la que estás es la persona con la que más te gustaría estar durante los próximos veinte años y que no tenerla a tu lado sería una pérdida desoladora. De sentir auténtico placer cuando tu pareja entra por la puerta con media hora de retraso y con un aspecto completamente desaliñado. De tener pensamientos cálidos cuando piensas en tu cónyuge. *De sentirte seguro y como si hubieses "llegado a casa" cuando estás con la persona que amas.*

Si has estado luchando por aferrarte a tus sentimientos románticos, no estás solo. Es probable que la presión sobre tu relación haya sido intensa e inquïetante. Espero que la información de este libro te proporcione nuevas perspectivas e ideas concretas que te ayuden a afrontar los efectos del TDAH. El momento de pasar al siguiente paso — reavivar el romance— es cuando empiezas a sentir esperanzas renovadas durante un período de tiempo sostenido que te parezca razonable. No puedo decirte cuál es ese plazo, ya que cada persona tiene su propio criterio; sólo puedo decirte que debes confiar en tu instinto para saber cuándo dar este paso.

Qué dice la investigación sobre el romance

Numerosos especialistas en neurociencia, sociología y psicología estudian cómo nos enamoramos y cómo seguimos enamorados. En general, se puede afirmar que la mayoría de las parejas se mueven en un declive algo constante de la felicidad conyugal. Un estudio longitudinal de más de dos mil parejas realizado por investigadores de Penn State y la Universidad de Nebraska–Lincoln demostró que la felicidad conyugal descendía bruscamente en los primeros diez años, y después continuaba a un ritmo más lento.[14] Aunque tus vecinos parezcan felices, por ejemplo, es muy probable que ellos también tengan sus problemas.

Un psicólogo social, Arthur Aron, de la Universidad de Stony Brook, ha estado estudiando la naturaleza del amor romántico a largo plazo, y su trabajo es relevante para las parejas que buscan encontrar de nuevo el amor. Una de las facetas más interesantes de su investigación se centra en las actividades que mejoran las relaciones duraderas. Ha descubierto que el mero hecho de pasar tiempo juntos no influye en lo que los miembros de una pareja sienten el uno por el otro. Sin embargo, hacer algo nuevo y emocionante juntos tiene un impacto directo y positivo en sus sentimientos mutuos, muy rápidamente (la actividad media en su investigación es de unos siete minutos de duración). Las parejas que hicieron una actividad que consideraban "satisfactoria" pero no "nueva" no experimentaron ninguna mejora en sus sentimientos.

---

14. "Keeping Love Alive," Wall Street Journal. 2/18/08.

En un estudio dejó que la pareja definiera qué era una actividad "emocionante". Las parejas eligieron distintos tipos de actividades: estar juntos al aire libre, ir a una obra de teatro o a clase, y hacer un viaje fueron algunas de las más populares. Descubrió que hacer juntos cualquier cosa que suponga un reto y sea inusual para la pareja ayuda a mejorar sus sentimientos. Las parejas que llevan poco tiempo juntas no obtienen el mismo tipo de respuesta positiva a las actividades emocionantes. Cuando le entrevisté, el Dr. Aron planteó la hipótesis de que esto se debe a que tienen muchas cosas nuevas en su relación para mantenerla fresca.

Otros investigadores han descubierto que la ansiedad y la depresión son buenos predictores de la infelicidad conyugal. Esto es importante para las parejas que luchan contra el TDAH y es una de las razones por las que digo que es importante que ambos reciban tratamiento. La depresión y la ansiedad se asocian comúnmente con el TDAH, tanto en la persona que tiene TDAH como en el cónyuge, que está lidiando con problemas complejos en torno a la relación. Si ignoras los síntomas de depresión o ansiedad en cualquiera de los miembros de la pareja, aumentas las posibilidades de que tu matrimonio siga siendo infeliz.

Otros estudios sugieren que celebrar los éxitos del otro es más poderoso para mejorar las relaciones que mostrar apoyo al que está en problemas. Aunque esta no es su investigación, el Dr. Aron plantea la hipótesis de que la razón por la que la celebración funciona mejor que el apoyo es que el apoyo sigue teniendo un trasfondo de "necesitas mi apoyo" y a menudo se centra en lo negativo, mientras que la celebración del éxito es innegablemente positiva. De nuevo, esto es importante en las relaciones con TDAH. Un cónyuge que no padece TDAH toma decisiones todo el tiempo sobre cómo responder a los desafíos y cambios que hace un cónyuge con TDAH. ¿Es mejor ofrecer más ayuda o celebrar las pequeñas victorias? Esta investigación sugiere lo segundo.

Resulta que todos estos hallazgos coinciden con mis propias experiencias. Cuando mi esposo y yo decidimos que había llegado el momento de cambiar las cosas, hicimos un viaje en bicicleta de diez días a Francia, algo que nunca habíamos hecho antes.

Hacía mucho calor, pero cada día era una nueva y maravillosa aventura. Y, para asegurarnos de que siguiera siendo así, nos comprometimos a hacer alguna tontería cada día (no recuerdo por qué hicimos esto, tal vez para poder seguir riendo en lugar de llorar). Mi esposo me animaba y a veces me ayudaba a subir las cuestas. Aquel viaje marcó el comienzo de nuestra nueva relación... y no sólo porque fuera nuevo y emocionante (aunque parece que eso ayudó), sino porque al mismo tiempo que nos divertíamos explorando juntos también habíamos hecho el voto de dejar a un lado nuestras diferencias, perdonar nuestro pasado y ser amables el uno con el otro. Fue una combinación ganadora.

Lo más importante fue que dejé de intentar controlar la vida de mi esposo y de intentar cambiarlo. Le dejé ser él y renuncié a obligarle a ser de otra manera. O trabajaba conmigo para descubrir cómo podíamos estar mejor juntos, o no lo hacía. Sólo era responsable de mí. Respondió inmediatamente a mi supresión de las normas y exigencias de una forma muy positiva: dijo que, como yo no iba a dictarle cómo debía comportarse, ahora podía tomar decisiones que le entusiasmaran por su propio bien. Como eran sus elecciones, se sentía más inspirado para hacer que funcionaran para los dos.

No te aturdas con estas técnicas como lo hice yo. Encuentra lo que es nuevo y excitante para ti, deja que tu cónyuge sea responsable de lo que es y ¡adelante!

◈ Tips
Encontrar lo que funciona en el amor

La tarea "nueva y excitante" que el Dr. Aron utilizó por primera vez en sus experimentos consistía en hacer que las parejas se ataran los tobillos y las muñecas, y luego averiguaran cómo hacer rodar un cilindro de espuma por una colchoneta y volver en siete minutos. Las actividades no tienen por qué ser extensas ni largas, sólo nuevas, desafiantes y divertidas. He aquí algunos consejos para descubrir estas actividades:

- **Permítanse hacer el ridículo.** Aunque nunca te haya parecido divertido jugar al lanzamiento de huevos o a la carrera de sacos a tres patas, puedes suponer que hay cosas divertidas y tontas que les podrían gustar hacer juntos. Ir a un parque de atracciones y súbete a la montaña rusa o a la noria. Disfrácense para Halloween. Participen con su hijo de seis años en una guerra de serpentinas en aerosol (¡en el jardín, por supuesto!).

- **Aprovechen para explorar cosas nuevas juntos.** Aprendan a conducir un camión, apúntense al grupo local de orientación, prueben a hacer rafting en aguas rápidas, tomen clases de clarinete juntos. Si hay algo que siempre has querido hacer pero nunca has tenido la oportunidad, ahora es el momento. Busca horarios y lugares para eventos y clubes. Permítanse un derroche y díganse que es lo mejor para su relación (siempre que puedan permitírselo, claro).

- **Practica el deporte favorito de tu cónyuge.** Puede que sientas que la adicción de tu esposo al golf está entorpeciendo su relación. Pero, ¿qué pasa si lo pruebas? Conozco a muchos hombres que estarían encantados de que su cónyuge compartiera su pasión por su deporte favorito. Quizá sea tan sencillo como ir juntos a algún partido de fútbol americano o de fútbol. Mi entusiasta adopción de la principal pasión de mi esposo (recorrer largas distancias en bicicleta) no sólo nos ha proporcionado una importante actividad compartida los fines de semana (y mucho tiempo para conectar mientras pedaleamos), sino que también ha repercutido en nuestros sueños de jubilación, que ahora incluyen dar la vuelta al país o al mundo. Incluso ha mejorado nuestra vida sexual, ya que yo estoy más en forma, cosa que él agradece.

- **Viajen.** En la búsqueda de lo "nuevo", nada mejor que viajar juntos. Además, viajar te aleja de los montones de tareas y conflictos de casa. Recuerda que no tiene por qué ser un viaje exótico, sólo nuevo y divertido. Vayan a visitar el país Amish (una región en Pensilvania, N. de la T.) o una región lacustre cercana. Alójate en una tienda de campaña o en un hotel. Alquila kayaks. Come queso y pan en la playa mientras admiras las estrellas, o ve a un restaurante de lujo. Sea como sea, ¡sal a explorar! (Sugerencia: los niños pueden ser divertidos, pero no te los lleves siempre. Necesitan tiempo para concentrarse los dos solos y renovar sus vínculos especiales de "adultos").

- **Manténgase activos.** Aunque hacer el crucigrama puede ser desafiante y divertido, a largo plazo querrán elegir algunas actividades que les mantengan activos. La actividad es especialmente importante para las personas con TDAH; en general, necesitan moverse. El ejercicio y la actividad mejorarán el humor de ambos por razones fisiológicas, y puede que descubran que el cónyuge con TDAH también se concentra mejor cuando está activo.

- **Intenten hacer algo creativo juntos.** La creatividad es una forma estupenda de concentrar la energía. Prueben con clases de dibujo, caricatura o cerámica. Consideren la posibilidad de tomar clases de cocina o apuntarse a clases de tango.

- **Dejen que Internet alimente sus sueños.** Aunque no es conveniente que te quedes atrapada en la red, Internet puede proporcionarte muchas ideas estupendas para realizar actividades divertidas. Mi esposo pasa bastante tiempo en Internet planeando viajes en bicicleta. A mí me parece bien, porque yo me sigo beneficiando de sus planes y él tiene algo positivo con lo cual soñar.

- **Aprovechen para hacer nuevos amigos.** Unirse a un club de cocina, tomar clases de tango o entrenarse para su primer viaje en bicicleta del siglo con el equipo local de recaudación de fondos para la concienciación sobre el Alzheimer pueden ser formas estupendas de hacer nuevos amigos juntos.

- **Contraten a una niñera, ¡a menudo!** Admitámoslo: es difícil centrarse en los demás cuando los niños están colgados de la pierna reclamando atención. Aunque a algunos padres les preocupa que sus hijos se sientan ignorados si salen un fin de semana o tienen una cita cada semana, les prometo que la relación fortalecida que obtendrán de los vínculos que establezcan entre ustedes les beneficiará enormemente. Si no pueden permitirse una niñera, lleguen a un acuerdo recíproco con amigos: tú te quedas con mis hijos una noche y yo con los tuyos otra.

- **Recuerden reírse.** No hay duda de que algunas de las cosas que intenten serán un fracaso estrepitoso. No se preocupen por eso, sino por el hecho de que están probando cosas nuevas y ríanse de ustedes mismos. Sí, ¡incluso en el dormitorio! Haz que te parezca bien "fracasar" y en realidad nunca lo harás.

- **Disfruten plenamente de la espontaneidad.** La planificación es una forma de mantener el control en un hogar con TDAH. Pero a veces es divertido ser espontáneo. Acéptenlo y podrán aprovechar un rasgo natural del TDAH.

- **Recuerden sus momentos de diversión juntos.** Colgar fotos de sus aventuras en la nevera puede recordarles los buenos momentos cuando se enfrentan a algo difícil.

Amor y sexo

Si tu relación tiene problemas, es muy probable que tu vida sexual también los tenga, *y aún peores*. No sabes la cantidad de historias que he escuchado de personas a las que les han pedido que duerman en el sofá *durante años*, que tienen relaciones sexuales una o dos veces al año o que simplemente sienten que no hay tiempo para el sexo. También escucho muchas historias sobre el consumo de pornografía y sobre parejas que quieren tener sexo todo el tiempo.

Es probable que algunos de tus problemas sexuales estén directamente relacionados con los síntomas del TDAH; el ejemplo clásico es el del cónyuge con TDAH que se distrae tanto que nunca parece estar disponible para el sexo o ser capaz de mantenerlo.

Mi pareja tiene TDAH y tenemos lo que considero una relación excelente: nos comunicamos bien y cada uno hace lo que puede para afrontar los problemas y las cuestiones que surgen. Un problema con el que realmente tengo dificultades es nuestra vida sexual. Casi siempre que tenemos relaciones sexuales, él se distrae, pierde el interés, lo recupera de nuevo, repite y finalmente renuncia a alcanzar el orgasmo. Él no tiene ninguna falta de interés en tener relaciones sexuales, y tenemos una relación muy cariñosa y apasionada. El problema es simplemente su incapacidad para llegar al clímax debido a que su mente divaga y después de un tiempo simplemente se frustra y no quiere seguir intentándolo (y a menudo ha pasado mucho tiempo desde que empezamos, y simplemente ya no podemos seguir). Admito que a veces me siento incapaz de mantener su atención, pero también sé que ése no es el problema.

Una vez que comprendes que el síntoma de distracción es el problema principal, las cosas pueden cambiar radicalmente. La siguiente publicación fue escrita en respuesta a la anterior:

¡¡¡¡¡¡ESTA SOY YO!!!!!! Mi esposo pensaba que yo ya no lo amaba. Quería sexo... pero no era divertido porque mi mente estaba inundada de BASURA que no significaba nada. Así que lo evitaba.

No tenía ni idea de que era TDA. Me lo diagnosticaron, me dieron medicación... y ahora es algo nuevo. Nunca lo mismo dos veces seguidas. Diferente habitación, diferente posición, diferente estado de ánimo, sensual, hablar obsceno, mensajes de texto, lo que sea. Y es increíblemente mejor para los dos. Ya no me siento tan frustrada porque él esté excitado y yo aún no haya empezado a calentarme. Odiaba eso. O había un ruido, o el perro se movía, etc. etc. etc. que me distraían tanto que se acababa.

Por supuesto, es mucho más fácil cuando tenemos la oportunidad durante el día, ¡porque los medicamentos ayudan MUCHO! Pero ser capaz de seguir mi dieta y perder 10 libras en las últimas 5 semanas ha ayudado a mi visión de mí misma en gran medida. Es difícil pensar que alguien te quiere o piensa que eres sexy cuando todo en lo que te centras es en las cosas que no te gustan. Trabajar en otros problemas de autoestima también me ha ayudado.

No es una cura. No soy perfecta y nunca lo seré. Pero puedo decir lo siguiente: nuestra vida sexual es importante y no la tratábamos de esa manera y sufrió aún más debido a mi TDA. Es más importante que los platos sucios o ver la televisión... y cuando lo tratamos de esa manera, realmente es algo bueno.

Otra versión de cómo la distracción afecta al sexo es que parece que nunca encuentras tiempo para estar juntos. Esto significa, por poco romántico que suene, que necesitas programar algo de tiempo para el sexo. Si eso te molesta, mi único consejo es que perdones ese aspecto de la forma de ser de tu cónyuge con TDAH. Puedes resolver el problema programando el sexo juntos, o puedes crear un problema mayor esperando a que tu cónyuge, que se distrae con frecuencia, piense en el sexo a una hora que les venga bien a ambos. Como esto no ocurrirá muy a menudo, este enfoque les aboca a ambos al fracaso y a la infelicidad. Sin entrar en profundidad en las cuestiones sexuales y el TDAH, he aquí algunas cosas que hay que tener en cuenta:

- **Mantengan su vida sexual variada** para ayudar a la pareja con TDAH a mantener el interés.

- **La distracción en la pareja con TDAH no significa que la pareja sin TDAH no sea atractiva.** Hablen y trabajen sobre las formas de comunicar lo deseables que son el uno para el otro. No esperen que ninguno de los dos "adivine".

- **Encuentren maneras de demostrarle al otro que les importa.** El romance y la conexión son de vital importancia. Algunas parejas con TDAH pueden beneficiarse de la creación de recordatorios audibles o visuales para hacer saber a sus cónyuges cómo se sienten, tal vez un recordatorio en el calendario para escribir un correo electrónico rápido una vez al día, por ejemplo.

- **El consumo de pornografía** puede ser una forma de automedicación (estimula la producción de dopamina en el cerebro), pero puede arruinar la vida sexual de la pareja si sustituye al sexo regular o repugna al otro miembro de la pareja. Busque ayuda profesional si se ve envuelto en peleas a causa de la pornografía.

- **Poco deseo sexual.** Algunas investigaciones indican que al menos algunas personas con TDAH experimentan menos interés por el sexo, pero las investigaciones no profundizan en el porqué.

- **Alto deseo sexual.** Por otro lado, algunas personas con TDAH se dan cuenta de que necesitan sexo varias veces al día.

- **La dinámica padre–hijo acabará rápidamente con su vida sexual.** También los regaños. Mantente alejado de ambas.

- **Pregunta a tu cónyuge si el sexo le parece una "tarea".** Si la respuesta es afirmativa, es probable que su relación esté desequilibrada. Busquen ayuda psicológica para resolver los problemas que les separan.

Si actualmente tienen problemas sexuales, no están solos. Les sugiero que empiecen a abordarlos poco a poco para no agravarlos. Empiecen por acurrucarse en el sofá cuando vean la televisión, o tomarse de la mano mientras dan un paseo por el bosque. Quizá puedas lavarle el pelo o darle un masaje. Crear estos vínculos personales pero no amenazadores puede comunicar de forma significativa: "Quiero estar contigo". Así que no "esperes" a que tu cónyuge te diga lo que quiere de ti: pídelo.

Busca la forma de abrazar o tocar a tu cónyuge un momento, "porque sí", para recordarle que piensas en ella. Uno de mis favoritos en esta categoría es besar a mi esposo en la cabeza cuando está frente al ordenador en la cocina. Me gusta el tacto de su pelo corto y rizado, y a él le gusta que piense en él.

Una forma estupenda de poner en marcha la intimidad es acordar dedicar diez minutos al principio o al final del día a acurrucarse en la cama. Acuerden que no es para iniciarse sexualmente, sino sólo para acurrucarse y mejorar su vínculo. Decirse cosas bonitas, como "Me gusta lo cariñoso que eres" o "Hoy has hecho algo bonito por mí al llevar mi coche a lavar, gracias", pueden ser formas sencillas de reforzar lo positivo. A veces, el simple hecho de escuchar los latidos del corazón puede ser una experiencia positiva. En un momento de nuestra relación en el que nuestra intimidad se había roto, mi esposo y yo acordamos programar este momento para abrazarnos todas las mañanas durante varios meses, adelantando nuestros relojes diez minutos por la mañana. Y realmente nos ayudó a empezar el día con buen pie. Lo recomiendo encarecidamente.

Muchas parejas me cuentan que uno de sus problemas de intimidad es la hora a la que se acuestan. Es habitual que el reloj biológico de un cónyuge con TDAH le mantenga despierto hasta altas horas de la noche, mientras que su cónyuge, agotado, se acuesta temprano. Como resultado, cada uno echa de menos la satisfacción que puede proporcionar tocarse, incluso sin sexo. Si éste es el caso en tu hogar, considera la posibilidad de pasar tiempo juntos abrazados cuando el primer cónyuge se acuesta normalmente. Después de que ese cónyuge se haya dormido, el noctámbulo puede salir de la cama un rato más antes de volver a dormir, o puede leer con una luz nocturna o navegar por Internet en la cama con su portátil. Este tiempo juntos es importante para los dos como pareja, y debe convertirse en una prioridad para que puedan empezar a acumular sentimientos positivos para compensar los negativos que encuentres.

A medida que tu relación se vaya ablandando, podrás utilizar parte de lo que has aprendido sobre lo nuevo y lo romántico para reforzar tus vínculos. Te dejo que uses tu imaginación para aplicar los conceptos "nuevo" y "desafiante" a tu vida sexual.

El perdón también contribuye en gran medida a mejorar tu vida sexual. Es prácticamente imposible tener una buena experiencia sexual si estás enfadado o resentido. Si los sentimientos negativos se interponen en tu camino, te sugiero que leas *Dare to Forgive* (*Atrévete a perdonar*), de Ned Hallowell, para descubrir por qué perdonar a tu cónyuge es un regalo que te haces a ti mismo. No hay mejor ejemplo de esto que en el terreno sexual. La clave para utilizar el sexo como parte de la reavivación del romance es la conexión. A medida que vayas resolviendo todos los demás problemas tratados en este libro, mejorarán las perspectivas de tu vida sexual. El sexo sano y feliz puede ser lo último en volver, pero si empiezas poco a poco y te centras en calentar tus vínculos, acabará por llegar (con todo el doble sentido).

Todo lo que necesitas es atención

"Todo lo que necesitas es amor", cantaban los Beatles. Toda una generación creció cantando la letra de esa canción. Si amamos a alguien lo suficiente, todo saldrá bien y encontraremos el verdadero romance. ¡Tonterías! El verdadero romance tiene que ver con la atención plena, y por eso es un tema tan espinoso para las parejas con TDAH.

Para los que padecen TDAH: si sólo se concentran en *una cosa* que podría mejorar su relación una vez que sus síntomas estén mejor controlados, concéntrense en prestar atención a su cónyuge. No me refiero al tipo de atención de "obedecer a tu cónyuge", que puede llevar a un desequilibrio de poder en la relación. Me refiero a *prestar atención* a tu pareja. Haz lo que sea necesario para prestarle atención, para que sepa que es especial. Si estás fuera de casa trabajando muchas horas, programa tiempo con ella, o incluso plantéate buscar otro trabajo. Si la distracción te impide meterte en la cama, establece una estructura como una alarma que cambie eso. Escríbete notas. Una nota adhesiva en tu espejo que diga "¡Presta atención!" puede recordarte recordarte abrazar y besar a tu cónyuge por las mañanas. O escríbele notas cada noche mientras te lavas los dientes (deja un bloc de notas adhesivas junto al lavabo con un bolígrafo; tardarás 30 segundos en escribir un "te quiero" y colocarlo donde tu cónyuge lo vea).

Ponte el despertador temprano para abrazarse, aunque te deje un poco atontado (¡para eso está el café!) Reserva dinero para hacer un viaje juntos (haz una tabla para seguir el progreso, si necesitas un recordatorio visual para ahorrar). "¿Cómo podría prestarte atención de un modo que sea significativo?". Es una pregunta legítima e importante. Si su respuesta te parece extraña o poco romántica, como la mía ("Encargándote de fregar los platos por la noche"), averigua por qué se siente así; puede que te ayude a comprender mejor su vida. Si sigue pensando que ésa es la forma más importante de demostrarle que la quieres, empieza a fregar los platos. Mi esposo lo hizo. Cuando dejé de refunfuñar, se dio cuenta de que me hacía lo bastante feliz como para cosechar verdaderos beneficios.

Lo más difícil de hacer para una persona con TDAH es prestar atención. Por eso es un gran regalo que el cónyuge con TDAH descubra cómo prestar atención de forma constante. Por difícil que sea, puede hacerlo si establece sistemas que le ayuden. No es ninguna vergüenza. Simplemente estás asumiendo la responsabilidad de cuidar tu matrimonio. Si necesitas poner una alarma para prestar atención regularmente porque tu cerebro funciona de una determinada manera, ¡que así sea! Tu matrimonio depende de que asumas la responsabilidad de hacer que tu cónyuge se sienta atendido. Si no pone especial empeño en este aspecto concreto de su relación, acabará sin relación. Prestar atención para que las cosas sigan funcionando puede no sonar romántico, y probablemente sí parezca mucho trabajo. Pero puede obtener una gratificación inmediata cada vez que coja la mano de su cónyuge y ella le devuelva la sonrisa. ¿Cuántas otras formas (saludables) se te ocurren de obtener una gratificación inmediata tan constante y generar beneficios a largo plazo? Su atención consciente les mantendrá conectados el uno con el otro, lo que constituye el núcleo de toda relación exitosa.

Para el cónyuge sin TDAH: El romance con un cónyuge con TDAH surge de formas inesperadas. No es probable que tu cónyuge sea bueno en planificar regularmente las citas especiales (o incluso llegar a tiempo a las citas que *tú* planificas). Deja de soñar con que tu esposo te lleve a hacer cosas divertidas todas las semanas y deja que el buen planificador de la familia planifique sin preocuparse por los "roles".

Tu pareja con TDAH puede hacer muchas cosas conmovedoras que no te esperas, tal vez cosas que tú no anticipaste necesariamente o que ni siquiera querías. Mi esposo ha "modificado" mi bicicleta tantas veces con la ansiosa expectativa de cuánto mejorará mi experiencia de manejo que finalmente tuve que decirle: "¡Basta! *Por favor*, ¡pregúntame antes de cambiar algo!". Pero tengo que sonreír. Piensa en mí y hace cosas que cree que yo apreciaré. Si no siempre da en el clavo, no pasa nada... Yo tampoco doy siempre en el clavo con él, y cuando fallo es siempre educado al respecto. (Y, la verdad sea dicha, las modificaciones que hace mejoran mi experiencia.) Otras veces planea cada detalle de unas vacaciones complejas (¡me encanta ese hiperenfoque!) que son sencillamente perfectas. Su regalo es un viaje "perfecto".

El amor romántico es una serie continua de regalos que se dan simplemente porque se quieren dar. Esto es muy diferente del tipo de regalo "te doy esto porque creo que te ayudará a cambiar". Y también es diferente de la actitud de "no me gustas lo suficiente como para querer hacerte ningún regalo; estoy demasiado cansado para darte más, y últimamente no me has dado nada" del cónyuge o la pareja desgastados.

Cuando pienses en qué "regalos" puedes hacer, concéntrate en:

Conexión—cualquier actividad que fomente su amistad y ofrezca amplias oportunidades para divertirse mutuamente, así como cualquier actividad que mejore su conocimiento de los atributos positivos del otro.

Rejuvenecimiento—los viajes, los masajes, el ejercicio, la inmersión en la creatividad (literatura, música, arte, cocina, etc.) y el trabajo por una causa tienen el poder de rejuvenecer a las personas. Conectarse para crear algo especial juntos.

Escucha—a veces, lo más romántico que puedes hacer por alguien es lo que menos te apetece a ti, pero que a tu pareja le encanta. Conozco a una pareja que suele "intercambiar" regalos de este tipo. Él va a la ópera con ella (aunque no le gusta y ella va a ver películas de acción con él (ídem). Probablemente, fregar los platos también entre en esta categoría.

Sentirse querido—lo más romántico que puedes hacer por una persona es que se sienta querida e importante en tu vida. Elegir actividades que refuercen lo querido que es alguien para ti te ayudará a mejorar el vínculo entre ustedes. Ésta es una de las razones por las que funciona el ejercicio de "abrazarse por la mañana"; el compromiso de la pareja con este momento refuerza lo positivo de forma audible y táctil, y dice: "Eres importante para mí".

El trabajo más difícil de volver a enamorarse: Reconstruir la confianza

Solía llamar a mi esposo "consistentemente inconsistente". Lo único en lo que podía confiar era que no tenía ni idea de lo que haría a continuación, aparte de que probablemente no sería lo que yo quería que hiciera. Si estás casado con una persona con TDAH en la que ya no confías, sabes exactamente a qué me refiero.

Uno de los problemas para recuperar la confianza cuando hay TDAH de por medio es que siempre habrá alguna incoherencia en el comportamiento del cónyuge con TDAH. Esto significa que la confianza no puede basarse en si el compañero con TDAH siempre cumple o no. Por el contrario, debe basarse en la evidencia de que la pareja está manejando el TDAH de la mejor manera posible, combinada con una buena comunicación y una buena dosis de amor entrañable.

La confianza lleva tiempo. Como decía el anuncio, "te la ganas...a la antigua usanza". Reconstruir la confianza que se ha roto también requiere enfrentarse al pasado. La gente lo hace de maneras diferentes y muy personales. Uno de los métodos es una especie de "perdonar y olvidar". En realidad no se puede olvidar, pero sí afrontar adecuadamente las heridas del pasado. Para que esto sea eficaz, debes tener en cuenta que el objetivo no es revivir el pasado ni "arreglarlo", sino validarlo y aceptarlo por el beneficio que te aporta *hoy*. No sabías que el TDAH estaba ahí, pero el recuerdo del comentario cruel que un miembro de la pareja hizo al otro sigue vivo. Deja que ese compañero hable de sus sentimientos. No los refutes ni trates de explicarlos. Limítate a escuchar, y luego demuestra con abrazos o palabras que lo entiendes. Es el reconocimiento y actividades de reparación lo que hace que este enfoque funcione.

No dejar que la ira y la frustración por experiencias pasadas te retengan puede despejar el camino para crear algo nuevo. Pero, ¿qué será lo nuevo? Si estás intentando desarrollar una relación de mayor confianza, será mejor que incluya algunos cambios de comportamiento, o el pasado se repetirá y se convertirá en tu nuevo presente. Así que "perdonar y olvidar" siempre se basa en un mejor tratamiento del TDAH, y también en tratamiento y cambios para el cónyuge sin TDAH.

También me gusta "confía pero verifica" como forma de asegurarte de que un cónyuge que ha tenido problemas para ser honesto o que ha sido terriblemente incoherente está cambiando su forma de ser. Yo lo utilicé para determinar, tras un comienzo en falso, que mi esposo ya no continuaba con su aventura. Parte de nuestro acuerdo para seguir juntos era que yo me pondría en contacto con su ex novia en algún momento de los doce meses siguientes para comprobar que ya no eran pareja. Si descubría lo contrario, no habría discusión, sólo los papeles del divorcio. ¿Suena empresarial? Claro, pero yo merecía saber que podía cumplir su palabra. Y él merecía tener un sistema que me permitiera confiar en él lo suficientemente a diario como para que pudiéramos seguir adelante con nuestras vidas sin que me preguntara constantemente si estaba mintiendo. Ambos sabíamos exactamente lo que estaba en juego y cuál era el plazo. Aunque las cosas parecían ir bien, me puse en contacto con ella simplemente porque se había prometido que lo haría.

La razón por la que "confía pero verifica" funciona es que establece normas específicas que tu cónyuge sabe que se le exigirán. Pero asegúrate de utilizarlo sólo para cuestiones realmente importantes; si descubres que tu cónyuge sigue realizando la actividad no deseada, puede que tengas que actuar según la respuesta prometida. ¿Quieres divorciarte por reunirse con sus amigos en el bar el viernes por la noche? Tal vez no. Y ten cuidado. Los problemas que incluyen comportamientos adictivos, como el uso de pornografía, la bebida, las drogas y la adicción al sexo, requieren intervención profesional y tiempo para resolverse. Poner la barra muy alta sin obtener esa intervención y sin darse el tiempo suficiente para cambiar de hábitos asegura el fracaso.

Reconstruir la confianza requiere una comunicación reflexiva y honesta y una serie de acuerdos específicos sobre lo que necesita cada uno. Requiere la capacidad de priorizar, para lo cual es importante comprender tus propios límites y quién eres cuando estás en tu mejor momento. También requiere dosis saludables de empatía y realismo. Recuerda que el TDAH no es una cuestión de poca fuerza de voluntad, ni una cuestión de simplemente "arreglar" los síntomas del TDAH. Lleva tiempo cambiar los hábitos arraigados y las estrategias de adaptación ineficaces que *utilizan ambos miembros de la pareja*. Y puede que algunos síntomas nunca desaparezcan, en cuyo caso lleva tiempo crear una solución satisfactoria. Establece objetivos realistas y razonables, y mide la eficacia con la que los alcanzas. Si tu confianza se basa en si tu esposa con TDAH *siempre* será capaz de pensar con antelación y anticiparse, o si tu esposo sin TDAH *nunca* levantará la voz, estarán destinados al fracaso. Algún día ella no anticipará un problema inminente que era obvio para ti, o él perderá la calma. Quizá mañana.

Restablecer la confianza significa restablecer los vínculos y cambiar sus patrones de comunicación. Significa aceptar (confiar) que la vida seguirá siendo impredecible, y eso tiene mucho que ver *tanto* con la vida *como* con el TDAH.

En mi opinión, la mejor forma de confianza es estar de acuerdo en que nadie es perfecto, pero que podemos intentar cultivar una vida feliz juntos. Trabajaremos, cada día, para fortalecer nuestros vínculos y *asegurarnos de que nuestras vidas están organizadas de un modo que nos permita conceder el regalo de la atención*. Esta confianza se basa en reinventar la amistad en el matrimonio— o, en nuestro caso, desechar nuestro "viejo matrimonio" y sustituirlo por nuestro "nuevo matrimonio".

Todo esto se basa en comprender y manejar eficazmente los síntomas del TDAH, perfeccionar nuestras habilidades de aceptación y perdón, y respetar nuestras necesidades individuales.

Con el tiempo, sus esfuerzos conjuntos pueden dar como resultado una relación próspera. Si son como mi esposo y yo, verán que su matrimonio se ha fortalecido por el camino que han recorrido juntos, que sus lazos son más profundos y significativos, que su respeto por los sacrificios que cada uno ha hecho y por el terreno que cada uno ha recorrido ha aumentado hasta un punto de asombro. No te preguntarás si eres importante para tu pareja. Sabrás que lo eres gracias al viaje que han hecho juntos… y confiarás en tu amor renovado.

Epílogo:
No te esfuerces más, inténtalo de forma diferente (y otras ideas importantes)

El efecto TDAH en el matrimonio está repleto de nuevas maneras de pensar sobre cómo crear al matrimonio que siempre has querido a pesar de la presencia del TDAH. Para una referencia fácil, aquí están algunos de los puntos críticos en orden de importancia:

1. **Obtengan tratamiento.** Esto es necesario no sólo para la persona con TDAH, sino también para los asuntos del cónyuge sin TDAH. Sin tratamiento, no conseguirán el progreso significativo que buscan. Piensen en el tratamiento como un taburete de tres patas: cambios físicos como medicación y ejercicio, *más* cambios conductuales (hábitos) que creen sistemas para sortear los síntomas del TDAH, *más* el desarrollo de formas constructivas de interactuar el uno con el otro.

2. **Recuerden que no son iguales.** Los cónyuges con y sin TDAH son realmente diferentes. Aprovechen las conversaciones de aprendizaje para comprender la "forma de ser" de su cónyuge. Dejen de suponer que pueden anticipar cómo reaccionará su cónyuge ante ti o tus ideas.

3. **Comprendan sus valores y límites personales y cíñanse a ellos.** Asegúrense de que ambos entienden los "requisitos mínimos" de cada uno para una relación sana. Estos límites les ayudarán a

ambos y a terceros a entender quiénes son en su relación. Unos límites bien definidos ayudarles a sentirse bien con su relación incluso cuando su matrimonio resulte difícil.

4. **Dejen la responsabilidad del manejo de los síntomas del TDAH en manos del cónyuge con TDAH.** De lo contrario, su relación se desequilibra, con el cónyuge sin TDAH asumiendo toda la responsabilidad, y el cónyuge con TDAH muy poca. Eviten a toda costa las dinámicas padre–hijo y los regaños crónicos.

5. **Tómense en serio la desregulación emocional.** La ira impulsiva y las reacciones fuertes desestabilizan fácilmente una relación.

6. **No se esfuercen más, inténtenlo de forma diferente.** Creen rutinas y enfoques que reconozcan la existencia del TDAH en sus vidas de un modo neutral (que tenga en cuenta el TDAH). Las señales verbales y las estructuras organizativas son sólo algunas de las formas inteligentes de manejar el TDAH para que deje de controlar sus vidas.

7. **Ambos son responsables de sus problemas**, y ambos han desempeñado un papel en un complejo ciclo de acción–reacción. Responsabilícense sólo de su propio papel en la relación.

8. **Salgan del ciclo de la ira.** La ira crónica perjudica su relación. Interrumpan sus intercambios de ira alejándose de ellos y abordando sus problemas desde una nueva dirección. Busquen en profundidad el significado de sus discusiones.

9. **Restablezcan los vínculos.** Piensen en "relación" más que en "matrimonio", y piensen cada día en crear miles de hilos que les unan. Las personas son más importantes que la logística.

10. **Sean conscientes de la vergüenza y el miedo.** La vergüenza por el fracaso y el miedo al abandono suelen paralizar a las parejas. Deben reconocer el poder de estos sentimientos para crear formas eficaces de superarlos.

11. **Utilicen las técnicas de conversación específicas de este libro.** Conversaciones de aprendizaje, conversaciones de intimidad en el conflicto, señales verbales y negociar utilizando los cinco intereses

fundamentales tienen en cuenta el TDAH y les ayudarán a conectar.

12. **Aborden las guerras de tareas con el sistema Receta para el éxito.** Utilizado de forma coherente, puede (casi) poner fin a los conflictos por las tareas domésticas. Lo encontrarán en la sección Herramientas y hojas de trabajo.

13. **Háganse el regalo de la atención.** Es importante comunicar de todas las formas posibles que su pareja les importa. No olviden que la validación es una forma importante de atención y respeto. Busquen formas de validar el punto de vista de su cónyuge, aunque no estén de acuerdo con él.

14. **Diviértanse y rían juntos.** La risa cura, y la vida nunca es predecible. Aprendan a apreciar lo que tienen hoy disfrutando de lo que puedan. Asegúrense de incluir actividades desafiantes y nuevas en sus vidas para fortalecer los vínculos.

15. **Busquen ayuda de personas que entiendan el TDAH.** Reciban tratamiento médico ambos cónyuges. Consigan también ayuda con la logística (mantenimiento de la casa, contabilidad, cuidado de los niños, formación profesional). No sólo no tienen que hacerlo solos, sino que no deberían intentarlo.

16. **Recuerden que el cambio lleva su tiempo.** Ambos tienen una historia de adaptación particular. Lleva tiempo identificar los problemas que se quieren cambiar, crear un entorno seguro y lograr el éxito suficiente para recuperar la confianza. No dejen que su entusiasmo inicial por comenzar el tratamiento, y luego la decepción correspondiente de que las cosas no cambien de inmediato, los desanime.

17. *¡Aplaudan sus progresos!* Recuerden que celebrar los éxitos es mucho más gratificante que "ayudar". Disfruten de las pequeñas "victorias" y descubrirán que se convierten en algo más grande y mejor. No todo lo que intenten funcionará, y reírse de lo que no funcione (o encontrar alguna pequeña parte de su esfuerzo que sí haya funcionado) les ayudará a seguir adelante. Hay mucho que hacer y mucho por lo que estar agradecido.

Hojas de trabajo y herramientas

Hoja de valoración de tareas domésticas

Registren sus tareas durante una semana. Al final de cada día, dediquen entre 5 y 10 minutos a anotar las tareas de ese día; les costará recordarlas con exactitud si dejan pasar más tiempo. Registren las tareas en una hoja de trabajo como la del ejemplo siguiente. Asignen a cada tarea un grado de agrado y un grado de dificultad (tengan en cuenta que se trata de su opinión. Es probable que califiquen las mismas tareas de forma diferente).

Al final de la semana, siéntese y comparen sus tablas de tareas. ¿Cómo se comparan sus esfuerzos? ¿Es uno de los cónyuges el que hace todas las cosas "divertidas"? ¿Están equilibradas las horas que dedican? Utilicen estas hojas como punto de partida para desarrollar una distribución del esfuerzo más satisfactoria según sus preferencias personales, sus puntos fuertes y sus puntos débiles.

Mi Hoja de valoración de tareas domésticas

Tarea	Tiempo invertido	Agrado Valoración	Dificultad Valoración

Valoración de agrado
1 = Me gusta hacer esto
2 = No me importa hacer esto
3 = No me gusta hacer esto
4 = Odio hacer esto

Valoración de dificultad
1 = Muy fácil (*sin pensar o sencillo*)
2 = Moderado (*requiere algo de planificación y/o tiempo*)
3 = Bastante difícil (*algo agotador, requiere más planificación, un buen reto*)
4 = Muy difícil (*físicamente agotador, muchos pasos complejos, nuevo, desafiante*)

Receta para el éxito

He aquí una gran idea para organizar y asignar tareas que a mis clientes les encanta. Consigue una caja en la que quepan tarjetas de 3 x 5 pulgadas y llénala de ellas. Crea cinco secciones en la caja: Esta semana; Después; A discutir; Hecho; En blanco (en estas cajas se suelen guardar recetas de cocina, N. de la T.).

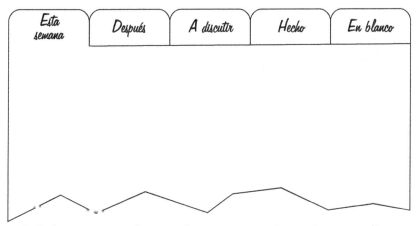

1. Cada vez que alguno piense en una tarea que necesita ser completada, creen una tarjeta para ella y pónganla en la sección "A discutir".

2. Planifica una reunión regular una o dos veces por semana para discutir las tarjetas. Decidan cuáles son las tareas más importantes y que pueden realizarse razonablemente esta semana y quédense con ellas. Coloca las demás tarjetas, por orden básico de importancia, en la sección "Después".

3. Las tarjetas que tienes en la mano son las tareas de "Esta semana". Discute lo que implica cada tarea. ¿"Terminar la remodelación del baño" incluye pintar o sólo instalar el inodoro y colocar las baldosas? ¿Quién hará exactamente el trabajo? ¿Cuándo se hará exactamente? ¿Tienes todo el material necesario? ¿Los dos saben en qué consiste el trabajo? ¿Cuántas horas crees que llevará? ¿Es necesario subcontratar algo? Pregúntate si el número de tareas para esta semana te parece razonable una vez que conoces todos los detalles. Si tienen demasiadas tareas para el tiempo del que disponen, tomen las menos importantes y añádanlas al principio de la sección "Después".

4. Guarda las tarjetas restantes en "Esta semana" junto con las notas que hayan añadido en la conversación y que puedan servirte de recordatorio (por ejemplo, "sólo baldosas y retrete").

Ve a la caja cada vez que estés listo para "abordar tareas" y trabaja en algo de la sección "Esta semana", preferiblemente la primera tarjeta. Cuando termines una tarea, pon la tarjeta en la sección "Hecho".

Este sistema también se puede llevar a cabo electrónicamente en un documento compartido, una aplicación o un formato de diario de viñetas.

Por qué esto funciona

Este sistema funciona por varias razones:

- Cada semana, las tareas pendientes se "repriorizan". Siempre hay más tareas pendientes de las que se pueden completar; esto ayuda a garantizar que las más importantes se abordan primero y que ambos miembros de la pareja están de acuerdo en cuáles son las principales.

- Ambos cónyuges adquieren una comprensión más completa de lo que aporta el otro.

- El cónyuge con TDAH se beneficia de la experiencia en planificación del cónyuge sin TDAH. Al revisar cuándo y cómo se va a realizar una tarea, ambos miembros de la pareja pueden evaluar si la planificación es realista. Además, el cónyuge sin TDAH comprende mejor lo que el cónyuge con TDAH está pensando sobre el proyecto; la comunicación se aclara.

- La caja, el diario, el documento o la aplicación son fáciles de localizar y se puede hacer un seguimiento del progreso.

- Este sistema alivia la ansiedad del cónyuge sin TDAH. Cada vez que se le ocurre una tarea, puede escribirla y tener la seguridad de que se tratará adecuadamente esa semana. Introducir la tarea en el sistema significa que ya no estará "rondando por su cabeza". Los beneficios de esto para ambos miembros de la pareja son enormes.

- Ayuda al cónyuge con TDAH a recordar en qué tarea debe centrarse (la primera tarjeta de la caja), lo que contribuye a garantizar que una tarea se termine por completo antes de empezar la siguiente.

Ejercicio: Explorar las causas que originan la ira, la negación y el miedo

Este ejercicio es una forma de explorar los aspectos subyacentes a sus emociones más difíciles para que puedas hablar de ellas de forma más productiva con tu cónyuge. Puede hacerlo cualquiera de los dos.

Por ejemplo, toma una hoja de papel en blanco y colócala en sentido horizontal. Elige un tema por el que estés enfadado y escríbelo brevemente en el centro del papel. Este es tu "tema principal". A continuación, empieza a hacer una lluvia de ideas sobre los elementos de ese tema que te enfadan. Sitúalos en torno a la cuestión principal, como los satélites. Si tienes dos elementos que están relacionados, colócalos uno cerca del otro. Sigue preguntándote "¿qué más?" hasta que sientas que has plasmado todas tus ideas en la página. Una vez que hayas anotado estas ideas "satélite", ve a un satélite y pregúntate: "¿Por qué me molesta esto? ¿Qué hay debajo de mi ira?". Escribe la respuesta cerca del satélite. Continúa con esta red de ideas hasta que sientas que has puesto por escrito todos tus pensamientos sobre las ideas principales y satélites. A continuación, "poda" y "conecta" las ideas. Une las que estén relacionadas por líneas. Tacha las que no sean tan importantes, ahora que las plasmas. Resalta las ideas emocionales o los temas que hayan surgido. Parecerá desordenado, pero no pasa nada; esto es sólo un generador de ideas para que pienses más profundamente.

En las páginas siguientes encontrarás ejemplos. El tema principal es "¡Mi esposo no hace NINGUNA tarea!". El primer cuadro es la idea principal y los satélites. El segundo añade las respuestas a "¿Qué hay debajo de mi ira?"

Paso 1 – El problema principal y sus satélites

Ya tengo demasiado que hacer no puedo con todo.

¡Odio lavar los platos por la noche! ¡Realmente me molesta tener que cocinar Y limpiar cuando estoy cansada.

Me hace pensar que no le importa nuestro hogar o yo

Esposo no hace NINGUNA tarea

¡¿Es perezoso?!

Nunca me da las gracias por mi trabajo. Me hace sentir invisible.

Me molesta tener que hacer las grandes tareas...calzadas, coches, palear nieve.

Refuerza que no está prestando atención. ¿No puede ver que hay que hacer estas cosas?

Aunque él no "hace" las cosas, me exige que las haga de cierta manera. ¡insultante!

Paso 2 –¿Qué hay por debajo?

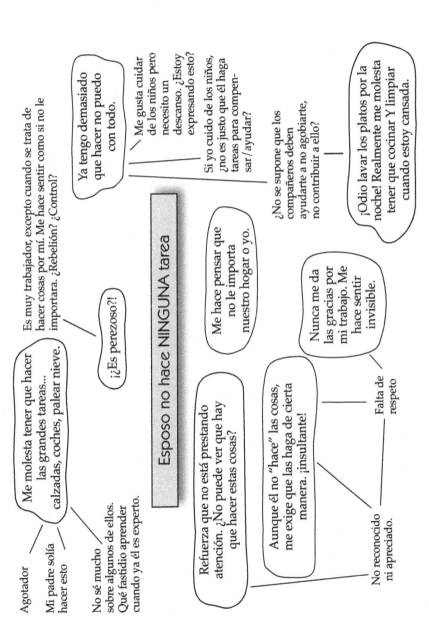

Es muy trabajador, excepto cuando se trata de hacer cosas por mí. Me hace sentir como si no le importara. ¿Rebelión? ¿Control?

Me gusta cuidar de los niños pero necesito un descanso. ¿Estoy expresando esto?

Ya tengo demasiado que hacer no puedo con todo.

Si yo cuido de los niños, ¿no es justo que él haga tareas para compensar/ayudar?

¿No se supone que los compañeros deben ayudarte a no agobiarte, no contribuir a ello?

¡Odio lavar los platos por la noche! Realmente me molesta tener que cocinar Y limpiar cuando estoy cansada.

Me molesta tener que hacer las grandes tareas... calzadas, coches, palear nieve.

¡¿Es perezoso?!

Me hace pensar que no le importa nuestro hogar o yo.

Nunca me da las gracias por mi trabajo. Me hace sentir invisible.

Esposo no hace NINGUNA tarea

Agotador

Mi padre solía hacer esto

No sé mucho sobre algunos de ellos. Qué fastidio aprender cuando ya él es experto.

Refuerza que no está prestando atención. ¿No puede ver que hay que hacer estas cosas?

Aunque él no "hace" las cosas, me exige que las haga de cierta manera. ¡insultante!

Falta de respeto

No reconocido ni apreciado.

De esta lluvia de ideas se desprende que hay algunos problemas emocionales de fondo que subyacen tras el desacuerdo sobre las tareas domésticas:

- **Gratitud:** "no reconocidodo ni apreciado" y "nunca da las gracias".

- **Estatus:** "falta de respeto".

- **Autonomía:** "aunque él no 'hace' las cosas, sí me exige que las haga de cierta manera - ¡insultante!".

Ten en cuenta que el hecho de que las acciones del esposo comuniquen a su cónyuge que no le importa, no significa que esto sea cierto. En las relaciones afectadas por los síntomas del TDAH, a veces son los síntomas los que comunican, no el cónyuge. Es muy posible que no entienda que sus acciones comunican estas ideas. Por lo tanto, el siguiente paso podría ser hablar de los problemas subyacentes con calma (intente una conversación de aprendizaje) y decidir qué curso de acción deseas tomar tú (el cónyuge sin TDAH) como respuesta. Algunas acciones posibles incluyen solicitar con calma, pero con firmeza, que su cónyuge comience por encargarse de una tarea significativa por su significado simbólico; contratar un servicio de limpieza; y encontrar otras maneras para que el cónyuge aclare y comunique respeto, aprecio y cuidado. Continuar sin abordar las preocupaciones subyacentes sobre el respeto y el amor no es una buena opción.

Hoja de trabajo de seguimiento de validación de dos días

Durante dos días, anota y valora cada respuesta que tengan el uno hacia el otro. Para hacerlo bien, tendrán que sentarse aproximadamente una vez cada hora y pensar en sus interacciones durante esa hora. Un "1" es una interacción maravillosa que te ha validado a ti o a tu pareja; un "5" es una interacción que ha invalidado completamente a uno de los dos.

Cada vez que tengas una interacción, buena o mala, anótala. Registra tu comportamiento y el de tu cónyuge. Esto va en ambos sentidos.

Cualquiera de los siguientes puntos se gana automáticamente un 5:

- Crítica

- Desprecio

- Evasivas

- Sarcasmo

- Ponerse a la defensiva

- Críticas disfrazadas de "ayuda"

La falta de atención (por el motivo que sea) también debe observarse en el extremo más bajo del espectro (más adelante podrá averiguar si se debe al síntoma de distracción del TDAH o a un menosprecio intencionado).

Al final del experimento, busquen tiempo para sentarse juntos y hablar sobre lo que han descubierto. Es posible que haya patrones, como que el cónyuge que no padece TDAH sea particularmente crítico con el tema de no recibir suficiente atención, en cuyo caso es probable que muchas de las acciones de invalidación se centren en las respuestas a los síntomas del TDAH. También puede haber áreas de fortaleza que deba tener en cuenta.

Espero que este ejercicio haga tres cosas por ustedes:

1. Hacerlos más conscientes de la frecuencia de las conductas destructivas e invalidantes para que puedan disminuir esta presencia en sus vidas.

2. Les haga pensar en mejores maneras, más validadoras, de responder ante estas mismas situaciones en el futuro.

3. Ayudarles a decidir reforzar las interacciones validadoras actuales.

Puede que este ejercicio les resulte un poco deprimente. Pero el primer paso para cambiar comportamientos es identificarlos.

234

Recursos

Los recursos cambian continuamente. Para obtener la información más actualizada, consulta ADHDmarriage.com

TDAH
Guía de la pareja para prosperar con el TDAH
Melissa Orlov y Nancie Kohlenberger, (The Couple's Guide to Thriving with ADHD) Melissa Orlov and Nancie Kohlenberger, LMFT – Terapeuta Matrimonial y Familiar con Licencia – (2014).

Este libro, una galardonada extensión de *El efecto del TDAH en el matrimonio*, se centra en profundidad en los puntos emocionales conflictivos que las parejas afectadas por el TDAH tienen dificultades para superar, incluso cuando mejoran su relación en general. Profundiza en aquellas cuestiones que suponen los mayores escollos, como la ira, el equilibrio de responsabilidades, la obtención de un estatus igualitario, los obstáculos en la comunicación y la mejora de la intimidad y la confianza.

Liberados de la distracción *(Delivered from Distraction)*
Dr. Edward M. Hallowell y Dr. John J. Ratey (2005)

Este libro ofrece una excelente visión general de lo que es el TDAH y de cómo se puede sacar el máximo provecho de la vida con TDAH. Los autores utilizan un enfoque "basado en fortalezas" para tratar el TDAH y lo ven como "una forma de ser" más que como un "trastorno". Proporcionan información concreta sobre cómo tratar el TDAH y los problemas más comunes a los que se enfrentan las personas con TDAH. *Driven to Distraction (Impulsado a la distracción)*, escrito diez años antes por los mismos autores, también sigue siendo relevante hoy en día.

Mujeres con trastorno por déficit de atención
(Women with Attention Deficit Disorder)
Sari Solden, MS, LMFT — Terapeuta
Matrimonial y Familiar con Licencia — *(Revisado en 2005)*

Las mujeres con TDAH enfrentan problemas especiales relacionados con su género y las expectativas de la sociedad que la mayoría de los hombres con TDAH no enfrentan. Encuentran desafíos cuando se trata de hacerse valer de manera efectiva para lidiar con el TDAH. Solden es una auténtica experta en este tema. Si la mujer en tu pareja tiene TDAH, este puede ser un libro que le cambie la vida.

Hacerse cargo del TDAH en adultos
(Taking Charge of Adult ADHD)
Dr. Russell Barkley con Christine Benton (2010)

Diagramas, llamadas y una prosa directa hacen que este libro sobre el TDAH en adultos resulte especialmente atractivo para los adultos con TDAH. Barkley es un gran experto en la materia, por lo que la información es también científicamente sólida.

Más atención, menos déficit: Estrategias de éxito para adultos con TDAH
(More Attention, Less Deficit: Success Strategies for Adults with ADHD)
Ari Tuckman, PsyD, MBA (2009)

Este manual sobre el TDAH está escrito en un estilo uniforme y práctico, y organizado en artículos breves que pueden leerse en cualquier secuencia, lo cual permite al lector elegir en qué trabajar primero. Aunque el libro es largo, aborda los temas en artículos breves y concisos, como "Gestione el correo y pague las facturas a tiempo" y "Gestión de las expectativas: Prometa sólo lo que pueda cumplir" y "¿El TDA es una excusa o una explicación?". El libro ofrece explicaciones de lo que ocurre, así como tácticas específicas para superar los problemas.

¿Pueden prestarnos atención, por favor?
(May We Have Your Attention Please?)
Laura MacNioven, Med – Maestría en educación y
J. Anne Bailey, Ph.D, CPsych – Doctorado en psicología.

Este divertido libro de ejercicios ayuda a los adultos a aprender a vivir con el TDAH y a prosperar con él. Yo lo veo como un libro de ejercicios para hacerse amigo del TDAH.

¿Quieres decir que no soy vago, estúpido o loco?
(You Mean I'm Not Lazy, Stupid or Crazy?!)
Kate Kelly y Peggy Ramundo (2006)

Este libro está muy bien organizado y proporciona muchas ideas útiles sobre cómo gestionar con éxito el TDAH. Es un buen complemento de *Delivered from Distraction* para aquellos que están empezando a aprender sobre el TDAH, ya que profundiza en aspectos diferentes a lo expuesto en él. Las secciones sobre estrategias de afrontamiento y la puesta en práctica de las ideas son especialmente buenas.

TDAH en adultos: Qué dice la ciencia
(ADHD in Adults: What the Science Says)
Russell A. Barkley, Kevin R. Murphy y Mariellen Fischer (2008)
Este libro de 500 páginas, repleto de gráficos y tablas, es para aquellos que quieren echar un vistazo a algunas de las investigaciones sobre el TDAH en adultos. Los autores exponen sus ideas con gran detalle: por ejemplo, dedican 50 páginas a explicar por qué creen que el TDAH en adultos debe diagnosticarse de forma diferente que en niños. Prepárate para muchas estadísticas y muchas menciones de la palabra "trastorno". Esto le dirá los hechos sin ambages sobre el TDAH. Escrito para adultos muy interesados, así como para investigadores y profesionales.

Cine y vídeo:

ADD & Loving It Se emitió por primera vez en la televisión canadiense. Es muy divertido e informativo.

How to ADHD es una serie de vídeos sobre el TDAH bien producida, de corte rápido y entretenida, que resultará especialmente atractiva para quienes padecen TDAH.

Sitios web:

Los siguientes sitios web son sólo algunos que contienen información útil sobre el TDAH y apoyo para el TDAH adulto:

adhdmarriage.com Mi sitio web es la plataforma más completa de información sobre cómo el TDAH afecta las relaciones. Comienza con "Empieza aquí" y "Los posts favoritos de Melissa" en el área del blog. Puedes: ponerte en contacto conmigo a través del sitio; encontrar investigaciones fiables; unirte a un foro; descargar información sobre el tratamiento del TDAH; encontrar servicios de apoyo como mi seminario de parejas, consultoría y grupos de apoyo, y mucho más.

adultadhdbook.com El sitio de Ari Tuckman incluye vídeos cortos informativos sobre muchos aspectos del TDAH.

ADDitudemag.com El sitio web de ADDitude Magazine incluye muchos artículos y recursos útiles. Utilízalo en busca de inspiración más que por precisión científica.

caddac.ca El Centro para la Defensa del TDA/TDAH en Canadá alberga una lista completa de recursos e información para quienes viven en Canadá.

drhallowell.com El sitio del Dr. Hallowell ofrece su inspiración, ideas y opiniones sobre el TDAH.

impactADHD.com Proporciona asesoramiento a las familias afectadas por el TDAH que intentan ayudar mejor a sus hijos con comportamientos complejos (a menudo TDAH).

CHADD.org Una forma de encontrar un grupo de apoyo local, así como información de fondo.

Habilidades de adaptación

La danza de la ira: Guía de la mujer para cambiar los patrones de las relaciones íntimas
(*The Dance of Anger: A Woman's Guide to Changing the Patterns of Intimate Relationships*)
Harriet Lerner, PhD (2005

Si tú o tu cónyuge experimentan ira en su relación y sólo pueden leer un libro más, éste es el indicado. En mi opinión, este bestseller es el mejor libro sobre cómo abordar la ira, y punto.

Dejar ir la ira: Los once estilos de ira más comunes y qué hacer con ellos
(*Letting Go of Anger: The Eleven Most Common Anger Styles & What to Do About Them*)
Ronald Potter-Efron, MSW, Ph.D & Patricia Potter-Efron, MS

Haz el test para identificar tus propios estilos de ira, luego aprende cómo estos estilos te ayudan y te perjudican, además de maneras de mejorar tus interacciones.

Formas de organizar tu vida compatibles con el TDA
(*ADD-Friendly Ways to Organize Your Life*)
Judith Kolberg y Kathleen Nadeau, Ph.D (2002)

Organizado por áreas problemáticas, éste es el mejor libro sobre las estrategias necesarias para ser más organizado y fiable si tienes TDAH. Una muestra de sus temas: Aprender a priorizar; Caos; Conciencia del tiempo; Organización amigable con el TDAH.

La prescripción de Mindfulness para el TDAH en adultos
(*The Mindfulness Prescription for Adult ADHD*)
Lidia Zylowska. MD (2012)

Mindfulness es una forma poderosa de mejorar la atención, gestionar las emociones y alcanzar los objetivos de forma más eficaz. Este enfoque orientado al TDAH incluye un CD de ejercicios guiados.

Atrévete a perdonar
(Dare to Forgive)
Dr. *Edward M. Hallowell (2004)*

Esta joya de libro no sólo defiende que la capacidad de perdonar es un signo de fortaleza, sino que también ofrece un proceso paso a paso para pasar de la ira y la angustia al perdón. Es un libro muy útil para quienes están atrapados en un ciclo destructivo de ira y represalias en sus relaciones.

No más codependencia: Cómo dejar de controlar a los demás y empezar a cuidarte a ti mismo (Codependent No More: How to Stop Controlling Others and Start Caring For Yourself)
Melody Beattie (1992)

Se trata del clásico sobre la codependencia, y es de gran ayuda para quienes intentan alejarse de la dinámica padre-hijo.

Estrategias de comunicación

Más allá de la razón: Cómo usar las emociones al negociar
(Beyond Reason: Using Emotions as You Negotiate)
Roger Fisher y Daniel Shapiro (2006)

Aunque este libro se escribió pensando en un público empresarial, ofrece una excelente simplificación de algunos de los aspectos básicos para comprender y crear mejores formas de comunicación. Es muy relevante para las parejas que luchan por comunicarse a través de las emociones a menudo difíciles estimuladas por tratar con el TDAH. Lo recomiendo encarecidamente.

Cómo superar el no: Negociar en situaciones difíciles
(Getting Past No: Negotiating in Difficult Situations)
William Ury (2007).

Si desea profundizar en las estrategias de negociación, William Ury es otra gran elección. Este libro, o su obra *The Power of a Positive No: How to Say No and Still Get to Yes (El poder de un no positivo: cómo decir no y conseguir el sí)* pueden proporcionarle más ideas.

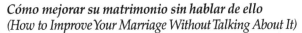

Cómo mejorar su matrimonio sin hablar de ello
(How to Improve Your Marriage Without Talking About It)
Patricia Love, EdD, y Steven Stosny, PhD (2007)
Uno de los retos de las relaciones no es sólo el TDAH, sino también las diferencias de género. Este libro explora dos grandes problemas de comunicación que experimentan las parejas: la vergüenza de los hombres y los temores de pérdida y abandono de las mujeres. Estos temores se acentúan en las relaciones con TDAH, ya que la vergüenza excesiva es un efecto secundario común del TDAH, y la distracción por parte de la pareja masculina con TDAH puede hacer que su esposa se sienta abandonada.

Divorcio, separación y si seguir casado o no

¿Me quedo o me voy? Cómo la separación controlada (SC) puede
salvar su matrimonio
(Divorce, Separation, and Whether to Stay Married Should I Stay or Go?
How Controlled Separation (CS) Can Save Your Marriage)
Lee Raffel, MSW – Maestría en trabajo social (1999)
No hay duda de que muchas parejas que luchan contra la forma en que el TDAH afecta a su matrimonio contemplan el divorcio o la separación, y muchas acaban divorciándose. Este libro le ayuda a crear su propia respuesta a la pregunta básica "¿Debería quedarme o irme?" que los cónyuges desesperados pueden plantearse, y proporciona una serie de maneras de pensar cómo podría proceder una separación o un divorcio. Raffel es partidaria de la "separación controlada" como último recurso para distanciarse el uno del otro y salvar el matrimonio, y ofrece pautas muy concretas para que las parejas decidan si probar esta vía, así como muchos ejemplos e historias reales.

Demasiado bueno para irse, demasiado malo para quedarse: Una guía
paso a paso para ayudarle a decidir si seguir o salir de su relación (Too
Good to Leave, Too Bad to Stay: A Step-by-Step Guide to Help You Decide
Whether to Stay In or Get Out of Your Relationship)
Mira Kirshenbaum (1997).
Esta es una guía perspicaz y reflexiva para resolver la ambivalencia en las relaciones (ese periodo en el que no puedes decidir si quedarte en tu matrimonio o dejarlo). Partiendo de la teoría de que las relaciones son demasiado complicadas como para sopesar lo bueno y lo malo, Kirshenbaum ofrece 36 pruebas de diagnóstico con las que deberías medir tu relación y tus sentimientos. Compara el proceso con el diagnóstico médico de las enfermedades. Una advertencia: ten cuidado de observar si la ira no resuelta en torno a tu relación, o los síntomas del TDAH que pueden tratarse y mejorar, sesgan injustamente tus respuestas hacia lo negativo.